Der große Wissenstest zur Allgemeinbildung

Wissen testen einmal anders

Christa Pöppelmann

Compact Verlag

© 2006 Compact Verlag München
Alle Rechte vorbehalten. Nachdruck, auch auszugsweise,
nur mit ausdrücklicher Genehmigung des Verlages gestattet.
Chefredaktion: Dr. Angela Sendlinger
Redaktion: Anke Fischer
Produktion: Wolfram Friedrich
Abbildungen: Gruppo Editoriale Fabbri, Mailand; Lidman Productions, Stockholm;
PixelQuelle.de, München; dpa-Picture-Alliance, Frankfurt; Mauritius GmbH; Bilderbox;
Klosterfrau Gesundheitsdienst; Deutsche Homöopathie-Union, Karlsruhe; Köllnflocken;
Corel Corporation; Almond Board of California; Landesverband der Bayerischen Milchwirtschaft; Zespri Green
Titelabbildungen: dpa-Picture-Alliance, Frankfurt (4); Lidman Productions, Stockholm (1);
von links nach rechts: Wolfgang Amadeus Mozart; Napoleon Bonaparte;
Albert Einstein; Moais der Osterinsel; Leonardo da Vinci:
Proportionsschema der menschlichen Gestalt nach Vitruv
Gestaltung: Axel Ganguin
Umschlaggestaltung: Axel Ganguin

ISBN-13: 978-3-8174-5986-5
ISBN-10: 3-8174-5986-6
5459862

Besuchen Sie uns im Internet: www.compactverlag.de

Vorwort

Erweitern Sie Ihre Allgemeinbildung auf eine ungewöhnliche, innovative Art und Weise.

600 ausführliche Fragen aus 28 verschiedenen Wissensgebieten fordern Ihre Kombinationsgabe heraus. Die Fragen enthalten bereits die Informationen, die nötig sind, um die richtige Lösung zu finden. Dies gelingt jedoch nur, wenn Sie die Zusammenhänge erkennen und die Angaben richtig kombinieren.

Lesen Sie die Fragen aufmerksam durch und tragen Sie die Lösungen in die dafür vorgesehenen Kästchen ein. Aus allen Lösungen ergibt sich dann am Schluss eines Wissensgebietes ein längeres Lösungswort. Beachten Sie, dass Umlaute (Ä, Ö, Ü) nur ein Kästchen erfordern und nicht, wie bei Kreuzworträtseln meist üblich, mit AE, OE oder UE umschrieben werden. Das so genannte scharfe S bzw. Eszett (ß) wird durch Doppel-S (SS) wiedergegeben.

Der Lösungsteil am Ende des Buches gibt neben den korrekten Lösungswörtern zusätzliche Informationen, wie z. B. Lebensdaten von Personen, die wichtigsten Werke oder bedeutende Zeitgenossen.

Fügen Sie Ihrer Allgemeinbildung neues Wissen hinzu, indem Sie die vorhandenen Hinweise in den Fragen so kombinieren, dass diese Sie zur richtigen Antwort führen.

Inhalt

Weltgeschichte	6
Deutsche Geschichte	12
Europa	18
Weltwirtschaft	24
Mathematik	30
Technik	36
Internet und Computer	42
Chemie	48
Physik	54
Biologie	60
Geowissenschaften	66
Universum und Astronomie	72
Kunst	78
Literatur	84
Klassische Musik	90
Popmusik	96
Architektur	102

Philosophie	108
Theater	114
Film	120
Bibelwissen	126
Weltreligionen	132
Mythologie	138
Sport	144
Medien	150
Medizin und Gesundheit	156
Ernährung	162
Alltagsleben	168
Lösungen	174

Weltgeschichte

Frage 1

Er schien nicht zu Großem berufen zu sein: Er stammte aus einem nicht allzu reichen und nicht besonders mächtigen römischen Patriziergeschlecht. Als junger Mann geriet er in Opposition zum Diktator Sulla und verbrachte deshalb viele Jahre in Asien. Erst mit 31 Jahren schaffte er den Sprung auf die Karriereleiter. Doch dann startete er durch und erreichte eine Machtfülle, die noch kein Römer vor ihm gehabt hatte. 45 v. Chr. ernannte ihn der Senat zum Diktator auf Lebenszeit. Ein Jahr später wurde er ermordet. Die römische Republik jedoch brachte sein Tod nicht zurück. Wie hieß der Mann?

Frage 2

1804 wurde eines der bedeutendsten Gesetzeswerke der Geschichte aus der Taufe gehoben. In Frankreich sind heute von den 2283 Artikeln des Code Civil noch mehr als die Hälfte unverändert gültig. Aber der Code bescherte nicht nur den Franzosen bürgerliche Rechte auf der Grundlage von Freiheit und Gleichheit, sondern wurde auch in fast ganz Europa sowie in Nord- und Südamerika übernommen. Manchmal wird der Code auch mit dem Namen des Mannes bezeichnet, der seine Einführung und Verbreitung veranlasste. Wer war das?

Frage 3

Das antike Griechenland wird gerne als die „Wiege der Demokratie" bezeichnet. Doch so ganz stimmt das nicht. Denn Griechenland bestand in seiner frühen Geschichte aus diversen Staatsgebilden mit höchst unterschiedlichen Regierungsformen. In Sparta z. B. herrschten stets zwei Könige gleichzeitig. In einem Stadtstaat jedoch sorgten mehrere politische Reformen während des 6. und 5. Jh. v. Chr. für eine stetige Machtverschiebung vom Adel hin zum Volk. Welcher war es?

Frage 4

1837 kam ein Monarch auf den Thron, der über etwa ein Drittel der Weltbevölkerung herrschte. Seinem Land, das vorher von „einem Schwachsinnigen, einem Wüstling und einem Narren" regiert worden war, wie die spätere Geschichtsschreibung urteilt, bescherte

Der Namensgeber des Codes

Der gesuchte Monarch

er eine politische und wirtschaftliche Blütezeit. Obwohl bei der Thronbesteigung erst 18 Jahre alt, drückte diese Herrscherpersönlichkeit einem ganzen Zeitalter ihren Stempel auf. Wer war es?

Rudolf II.

gionsfriedens von 1555 widersprach. 1619 erklärten die böhmischen Stände Ferdinand deshalb für abgesetzt und wählten Friedrich V. von der Pfalz zu ihrem neuen König. Das war der Auftakt für einen großen Krieg. Für welchen?

Frage 5

Um 3400 v. Chr. entstanden in der Tiefebene zwischen Euphrat und Tigris, dem heutigen Irak, die ersten Hochkulturen der Menschheit. In der wechselvollen Geschichte des Zweistromlandes dominierten erst die Städte im Süden wie Ur und Uruk. Später verlagerte sich das Zentrum der Macht nach Akkad und Assur. Um 1730 v. Chr. jedoch begann der Aufstieg einer unbedeutenden Provinzstadt im Norden zu einer der legendären Metropolen der Menschheitsgeschichte. Ihr Name?

Frage 6

1617 wurde der spätere Kaiser Ferdinand II. König von Böhmen. Obwohl sein Vorgänger Rudolf II. den böhmischen Protestanten Gleichberechtigung und Religionsfreiheit garantiert hatte, begann Ferdinand mit einer brutalen Gegenreformation, die den Vereinbarungen des Augsburger Reli-

Frage 7

Globalisierung ist keine Erfindung der Neuzeit. Ab dem Ende des 3. Jt. v. Chr. entstand ein Wirtschaftsraum, der ganz Europa, den Mittelmeerraum und den Nahen Osten umfasste, ja sogar bis Indien reichte. Der Grund: Ein neues Handelsgut war auf dem Markt, das das ganze Leben revolutionierte. Jeder wollte es haben, aber die „Zutaten" waren nicht überall verfügbar. Die begehrte Ware hat sogar einem ganzen Zeitalter ihren Namen gegeben. Wie heißt die kostbare Neuheit?

Frage 8

Zu Beginn der 60er-Jahre des 20. Jh. hatte der Kalte Krieg seinen Höhepunkt erreicht. Zwei Systeme standen sich – mit Atomwaffen gerüstet – unversöhnlich gegenüber. Militärstrategen spekulierten über die Möglichkeit eines nuklearen Erstschlages. Vor allem war man bemüht, dem Gegner ja

Weltgeschichte

keinen strategischen Vorteil zu lassen. Da die USA seit 1959 nukleare Mittelstreckenraketen in Italien und der Türkei hatten, stationierte die Sowjetunion 1962 ebenfalls Mittelstreckenraketen in Reichweite der USA. In welchem Land?

Frage 9
König Philipp II. von Makedonien machte aus seinem Kleinstaat die schlagkräftigste Militärmacht seiner Zeit. Sohn Alexander nutzte das Potenzial, um das riesige, aber morsche Perserreich zu erobern, das von Ägypten bis zum Indus reichte. Als er 323 v. Chr. im Alter von 33 Jahren in Babylon starb, zerfiel sein eroberter Besitz schnell wieder. Doch die griechische Kultur breitete sich in den Nachfolgereichen aus. Wie nennt man diese kulturelle Epoche?

Münze Philipps II. von Makedonien

Frage 10
1789 explodierte das Pulverfass. Die Bevölkerung von Paris begehrte gegen die schon lange unerträglich gewordene Herrschaft des Adels auf. Aus der Erhebung wurde eine landesweite Revolution. Doch den radikalen Kräften in der Nationalversammlung war die Entmachtung des Adels nicht genug. Mehr und mehr wandten sie sich auch gegen die gemäßigten Kräfte der Revolution und errichteten von 1793–94 eine Terrorherrschaft, die an die 40.000 Todesopfer forderte. Wer war der Führer der Radikalen?

Frage 11
Nach mehreren Auseinandersetzungen, wie z. B. der „Boston Tea Party", verhängte der britische König Georg III. 1775 das totale Handelsembargo über die amerikanischen Kolonien. Mithilfe seiner Truppen glaubte er, die Rebellen jenseits des großen Teiches leicht in die Knie zwingen zu können. Doch die übertrugen den Oberbefehl über ihre Milizen an einen peniblen Organisator, der den Einsatz der schwachen Kräfte mit äußerster Sorgfalt plante. Als der Unabhängigkeitskrieg 1783 überraschend gewonnen wurde, wollte sich der bescheidene Held am liebsten wieder ins Privatleben zurückziehen. Doch die nächste Aufgabe wartete schon. Auf wen?

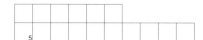

Frage 12
Sein Vater hatte für treue Dienste vom französischen König die Einkünfte einer Diözese geschenkt bekommen. Um die Geldquelle zu sichern, musste der junge Armand Bischof werden. Seine eigentliche Liebe aber galt der Politik. Als Vertreter des Klerus in der Generalständeversammlung machte er

Der Kardinal und Minister

mit brillanten Reden auf sich aufmerksam. 1616 holte ihn Königinmutter Maria von Medici als Staatssekretär an den Hof. Unter Ludwig XIII. wurde er erster Minister und baute Frankreich mit rücksichtsloser Energie zum absolutistischen Staat um. Wie heißt der Machtpolitiker im Kardinalspurpur?

| | | | | | 9 | | | | |

Frage 13

Im Februar 1917 war in Russland der Zar entmachtet und eine sozialdemokratische Übergangsregierung eingesetzt worden. Deren Programm ging den kommunistischen Bolschewiki nicht weit genug. In der Nacht des 7. November, bzw. nach russischem Kalender des 25. Oktober, entmachteten sie im Handstreich die Regierung. Es folgte ein jahrelanger Bürgerkrieg. Die treibenden Kräfte des Umsturzes waren Lenin und ein Mann, der nach Lenins Tod 1924 den Machtkampf mit Stalin aufnahm und verlor. Wie heißt dieser Mann?

| 19 | | | | | | | |

Frage 14

Als sich nach dem Attentat von Sarajewo auf Franz Ferdinand und seine Frau Sophie von Hohenberg im Sommer 1914 die Ereignisse zuspitzten, be-

Franz Ferdinand und seine Frau

gann Russland am 29. Juli – wie bei früheren Krisen auch – mit der vorsorglichen Mobilmachung des Heeres. Denn die dauerte in dem riesigen Land mehrere Wochen. Doch nun stand die deutsche Regierung unter Zugzwang. Denn sie hatte nur einen Kriegsplan in der Schublade und der sah vor, bei Beginn der russischen Mobilmachung sofort gegen Frankreich zu marschieren und dieses zu besiegen, bevor Russland wirklich kriegsbereit war. Wie heißt dieser Plan?

| | | | | | | 7 | | | | - | | | | |

Frage 15

Um 1070 v. Chr. setzte am Nil der Niedergang der alten Pharaonenmacht ein. Mehrfach wurde Ägypten von ausländischen Herrschern regiert: Persern, Libyern und Kuschiten. Mit seinem Sieg über das Perserreich übernahm Alexander der Große 333 v. Chr. auch die Herrschaft über Ägypten, die nach seinem Tod an seinen General Ptolemäus fiel. Die Ptolemäer machten sich u. a. um Kunst und Wissenschaft verdient. Am berühmtesten aber wurde die letzte Herrschergestalt dieser Dynastie. Wer war es?

| | | | | | | 2 | | | |

Weltgeschichte

Frage 16

In der Geschichte der Kreuzzüge spielten die Deutschen keine große Rolle. Beim erfolgreichen ersten Kreuzzug 1096 waren kaum deutsche Ritter dabei. Beim zweiten Kreuzzug wurde das Heer Konrads III. 1147 bereits in Anatolien aufgerieben. Beim dritten Kreuzzug 1190 ertrank der deutsche König und römische Kaiser in Anatolien und ein Großteil des Heeres kehrte um. Welcher Monarch kam so ums Leben?

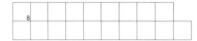

Frage 17

Unter der Regierung von Elisabeth I. wuchs der Reichtum Großbritanniens. Dazu trugen vor allem auch die Raubzüge von Freibeutern wie Francis Drake bei, die, mit einem Privileg der Königin ausgestattet, fremde Schiffe kaperten. Doch es ging dabei nicht nur um Geld. Elisabeth wollte damit vor allem Philipp treffen, ihren früheren Schwager. Welches Land regierte dieser große Gegenspieler der englischen Königin?

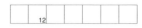

Frage 18

Zu Beginn des 18. Jh. wurde eine neue Großmacht geboren. Ihr Herrscher war so fasziniert vom westlichen Lebensstil, dass er in seiner Jugend inkognito mehrere Reisen unternahm, um Technik, Wissenschaft und Kultur der europäischen Länder zu studieren. In seinem Land führte er tief greifende Reformen durch. Doch das hinderte ihn nicht an einer Machtpolitik, die seinem Land eine bedeutende Rolle in Europa sicherte. Um welches Land handelt es sich?

Frage 19

Das Heer der Belagerer zählte rund 80.000 Mann. Anfangs gelang es der venezianischen Flotte noch, die Stadt zu versorgen. Doch die Übermacht der Feinde machte dem bald ein Ende. Fast vier Monate konnten die Verteidiger dem Bombardement widerstehen und jede Bresche, die in die antiken Mauern geschlagen wurde, rechtzeitig wieder schließen. Doch am 29. Mai war ihr Widerstand gebrochen. Mit der Stadt fiel aber auch ein einstiges Weltreich. Manche Historiker sehen sogar ein Zeitalter zu Ende gehen. Die Stadt jedoch wurde Mittelpunkt eines neuen großen Reiches. Wie lautet ihr alter Name?

Elisabeth I.

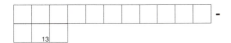

Frage 20

Am 1. September 1939 ließ Hitler seine Armeen in Polen einmarschieren und besiegte das Land in 18 Tagen. Es folgten ähnlich schnelle Erfolge gegen Finnland, Dänemark, Norwegen, die Benelux-Länder und Frankreich. Doch in Großbritannien war statt des eher zögerlichen Premiers Neville Chamberlain inzwischen ein Mann an die Macht gekommen, der Hitler um jeden Preis stoppen wollte. In der Luftschlacht um England im Sommer 1940 erlitt der deutsche Diktator seine erste schwere Niederlage. Wie heißt der Gegner, der so wild entschlossen war, ihn zu vernichten?

Frage 21

Im 3. Jh. schlossen sich rechts und links des Rheines im Raum zwischen Koblenz, Antwerpen und Bremen mehrere kleine germanische Stämme zu einem größeren Stammesverband zusammen, der während der Völkerwanderungszeit immer stärker wurde und schließlich sogar zu einem mächtigen Reich. Wie hießen seine Bewohner?

Frage 22

Ob Marco Polo wirklich in China war, darüber streiten die Wissenschaftler. Manche meinen, er wäre nur bis Konstantinopel gekommen. Doch man brauchte auch nicht bis Peking reisen, um Nachrichten von dort zu bekommen. Denn in der zweiten Hälfte des 13. Jh. gab es ein Reich, das von Osteuropa bis nach Korea reichte. Seine Herrscher residierten seit 1264 in Peking. Es waren jedoch keine Chinesen. Sondern?

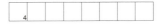

Herrscher des riesigen Reiches

Lösungswort:

1	2	3	4	5	6	7	8	9	10	11	12	13	14	15
16	17	18	19	20	21	22								

Deutsche Geschichte

Frage 23
Erster Weltkrieg: Nach einer großen Offensive im Sommer 1918, die rund einer Million deutscher Soldaten das Leben kostete, forderte Erich Ludendorff, der Chef der Obersten Heeresleitung, am 29. September von der deutschen Regierung sofortige Waffenstillstandsverhandlungen. Verhandlungsführer Matthias Erzberger sollte „alles unterschreiben". Später behaupteten Ludendorff und andere konservative Militärs jedoch, das Heer sei unbesiegt gewesen, der Krieg durch den „Fall der Heimatfront" verloren gegangen. Wie nennt man diese fatale Lüge?

Frage 24
Die Deutschen stammen von den Germanen ab – unter anderem. Bis etwa 500 v. Chr. lebten die Germanen in einem Gebiet, das dem heutigen Dänemark, dem Süden Schwedens und der norddeutschen Tiefebene bis etwa zu einer Linie Dortmund – Berlin entsprach. In Süd- und Mitteldeutschland siedelte ein anderes, ebenfalls indoeuropäisches Volk, dessen Kultur sich später in ganz Westeuropa ausbreitete. Wie hieß es?

Kultstätte des gesuchten Volkes

Frage 25
Im Kanzleramt der Bundesrepublik Deutschland hatte Angela Merkel sieben männliche Vorgänger, von denen vier der CDU und drei der SPD angehörten. Die längsten Regierungszeiten hatten Helmut Kohl mit 16 Jahren und der erste Kanzler Konrad Adenauer mit vierzehn Jahren. Es folgen die SPD-Regierungschefs Helmut Schmidt mit acht und Gerhard Schröder mit sieben Jahren. Nur drei Jahre waren dagegen der zweite und der dritte deutsche Kanzler im Amt. Wie hießen sie mit Nachnamen?

Frage 26
Nicht nur Karl V. verschuldete sich beim Augsburger Bankhaus Fugger, um seine Wahl zum Kaiser durchzuset-

Papst Leo X. lockerte den Ablasshandel

zen. Auch Albrecht, ein Sohn des Kurfürsten von Brandenburg, machte immense Schulden, um Erzbischof von Magdeburg, Kurfürst von Mainz und schließlich Kardinal zu werden. Der rege Handel mit einem päpstlichen Ablass sollte wieder Geld in die Kasse bringen. Doch gegen diese Geschäftemacherei mit der Vergebung der Sünden protestierte ein Augustinermönch. Wer?

Frage 27
Nach dem Sieg über Napoleon schlossen sich die deutschen Staaten 1815 zum Deutschen Bund zusammen. Die Bundesakte sah vor, dass in allen Staaten eine Verfassung eingeführt werden sollte, die eine politische Beteiligung des Bürgertums garantiert. Doch stattdessen wurde die obrigkeitsstaatliche Repression immer stärker. 1848 kam es zur Eskalation. Das Ereignis wird oft nach dem Monat benannt, in dem die Unruhen begannen. Welcher ist es?

Frage 28
Es ging um Religion, vor allem aber um Macht. Dreißig Jahre lang versuchten wechselnde Gegner die katholischen Habsburger und ihre Verbündeten daran zu hindern, eine Vorherrschaft in Europa zu erstreiten. Erst waren das die protestantischen Fürsten, dann die Dänen, danach die Schweden und schließlich die Franzosen. 1648 konnten sich die verfeindeten Parteien endlich auf einen Kompromiss einigen. Wie wird der Friedensschluss genannt, der den Dreißigjährigen Krieg beendete?

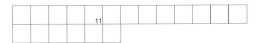

Frage 29

Büste Friedrich Barbarossas

Er war der geniale Wirtschaftspolitiker unter den deutschen Fürsten des Mittelalters. Er raffte alles Land zusammen, das er mit Gewalt oder juristischen Winkelzügen bekommen konnte und förderte dann die Kaufleute, den Städtebau und den Handel. Auch die slawischen Gebiete in Ostholstein und Mecklenburg und ihre Bewohner profitierten vom wirtschaftlichen Aufschwung – nachdem sie vom Fürsten in einem gnadenlosen Feldzug unterworfen worden waren. Doch am Ende verlor er fast alles – im Streit mit seinem Cousin, dem Kaiser Friedrich Barbarossa. Wer war es?

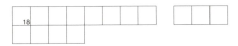

Frage 30
Wahrscheinlich fand die berühmte Schlacht im Teutoburger Wald gar nicht dort, sondern bei Kalkriese im Kreis Bramsche statt. Jedenfalls met-

Deutsche Geschichte

zelten mehrere germanische Stämme im Herbst des Jahres 9 unter Führung von Arminius innerhalb von drei Tagen in sumpfigem, unwegsamem Gebiet rund 30.000 römische Legionäre nieder. „Varus, Varus, gib mir meine Legionen wieder", soll Kaiser Augustus ausgerufen haben. In welcher Funktion befand sich besagter Varus in Germanien?

Frage 31

1525 ging es den meisten Bauern schlechter als im Mittelalter. Viele Herren verschärften Leibeigenschaft und Abgabenpflichten drastisch. Es kam vielerorts zu Erhebungen, die im Bauernkrieg mündeten. Mit Berufung auf das Evangelium wurden eine Abschaffung der Leibeigenschaft und eine Reduzierung der Abgaben auf das früher Übliche gefordert. Auch manche verarmte Reichsritter schlossen sich den Bauern an. Einer hat es durch Goethe sogar zu literarischem Ruhm gebracht. Allerdings wurde er vom „Odenwälder Haufen" quasi entführt und gezwungen, den Hauptmann der kriegsunerfahrenen Bauern abzugeben. Wer war es?

Frage 32

Der Sohn eines Berliner Bierhändlers hatte als Reichskanzler der Weimarer Republik die Inflation beendet. Trotzdem wurde er schon nach drei Monaten per Misstrauensvotum wieder abgewählt. Als Außenminister bemühte er sich um eine Einbindung Deutschlands in das neue Staatengefüge und um eine Reduktion der Reparationszahlungen auf friedlichem Weg. 1926 bekam er dafür den Friedensnobelpreis. In Deutschland jedoch beschimpften ihn viele als „Erfüllungspolitiker". Wen?

Frage 33

Sie waren zwei Männer, die nicht nur unterschiedliche Interessen hatten, sondern sich auch persönlich hassten. Papst Gregor VII. und der deutsche Kaiser deckten einander mit unflätigen Briefen ein und erklärten den jeweils anderen für abgesetzt. Doch die deutschen Fürsten fürchteten, dass die kirchliche Bannung des Kaisers das einfache Volk gegen die Obrigkeit aufwiegeln könne. Sie stellten ihm ein Ultimatum, den Bann loszuwerden. Welcher deutsche König und Kaiser unter-

Aufständische Bauern mit ihrem Anführer

nahm daraufhin den berühmten Gang nach Canossa?

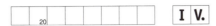

Frage 34
Die Grenze zwischen der Bundesrepublik und der DDR war bis 1951 geschlossen und scharf bewacht. Doch in Berlin war es weiterhin möglich, von einem deutschen Staat in den anderen zu gelangen. Während der nächsten zehn Jahre flohen rund 2,7 Millionen Menschen vom Osten in den Westen. Am 13. August 1961 reagierte die DDR-Führung mit dem Bau der Mauer. Zuständig für Planung und Umsetzung war der damalige Sekretär des Zentralkomitees für Sicherheitsfragen. Zehn Jahre später sollte er noch höher in der Hierarchie steigen. Wer war der Mann?

Frage 35
Die Hanse war eine der merkwürdigsten und mächtigsten Institutionen des späten Mittelalters. Sie war ein Bund von bis zu 200 Städten, die vor allem zur Förderung ihrer Kaufmanngilden gemeinsame Politik machten. Es gab aber weder eine offizielle Gründung, noch eine Verfassung oder Mitgliedslisten. Trotzdem führte die Hanse sogar Kriege. Dänemark unterlag ihr im 14. und 15. Jh. dreimal. Beschlüsse wurden auf den Hansetagen gefasst. In welcher Stadt fanden die statt?

Das Wahrzeichen der gesuchten Stadt

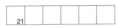

Frage 36
Friedrich der Große war ein aufgeklärter Monarch, aber auch Machtpolitiker durch und durch. Obwohl er sehr unter der harten, militärisch geprägten Erziehung durch seinen Vater, den „Soldatenkönig", gelitten hatte, wusste er die von diesem aufgebaute starke und moderne Armee zu schätzen. 1740 begann er unmittelbar nach seiner Krönung einen Krieg, um ein Nachbarland zu erobern, das reicher war als das eher arme Brandenburg. Welches?

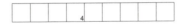

Frage 37
Am 23. März 1933, keine zwei Monate nach seiner Ernennung zum Reichskanzler, legte Adolf Hitler dem Reichstag das Ermächtigungsgesetz zur Abstimmung vor. Solche Ermächtigungsgesetze hatte es auch schon in der Weimarer Republik gegeben. Mit einer Zweidrittelmehrheit konnte der Reichstag sein Privileg der Gesetzgebung an die Regierung übertragen. Hitler jedoch ließ sich einen Blankoscheck ausstellen, mit dem er vier Jahre lang ohne jede Zustimmung Gesetze erlassen konnte. Nur eine Partei stimmte dagegen. Welche?

Deutsche Geschichte

Frage 38
Karl IV. aus dem Hause Luxemburg war einer der bedeutendsten Herrscher des Spätmittelalters. Mit seiner „Goldenen Bulle" machte er den Versuch, dem reformbedürftigen deutschen Reich eine Verfassung zu geben. Mit diesem Dokument wurde 1356 zum ersten Mal geregelt, wie eine Königswahl abzulaufen hatte. Außerdem ist die Regierungszeit Karls von 1347–78 weit gehend friedlich. In die Anfangszeit jedoch fiel ein Ereignis, das mehr Opfer als alle Kriege forderte. Welches?

Frage 39
Im 6. Jh. war Deutschland unter dem Namen Austrien Teil des fränkischen Merowingerreiches. Dieses Herrschergeschlecht ist legendär geworden durch die vielen Morde unter Familienmitgliedern. 584 waren nur noch Kinder übrig und zwei Frauen führten die Regentschaft – nicht weniger brutal als vorher die Männer. Die Herrscherin von Austrien musste sogar noch für ihre unmündigen Enkel herrschen, nachdem ihre Söhne jung gestorben waren. Der Konflikt mit ihrer Rivalin, der Regentin von Neustrien, fand später im Nibelungenlied seinen Niederschlag. Ebenso ihr Name. Wie hieß sie?

Szene aus dem Nibelungenlied

Frage 40
Am 18. Januar 1701 krönte sich Kurfürst Friedrich III. von Brandenburg zum König von Preußen. Das war möglich geworden, weil das Herzogtum Preußen, das den Hohenzollern seit 1618 gehörte, im Frieden von Oliva 1660 aus polnischer Lehensherrschaft entlassen worden war. Damit unterstand Preußen keinem König mehr und konnte selbst Königreich werden. Die Krönung fand folgerichtig nicht in den Brandenburger Stammlanden der Hohenzollern statt, sondern in der Hauptstadt von Preußen. Wie hieß sie?

Frage 41
Kaiser Heinrich I. machte die Stadt zum Bollwerk gegen, aber auch zum Handelsplatz mit den Slawen. 929 erhielt sie seine Schwiegertochter Editha als Morgengabe zur Hochzeit. Heinrichs Sohn, Otto I., baute die Stadt weiter aus und machte sie zum Erz- und Missionsbistum. Sie spielte eine wichtige Rolle bei seiner Politik, die Elbe einerseits zu befestigen, aber andererseits von hier aus eine Kolonisation der slawischen Gebiete im Osten zu betreiben. Um welche Stadt handelt es sich?

Frage 42

Sie gehören zur deutschen Geschichte, obwohl sie nie auf dem Gebiet des heutigen Deutschlands lebten. Der größte und bekannteste der germanischen Stämme bildete sich etwa um die Zeitenwende an der Weichselmündung. Mitte des 2. Jh. zogen sie ans Schwarze Meer, wo sie 375 von den Hunnen überrascht wurden. Ein Teil unterwarf sich, andere Gruppen versuchten, geteilt in „Ost" und „West", auf dem Balkan, in Italien und Spanien neue Siedlungsgebiete zu finden. Wer begab sich damals auf Völkerwanderung?

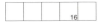

Frage 43

Damit die deutsche Wiedervereinigung am 3. Oktober 1990 vollzogen werden konnte, waren vorher Vereinbarungen mit den Siegermächten des Zweiten Weltkriegs notwendig. Es galt außenpolitische Aspekte der angestrebten Einheit, wie Bündniszugehörigkeit und Grenzfragen, zu regeln. Wie heißt der Vertrag zwischen den beiden deutschen Staaten und den vier ehemaligen Besatzungsmächten, der der Bundesrepublik endgültig die volle Souveränität zurückgab?

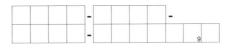

Frage 44

Leo III. krönt Karl den Großen

Karl der Große soll nicht glücklich gewesen sein, als Papst Leo III. ihm an Heiligabend des Jahres 800 die Kaiserkrone aufsetzte. Zwar hatte er wohl nichts dagegen, der Erneuerer des untergegangenen weströmischen Kaiserreiches zu werden. Doch die Entscheidung darüber wollte er eigentlich nicht von Rom abhängig machen. 813 sorgte er deshalb dafür, dass sein Sohn sich in Aachen selbst zum Mitkaiser krönte. Wie hieß dieser Sohn?

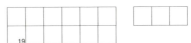

Lösungswort:

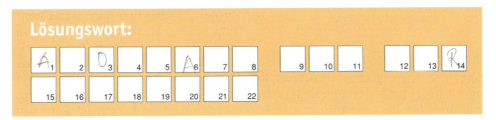

Europa

Frage 45

In den letzten Jahren erlebte die EU eine stete Erweiterung nach Osten. Die westeuropäischen Staaten dagegen sind fast alle schon seit Langem Mitglied. Es gibt jedoch acht Ausnahmen. Welcher von den europäischen Staaten, die nicht der EU angehören, liegt am westlichsten?

Frage 46

Die ursprünglichen Mitglieder der Europäischen Gemeinschaften

1992 wurde die Europäische Union gegründet. Sie umfasste die bereits bestehenden Europäischen Gemeinschaften (EG) sowie Verträge zu einer neu ins Leben gerufenen gemeinsamen Außen- und Sicherheitspolitik und zur polizeilichen und justiziellen Zusammenarbeit in Strafsachen. Außerdem wurde ein Vorgehensplan für die Einführung des Euro beschlossen. Wie heißt der Ort, in dem diese Verträge unterzeichnet wurden?

Frage 47

Die Idee eines geeinten Europas ist nicht neu. Auch das mittelalterliche Kaiserreich sollte das ganze christliche Abendland unter einem Herrscher friedlich zusammenfassen. Allerdings war das Oströmische Reich von Anfang an ausgeschlossen. Außerdem wollten viele Länder die Dominanz der deutschen Könige nicht hinnehmen, die sich als alleinige Kandidaten für die Kaiserwürde sahen, nachdem Karl der Große am 25. Dezember 800 zum ersten Kaiser des Reiches gekrönt worden war. Welche Funktion hatte der Mann, der ihm die Krone aufsetzte?

Frage 48

Seit 1979 gibt es alle fünf Jahre Europawahlen. Die Bürger der Mitgliedsstaaten der EU wählen ihre Abgeordneten für das Europaparlament. Es ist damit die demokratische Vertretung von 450 Millionen Menschen. Im Gegensatz zu nationalen Parlamenten hat es jedoch keine Initiativrechte. Die Gesetze, die im Ministerrat beschlossen werden, sowie der Haushalt bedürfen jedoch seiner Zustimmung. Außerdem kontrolliert es die Arbeit der Europäischen Kommission. In welcher Stadt tagen die europäischen Abgeordneten?

Frage 49

In der griechischen Sage war Europa eine schöne Königstochter aus Phönizien, also dem heutigen Libanon. Sie stach dem Göttervater Zeus ins Auge. Der verwandelte sich in einen schönen, weißen Stier, verleitete Europa, auf dem Rücken des scheinbar so sanf-

Die Umrisse der gesuchten Insel

ten Tieres Platz zu nehmen und entführte sie schwimmend in einen anderen Erdteil – nach Europa eben. Die Insel, auf der der Stier samt seiner schönen Beute an Land gegangen sein soll, gehört zu Griechenland, welches das Ereignis auch auf seiner 2-Euro-Münze würdigt. Wie heißt die Insel?

Frage 50
In Europa standen sich die Konfliktmächte des Kalten Krieges gegenüber. 1973 fand deshalb auf Betreiben der Sowjetunion in Helsinki eine Konferenz statt, an der außer den Russen auch die USA, Kanada sowie die europäischen Staaten teilnahmen. In der KSZE-Schlussakte wurden Gewaltverzicht und eine Zusammenarbeit in wissenschaftlichen und humanitären Bereichen vereinbart. Wie lautet der offizielle Name der Konferenz, der sich hinter der Abkürzung KSZE verbirgt?

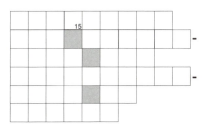

Frage 51
Um 2000 v. Chr. erreichte eine fremde Kultur Europa. Die Neuankömmlinge waren recht kriegerische Viehnomaden und hatten eine viel stärker patriarchal strukturierte Gesellschaft als die sesshaften europäischen Ackerbauern. Vermutlich stammten sie ursprünglich aus den südrussischen Steppengebieten um das Schwarze und das Kaspische Meer. Man weiß nicht, ob diese Einwanderer große Teile Europas eroberten oder ob ihre Kultur über die Zeit allmählich an Einfluss gewann. Tatsache ist jedoch, dass von ihrer Sprache fast alle europäischen Sprachen abstammen. Wie nennt die Wissenschaft dieses Volk?

Frage 52
Seit 2004 hat die EU 25 Mitgliedsstaaten. Bis auf Zypern und Malta gehörten alle neuen Beitrittsländer dem

Europaflagge

ehemaligen Ostblock an. Noch weiß man nicht, welche Veränderungen dieser Zuwachs mit sich bringen wird und wie sich die neue Größe auf die Handlungsfähigkeit auswirken wird. Auch deshalb werden Verhandlungen mit neuen Beitrittsinteressenten wie den Balkanstaaten oder der Türkei nur zögerlich aufgenommen. Beschlossene Sache ist jedoch die Aufnahme zweier Länder für 2007. Welche sind es?

Europa

Frage 53
Am 14. Juni 1985 unterzeichneten Vertreter der deutschen und der französischen Regierung sowie der drei Benelux-Staaten einen Vertrag, der vorsah, an ihren gemeinsamen Grenzen die Kontrollen abzuschaffen, um den Warenverkehr zu erleichtern. Inzwischen sind 28 weitere Staaten diesem Abkommen beigetreten oder nehmen faktisch daran teil wie die Kleinstaaten Monaco oder Andorra. Wie heißt das kleine Luxemburger Moselstädtchen, in dem dieser Vertrag unterzeichnet wurde?

Frage 54
Die EU besitzt eigene Hoheitssymbole, wie die azurblaue Europaflagge mit zwölf goldenen Sternen, die für die vollkommene Gemeinschaft stehen. Ihr Wahlspruch lautet „In varietate concordia" (In Vielfalt geeint). Seit 1985 hat sie auch eine offizielle Hymne. Als Tribut an die Sprachenvielfalt handelt es sich um ein Instrumentalstück, das Herbert von Karajan arrangiert hat. Zugrunde liegt jedoch das Chorfinale einer Symphonie, in dem Friedrich Schillers *Ode an die Freude*

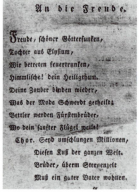

Ode an die Freude

vertont wurde. Wer war der Komponist?

Frage 55
Ende des 19. Jh. waren sich die europäischen Großmächte durchaus bewusst, dass ihre jeweilige Außenpolitik leicht zu einem großen Krieg führen könnte. 1878 kamen deshalb das Deutsche Reich, Österreich-Ungarn, Russland, Großbritannien, Italien, Frankreich und die Türkei in Berlin zusammen, um ihre Interessen auf dem Balkan zu ordnen, wo sich die verschiedenen Völker nach und nach von dem immer schwächer werdenden Osmanischen Reich freizukämpfen begannen. Welcher Staatsmann präsentierte sich auf dem Berliner Kongress als „ehrlicher Makler"?

Frage 56
Nach dem Zweiten Weltkrieg wurde das Ruhrgebiet einer internationalen Kontrollbehörde unterstellt um zu verhindern, dass seine Ressourcen an Kohle und Stahl wieder für deutsche Rüstungsanstrengungen ver-

Robert Schumann

wendet wurden. Daraus entwickelten der französische Außenminister Robert Schumann und der deutsche Bundeskanzler Konrad Adenauer die Idee, doch den gesamten Bergbau in Westeuropa in einer „Europäischen Gemeinschaft für Kohle und Stahl" gemeinsam zu koordinieren. Wie lautete der Kurzname dieser ersten Europäischen Gemeinschaft?

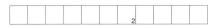

Frage 57
Obwohl die europäischen Kolonialreiche im 20. Jh. zerfallen sind, gibt es noch einige kleinere Gebiete in Afrika, Asien, Ozeanien und Amerika, die zum Territorium verschiedener europäischer Staaten gehören. Einige, wie die französischen Überseedepartements, gehören sogar zum Territorium der EU. So befindet sich der europäische Weltraumbahnhof in Kourou geografisch zwar auf dem südamerikanischen Kontinent, rechtlich aber auf französischem Boden und damit auch auf EU-Gebiet. Wie heißt das Departement, in dem Kourou liegt?

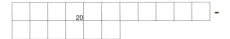

Frage 58
Das oberste Gremium der EU ist der Europäische Rat. Ihm gehören die Staats- und Regierungschefs der EU-Mitgliedsstaaten an, außerdem die Außenminister, die jedoch nur beratende Funktion haben. Der Europäische Rat fällt Grundsatzentscheidungen. Das eigentlich ausführende Organ der Politik ist jedoch die Europäische Kommission, in die jedes Land einen Kommissar schickt, der für einen bestimmten Fachbereich zuständig ist. Geleitet wird sie von einem gewählten Präsidenten. Welche der drei klassischen Staatsgewalten stellen Europäischer Rat und Europäische Kommission zusammen dar?

Frage 59
Rein geografisch gesehen ist Europa kein Kontinent, sondern nur Teil des Kontinents Eurasien. Deshalb ist die Grenze zwischen Europa und Asien auch umstritten. Im Mittelalter hat man vielfach schon den Don als Grenze Europas gesehen. Allgemein hat es sich jedoch eingebürgert, einen Gebirgszug und einen gleichnamigen Fluss über 1000 Kilometer weiter östlich als Ostgrenze Europas anzusehen. Wie heißen die beiden?

Frage 60
Frankreich als das größte EU-Land und Deutschland als das bevölkerungsreichste haben traditionell ein starkes Gewicht innerhalb der EU. Doch auch sehr kleine Staaten haben es verstanden, sich durch großes Engagement für die europäische Sache ein bedeutendes Gewicht zu verschaffen. So wurde 1952 der kleinste der Gründungsstaaten Sitz der „Europäischen Gemeinschaft für Kohle und Stahl". In-

Europa

zwischen befinden sich in seiner Hauptstadt auch der Europäische Gerichtshof, der Rechnungshof der EU, das Generalsekretariat des Europäischen Parlaments und die europäische Investmentbank. Wie heißt das Land?

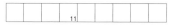

Frage 61

Das „christliche Abendland" war in seiner frühen Geschichte gar nicht so christlich. Die meisten Stämme, ob Slawen, Germanen oder Kelten, beteten Götter an, die aus der indoeuropäischen Kultur stammten. Im Römischen Reich dagegen war grundsätzlich alles erlaubt, was nicht mit einer Verehrung des Kaisers kollidierte. Genau dies tat das Christentum jedoch und wurde deshalb heftig verfolgt. Wie hieß der Kaiser, der 313 in einem Toleranzedikt die christliche Religionsausübung erlaubte?

Der gesuchte Kaiser

Frage 62

Die Schaffung einer Europäischen Währungsunion und die Einführung des Euro machten 1998 die Gründung einer Europäischen Zentralbank nötig.

Eurozeichen

Als einzige EU-Einrichtung ist sie in Frankfurt am Main untergebracht. Unabhängig von politischer Beeinflussung, aber in Zusammenarbeit mit den nationalen Zentralbanken der Mitgliedsstaaten, soll die Europäische Zentralbank u. a. für eine stabile Währung sorgen. Der erste „Hüter des Euro" war ein Niederländer. Wie hieß er?

Frage 63

Zu Beginn des 19. Jh. hat Napoleon Bonaparte Europa kräftig durcheinander gewirbelt. Unter seiner Hegemonie wurden in Europa Grenzen verschoben, Monarchien gestürzt und das Rechtssystem liberalisiert. Nach seinem Sturz 1815 trafen sich die Fürs-

Napoleon

ten und Staatsmänner Europas, um über eine Neuordnung des Kontinents zu beraten. Zur großen Enttäuschung aller liberalen Kräfte wurden dabei die Uhren so weit wie irgend möglich zurückgedreht. Wie hieß diese Veranstaltung?

Blick in die Versammlung

schen ist er die renommierteste europäische Auszeichnung. Daran sind nicht zuletzt die programmatischen Reden schuld, die die Preisträger bei der Verleihung halten. Wie heißt der Preis?

Frage 65
Im Spätmittelalter war die Stadt die Hauptstadt des prächtigen und reichen Herzogtums Burgund. Heute gilt sie als die inoffizielle Hauptstadt der EU. Sie ist Sitz der einflussreichsten EU-Gremien, der Europäischen Kommission und des Rats der Europäischen Union (Ministerrat). Ihr Name ist zum Synonym für Entscheidungen geworden, die von der EU gefällt werden. Wie heißt sie?

Der Kaiser, nach dem der Preis benannt ist

Frage 64
Kurz nach dem Ende des Zweiten Weltkriegs beschloss eine Gruppe wohlhabender Aachener Bürger, eine Stiftung zu gründen, die alljährlich einen Preis für Verdienste um die Einigung Europas vergibt. 1950 ist dieser Preis zum ersten Mal verliehen worden. Inzwi-

Lösungswort:

Weltwirtschaft

Frage 66
Er galt als mächtigster Mann in der internationalen Wirtschaft. Wenn der Vorsitzende der US-Notenbank in Aktion trat, dann hatte das immer große Folgen – sowohl für die internationalen Aktienmärkte wie für das Währungssystem. Ja, sogar wenn er nur Andeutungen machte, konnte das mittlere Erdbeben an den Börsen auslösen. Am 31. Januar 2006 trat er im Alter von fast 80 Jahren zurück. Wer ist der Mann, der von den internationalen Börsenberichterstattern so oft wie kein anderer erwähnt wurde?

Aktienkurse

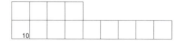

Frage 67
Um zu errechnen, wie leistungsfähig eine Volkswirtschaft ist, zählt man alle Einkünfte, die die ständigen Bewohner dieses Landes innerhalb eines Jahres bezogen haben, zusammen – entweder aus Arbeit oder Kapitalvermögen. Hinzugerechnet werden auch Produktions- und Importabgaben (jedoch abzüglich der Subventionen) und Abschreibungen. 1983 veröffentlichte die Gruppe „Geier Sturzflug" sogar einen Hit auf diese Rechnungsgröße. Was ist gemeint?

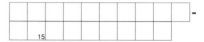

Frage 68
1944 wurde auf der Konferenz von Bretton Woods von 44 Staaten die Idee für eine Organisation entwickelt, die heute eine Sonderorganisation der Vereinten Nationen ist. Ihr Ziel ist es, den Welthandel zu fördern, die Währungen der einzelnen Länder möglichst stabil zu halten und wirtschaftliche Krisen in Mitgliedsländern zu vermeiden. Dazu werden Kredite vergeben, die jedoch an strenge wirtschaftspolitische Auflagen gebunden sind. Wie heißt die Organisation, deren geschäftsführender Direktor von 2000 bis 2004 Bundespräsident Horst Köhler war?

Frage 69
Die „Gruppe der Sechs" (G 6) wurde 1975 als informeller Zusammenschluss zwischen den großen Wirtschaftsnationen USA, Japan, Frankreich, Großbritannien, Deutschland und Italien gegründet. Man wollte sich jährlich in kleiner Runde treffen, um wichtige Wirtschafts- und Finanzfra-

gen miteinander abzustimmen. 1976 kam noch Kanada hinzu. Doch schon bald wurden auf den jährlich stattfindenden Weltwirtschaftsgipfeln auch außenpolitische Fragen diskutiert. Inzwischen hat sich der Kreis zur „G 8" erweitert. Welches Land wurde 1997 aufgenommen?

starken Preiserhöhungen, was wiederum die Kaufkraft des Einzelnen schwächt. Der Grund der Entwicklung liegt entweder darin, dass die zum Kauf zur Verfügung stehende Geldmenge schneller wächst als die Produktivität oder dass wichtige Güter knapp werden. Wie heißt dieses Phänomen?

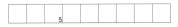

Frage 70

Dem 1998 von Bundeskanzler Gerhard Schröder initiierten „Bündnis für Arbeit" war kein großer Erfolg beschieden. 1967 bis 1977 jedoch half eine ganz ähnlich angelegte „Konzertierte Aktion" die Wirtschaftskrise der 1960er-Jahre zu überwinden, indem Arbeitgeber, Gewerkschaften, Bund, Länder und Gemeinden sich an einen Tisch setzten. Ins Leben gerufen wurde sie vom Wirtschaftsminister der Großen Koalition, einem SPD-Politiker, der zusammen mit Ludwig Erhard als bedeutendster deutscher Wirtschaftspolitiker der Nachkriegszeit gilt. Er trug den gleichen Nachnamen wie ein deutscher Dichter. Wie lautet der?

Ludwig Erhard

Frage 72

Die New Yorker Börse

Der Nabel der US-amerikanischen Finanzwelt liegt in Manhattan. Nicht nur die Börse von New York, sondern auch eine Vielzahl großer und bedeutender Banken residieren dort in derselben Straße. Ihr Name ist damit zum Syno-

Frage 71

In einer Volkswirtschaft sollen sich Warenangebot und -nachfrage stets im Gleichgewicht befinden. Denn wenn die Nachfrage über längere Zeit das Angebot übersteigt, dann kommt es zu

Weltwirtschaft

nym für den US-amerikanischen Aktienmarkt, ja manchmal sogar für das Finanzwesen der Vereinigten Staaten geworden. Wie heißt sie?

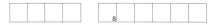

Frage 73
Arme Länder werden in der Regel als Entwicklungsländer bezeichnet, obwohl das Problem oft gerade ist, dass

Reisernte in einem Entwicklungsland

dort nur sehr wenig Entwicklung stattfindet. Dem gegenüber stehen die reichen Industrienationen, obwohl für deren Wirtschaft meist nicht mehr der industrielle Sektor, sondern der Dienstleistungsbereich die wichtigste Rolle spielt. Sowohl eine deutliche Entwicklung wie eine bedeutende Rolle der Industrie sind dagegen kennzeichnend für Länder, die nicht mehr zu den Entwicklungs-, aber noch nicht zu den Industrieländern zählen. Wie nennt man sie?

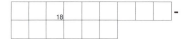

Frage 74
1896 stellten zwei Männer die zwölf ihrer Meinung nach wichtigsten Aktienwerte der USA zusammen. An ihrer Wertentwicklung sollte sich repräsentativ der Kursverlauf auf dem amerikanischen Aktienmarkt ablesen lassen. Nach diesem Vorbild wurden andere Aktienindizes geschaffen wie der deutsche DAX, der die 30 größten börsennotierten deutschen Aktiengesellschaften enthält, oder der TecDax, der speziell für Technologieunternehmen geschaffen wurde. Wie heißt der Aktienindex von 1896, in dessen Namen die Nachnamen seiner beiden Gründer eingegangen sind?

Frage 75
Arbeitsbedingungen und Löhne werden in der Regel nicht zwischen jedem Arbeitgeber und Arbeitnehmer einzeln ausgehandelt, sondern zwischen Gewerkschaften und Arbeitgeberverbänden. Dabei geht es meist um ein ganzes Bündel von Vereinbarungen, wie Arbeitszeiten, Urlaubstage, Arbeitsplatzschutz usw. In der Schweiz spricht man deshalb von Gesamtarbeitsverträgen. Wie heißt eine solche Vereinbarung in Deutschland?

Frage 76
Viele Anleger scheuen das Risiko des Aktienkaufs, weil sie damit ihr Vermögen an die wirtschaftliche Entwicklung

einer Firma binden. Eine breite Streuung aber ist mit einem begrenzten Vermögen oft nicht möglich. Um das Risiko abzufedern, wird deshalb in „Finanztöpfe" investiert, die von den Banken verwaltet und in verschiedenste Aktien investiert werden. Wie nennt man derartige „Töpfe"?

Frage 77

Das Wort kommt aus dem Italienischen und bedeutet „rein". In der Wirtschaft hat es verschiedene Bedeutungen. Man bezeichnet damit z. B. das Gewicht einer Ware ohne Verpackung. Oder einen Preis ohne Mehrwertsteuer. Auf dem Gehaltszettel steht es für den Betrag, der ausgezahlt wird, nachdem Steuern und Sozialabgaben abgezogen worden sind. Wie lautet das Wort?

Frage 78

1880 erklärte die irische Liga es für rechtens, dass nicht nur alle Pächter des skrupellosen englischen Gutsverwalters Charles Cunningham Boycott sich weigerten, die Pacht zu zahlen, sondern überhaupt niemand mehr mit ihm in irgendeiner Form geschäftlich zu tun haben wollte. Seitdem hat sich der Boykott oft als wirkungsvolle Maßnahme gegen unliebsame Geschäftspartner erwiesen. Auch Nationen sind schon boykottiert worden. Doch noch schlimmer ist es, wenn der gesamte grenzüberschreitende Warenverkehr eines Landes unterbunden wird. Wie nennt man diese Maßnahme?

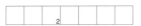

Frage 79

Das Wort wird oft auch für Bargeld in einer ausländischen Währung benutzt. Das ist jedoch falsch. Ausländisches Bargeld heißt korrekt Sorten. Der Begriff, der aus dem Französischen kommt und eigentlich „Wahlspruch" bedeutet, bezeichnet Vermögenswerte, die auf eine fremde Währung ausgestellt sind, wie Auslandskonten, Fremdwährungskonten, ausländische Wertpapiere oder Schecks, die nur im Ausland eingelöst werden können. Wie heißt die korrekte Bezeichnung?

Dollarnote

Frage 80

Der gesuchte Philosoph und Schriftsteller

Eigentlich war der Mann Philosoph, lehrte vor allem Moralphilosophie und soll im persönlichen Leben dem Klischee des zerstreuten Professors entsprochen haben. Doch als Begleiter eines

Weltwirtschaft

jungen Lords auf dessen Bildungsreise lernte er 1764 französische Nationalökonomen kennen und begann sich dem Thema „Wirtschaft" zu widmen. Mit seinem Werk vom „Wohlstand der Nationen" wurde er zu einem Begründer der Volkswirtschaftslehre. Er beschrieb darin erstmals die grundlegenden Wirkungsmechanismen der Märkte und der Geldwirtschaft. Wie hieß er?

Frage 81
Ursprünglich hatten Notenbanken nur die Aufgabe, im Austausch gegen Bargeld Banknoten auszugeben, bzw. diese wieder in Münzgeld umzutauschen. Ende des 19. Jh. wurde diese Aufgabe zunehmend einer Zentralbank pro Land übertragen. Diese Zentralbanken sind für die gesamte Geld- und Währungspolitik eines Landes zuständig. Dazu gehört u. a., die Zinssätze festzusetzen, die im Umlauf befindliche Geldmenge zu regeln sowie den gesamten Banken- und Finanzsektor eines Landes zu überwachen. Wie heißt die deutsche Zentralbank?

Frage 82
Eigentlich vertrat der deutsche Nationalökonom Friedrich List das Prinzip des freien Handels und setzte sich für eine Abschaffung der vielen Zölle innerhalb der deutschen Staaten ein. Nach außen jedoch, so meinte er, wäre es für eine im Aufbau befindliche Industriegesellschaft, wie es die deutsche zu Beginn des 19. Jh. war, nötig, Abgaben auf billige Importgüter zu erheben. Nicht in seinem Sinne war es jedoch, langfristig nicht konkurrenzfähigen Produktionszweigen die ausländische Konkurrenz fern zu halten. Wie werden diese Abgaben genannt?

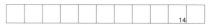

Frage 83
Streiks sind in Deutschland ein legitimes Mittel, höhere Löhne und andere Forderungen der Arbeitnehmer durchzusetzen. Sie müssen jedoch von den Gewerkschaften als den gesetzlich vorgesehenen Vertretern der Arbeitnehmerschaft durchgeführt werden. Wilde Streiks sind ebenso verboten wie Streiks, bei denen politische Forderungen durchgesetzt werden sollen. Im Gegenzug zum Streikrecht der Arbeitnehmer haben die Arbeitgeber allerdings die Möglichkeit, die streikenden Mitarbeiter vorübergehend auszuschließen und ihnen damit auch die Gehaltszahlung zu verweigern. Wie nennt man diese Maßnahme?

Frage 84
Die meisten Wirtschaftsunternehmen sind hierarchisch strukturiert. Das ist jedoch nicht zwingend nötig. Es ist durchaus möglich, dass sich mehrere Personen zusammentun und ein Unternehmen gründen, das allen gehört und von allen gemeinsam geleitet wird. Nach demselben Prinzip ist es auch möglich, sich zum gemeinsamen

Einkauf oder Wohnungsbau zusammenzutun. Wie heißt diese demokratische Organisationsform?

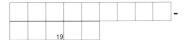

Frage 85

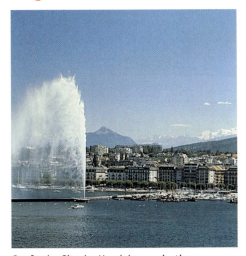

Genf – der Sitz der Handelsorganisation

1947 scheiterte das Vorhaben, eine internationale Handelsorganisation zu gründen. 23 Staaten schlossen zunächst einen Vertrag über ein Allgemeines Zoll- und Handelsabkommen (GATT). In acht Verhandlungsrunden wurde anschließend versucht, Zoll- und Handelshindernisse abzubauen. Die Frage, ob ein weit gehend liberalisierter Handel aber wirklich allgemein zu mehr Wohlstand führt, hat die GATT-Runden seitdem begleitet. In der so genannten Uruguay-Runde, die von 1986 bis 1994 dauerte, wurde schließlich doch noch die Gründung einer internationalen Handelsorganisation erreicht. Wie lautet ihr Kurzname?

Frage 86

Die Geschäfte eines Unternehmens müssen jederzeit lückenlos dokumentiert und für das Finanzamt überprüfbar sein. Deshalb gibt es die Pflicht, jeden Geschäftsvorgang festzuhalten, Belege darüber zu sammeln und am Ende des Jahres einen Jahresabschluss aufzustellen, der die geschäftliche Situation wiedergibt. Wie nennt man die Gesamtheit der Aufzeichnungen, zu dessen Führung die Unternehmen verpflichtet sind?

Lösungswort:

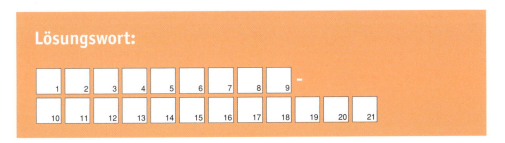

Mathematik

Frage 87

Römische und arabische Ziffern

Er wird gern zitiert, wenn es um die richtige Lösung einer Rechenaufgabe geht: „Das macht nach ...". Trotzdem ist der fränkische Mathematiker so sehr in Vergessenheit geraten, dass sein Name nicht einmal korrekt verwendet wird, sondern ein überflüssiges „e" angehängt bekommt. Dabei hat er mit seinen vier populären Rechenbüchern in deutscher Sprache im 16. Jh. nicht nur dafür gesorgt, dass die unhandlichen römischen Zahlen allmählich durch die arabischen ersetzt wurden, sondern er leistete sogar einen Beitrag zur Vereinheitlichung der deutschen Sprache. Wie hieß er?

ADAM RIES

Frage 88

Eine der Grundrechenarten in der Schule ist das Abziehen. Streng wissenschaftlich gesehen gibt es diese Rechenart jedoch gar nicht. Da kennt man nur das Zusammenzählen. Man kann jedoch sowohl positive wie negative Zahlen zusammenzählen. 5 – 3 müsste also eigentlich 5 + (– 3) geschrieben werden. Trotzdem gibt es für das Abziehen einen wissenschaftlich korrekten Begriff. Wie lautet der?

SUBTRAHIEREN

Frage 89

Seite aus *Elemente*

Wörtlich übersetzt bedeutet der Begriff „Landvermessung". Tatsächlich diente diese Art der Mathematik in den frühen Hochkulturen vor allem dazu, reale Strecken und Flächen zu vermessen. Das grundlegende Werk zu dieser Wissenschaft schuf der griechische Mathematiker Euklid von Alexandria im 4. Jh. v. Chr. mit seinem Buch *Elemente*. Darin geht es um das Berechnen von Punkten, Linien, Flächen und dreidimensionalen Körpern. Wie heißt dieser Teilbereich der Mathematik?

GEOMETRIE

Frage 90
Diese Zahlen zeichnen sich dadurch aus, dass sie sich genau durch zwei andere natürliche Zahlen teilen lassen: nämlich durch 1 und durch sich selbst. Die kleinsten sind 2, 3, 5, 7 und 11. Die größte bisher gefundene ist eine Zahl mit über sieben Millionen Stellen. Schon die antiken Griechen forschten eifrig nach solchen Zahlen. Einen praktischen Nutzen entdeckte man jedoch erst im 20. Jh. bei der elektronischen Verschlüsselung von Daten. Wie heißen diese Zahlen?

Frage 91

Lottoschein

Kein Mensch kann berechnen, was bei einem vom Zufall abhängigen Ereignis, wie z. B. bei der Ziehung der Lottozahlen, passieren wird. Ausrechnen lässt sich nur, wie groß die theoretische Chance ist, dass ein solches Ereignis eintritt. Dabei teilt man die Anzahl der günstigen Fälle durch die Anzahl der möglichen Fälle. Übersetzt aufs Lotto bedeutet das: Die Anzahl der Tipps, die man für eine Ziehung abgegeben hat, wird durch die Anzahl der möglichen Kombinationen von 6 Zahlen aus 49 geteilt. Wie nennt man eine solche Rechnung?

Frage 92
In der Mathematik, vor allem aber in der Physik, ist es oft notwendig, nicht nur den Zahlenwert einer Größe zu kennen, sondern auch die Richtung, in die diese Größe bewegt wird, z. B. wenn ein Punkt im Koordinatensystem um einen bestimmten Zahlenwert verschoben werden soll. Diese Kombination aus Wert und Richtung wird zeichnerisch dann mit einem Pfeil dargestellt. Wie nennt man eine solche gerichtete Größe?

Frage 93
Der Begriff bezeichnet das Verhältnis zweier Größen zueinander. Er ist damit das Resultat einer Division. Er kann als ausgerechnetes Ergebnis dargestellt werden, so wie z. B. die Zahl 0,25 das Resultat der Rechnung „3:12" darstellt. Möglich ist jedoch auch die nicht ausgerechnete Darstellung als Bruch, also $\frac{3}{12}$. Schließlich kann es z. B. bei einer Umfrage ja durchaus von Interesse sein, ob 3 von 12 oder 250 von 1000 Befragten einer Sache zugestimmt ha-

Mathematik

ben. Wie nennt man einen Wert, der ein solches Verhältnis ausdrückt?

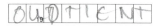
QUOTIENT

Frage 94
Er war der Guru unter den Mathematikern der Antike. Im unteritalienischen Kroton scharte er eine pseudoreligiöse Geheimgesellschaft von etwa 600 ergebenen Anhängern um sich. Außer mit Mathematik beschäftigte er sich auch mit Philosophie und Musik. Doch welche Erkenntnisse tatsächlich von ihm stammen, ist aufgrund fehlender Aufzeichnungen nicht bekannt. Der bekannte Lehrsatz über das rechtwinklige Dreieck, der ihm zugeschrieben wird, wurde jedenfalls schon rund 1500 Jahre früher in Mesopotamien angewandt. Möglicherweise jedoch hat er ihn das erste Mal mathematisch bewiesen. Wer war es?

Der gesuchte Mathematiker

PYTHAGORAS

Frage 95
Mit diesem Rechenverfahren wird aus zwei bekannten Größen eine dritte, unbekannte errechnet. Hat man ein Ergebnis für eine bestimmte Anzahl der Größe A, dann kann man auch das Ergebnis für jede andere Anzahl dieser Größe errechnen, indem man zunächst den Wert für ein A ausrech-

net. Dieses Hilfsmittel kann für Prozentrechnungen, aber auch für viele chemische und physikalische Formeln verwendet werden. Wie heißt es?

DREISATZ

Frage 96
In unserem Rechensystem werden Zahlen ab der Zehn zweistellig, ab zehn mal zehn dreistellig, ab zehn mal zehn mal zehn vierstellig usw. geschrieben. Das Ganze ist eine willkürliche Festlegung. So wäre auch problemlos ein Rechensystem denkbar, das auf Zwölfer-Einheiten beruht. Wie aber nennt sich unsere Ordnung mit Zehner-Einheiten?

DEZIMALSYSTEM

Frage 97
Pi ist der 16. Buchstabe des griechischen Alphabets. In der Mathematik steht er für eine konstante Größe, deren Wert jedoch nicht genau zu ermitteln ist. In der Regel wird er mit 3,14159... angegeben. Inzwischen hat man ihn jedoch auf über drei Milliarden Stellen hinter dem Komma berechnet. Trotzdem bleibt es bei einer Annäherung, denn Pi ist eine irrationale und transzendente Zahl. Das bedeutet, sie kann nicht als Lösung einer endlichen algebraischen Gleichung dargestellt werden. Man erhält sie, indem man den Umfang eines Kreises durch eine andere Größe dieses Kreises dividiert. Welche?

DURCHMESSER

Frage 98

Manche Rechenoperationen lassen sich nur in mehreren Schritten hintereinander ausführen. So hat z. B. der griechische Mathematiker Euklid ein berühmtes „Rezept" erstellt,
Euklid
wie man den größten gemeinsamen Teiler von zwei beliebigen Zahlen errechnet. In einem solchen „Rezept" muss der nächste Schritt immer eindeutig sein und es muss bei jeder richtigen Anwendung das gewünschte Ergebnis liefern. Bedeutsam sind diese mathematischen „Rezepte" vor allem für die Programmierung von Computern geworden. Wie heißt ein solches genau festgelegtes, schrittweises Rechenverfahren?

ALGORITHMUS

Frage 99

Möchte man Brüche zusammenzählen, muss man erst einmal dafür sorgen, dass unter dem Strich die gleiche Zahl steht. $\frac{7}{12}$ und $\frac{2}{9}$ z. B. lassen sich nur addieren, wenn man mindestens $\frac{21}{36}$ und $\frac{8}{36}$ daraus macht. Die Größe, nach der man dabei sucht, hat auch sprichwörtliche Bedeutung. Wie heißt sie?

KLEINSTER GEMEINSAMER NENNER

Frage 100

Er war Mathematiker, Philosoph und Naturwissenschaftler. Dadurch, dass er Algebra und Geometrie miteinander verknüpfte, wurde er zum entscheidenden Wegbereiter der analytischen Geometrie, die es erlaubt, geometrische Probleme rechnerisch zu lösen. Ob er allerdings das nach ihm benannte kartesische Koordinatensystem wirklich erfunden hat, ist umstritten. Wer war der Mann?

René Descartes

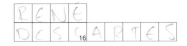
RENE DESCARTES

Frage 101

Potenz ist in der Mathematik das Produkt einer Zahl mit sich selbst. Das bedeutet, dass die Zahl mehrmals mit sich selbst multipliziert wird. Wie oft, das gibt der Exponent an, der als hochgestellte Zahl geschrieben wird. Eine 8^3 bedeutet, dass die Acht dreimal miteinander multipliziert wird, also 8 mal 8 mal 8 = 512. Das Gegenteil des Potenzierens ist eine Rechenart, die sich in der Schule meist großer Unbeliebtheit erfreut. Wie heißt sie?

WURZEL ZIEHEN

Frage 102

Wer 1000 Euro zu 4 % Zinsen anlegt, der erhält im ersten Jahr 40 Euro. Ver-

Mathematik

bleibt das Geld auf dem Konto, dann sind es im nächsten Jahr 41,60 Euro, da die Bezugsgröße jetzt schon 1040 Euro ist. Dies wird als Zinseszinseffekt bezeichnet. Das Wachstum verhält sich proportional zum bereits Vorhandenen, vergrößert sich also, je größer die vorhandene Menge wird. Ein anderes bekanntes Beispiel ist die Geschichte, nach der der Erfinder des Schachspiels verlangt haben soll, für das erste Feld ein Reiskorn und für jedes weitere Feld doppelt so viele Körner wie für das vorhergegangene zu bekommen. Wie nennt man ein solches Wachstum in der Mathematik?

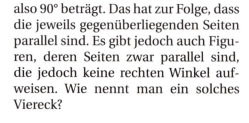

Frage 103
Rechenaufgaben können oft sehr lang sein. Dabei spielt die Reihenfolge, nach der die einzelnen Schritte gelöst werden, eine wichtige Rolle. 5 + 2 x 8 ergibt 56, wenn man erst die Addition, dann die Multiplikation ausführt. Korrekt aber ist es, erst 2 und 8 zu multiplizieren und dann die 5 dazuzuzählen, wobei man auf 21 kommt. Wie lautet die Regel, die dieser Vorgehensweise zugrunde liegt?

Frage 104
Ein Viereck kann ein ziemlich unregelmäßig geformtes Gebilde sein, solange es nur vier Ecken hat. Ein Rechteck dagegen zeichnet sich dadurch aus, dass jede Ecke rechtwinklig ist, der Winkel also 90° beträgt. Das hat zur Folge, dass die jeweils gegenüberliegenden Seiten parallel sind. Es gibt jedoch auch Figuren, deren Seiten zwar parallel sind, die jedoch keine rechten Winkel aufweisen. Wie nennt man ein solches Viereck?

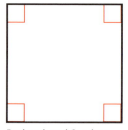

Rechteck und Quadrat

Frage 105
Eine mathematische Gleichung ist eine Rechenaufgabe mit einem Gleichheitszeichen. Bei einfachen Gleichungen befindet sich auf einer Seite der Gleichung eine Leerstelle (bzw. eine Variable), deren Wert es auszurechnen gilt. Bei fortgeschrittenen Gleichungen befinden sich auf beiden Seiten des

Gleichheitszeichens komplizierte Rechenfolgen, in denen Variablen wie x oder y versteckt sind. Für welches Teilgebiet der Mathematik sind diese Gleichungen mit Variablen charakteristisch?

Frage 106
Das Dreieck ist die einfachste zweidimensionale Figur, die mit geraden Linien begrenzt wird. Nichtsdestoweniger hat es die Mathematiker seit jeher fasziniert und sie haben eine ganze Reihe von Gesetzmäßigkeiten gefunden, die für alle Dreiecke, so unterschiedlich sie auch sein mögen, gelten. So ist z. B. die Summe der drei Innenwinkel in jedem Dreieck gleich. Wie viel Grad beträgt sie in Worten?

Frage 109
Formelsammlungen sind ein wichtiges Hilfsmittel in der Mathematik. Schließlich muss man nicht jeden Lösungsweg, den schon einmal jemand in mühsamer Kopfarbeit ausgetüftelt hat, selber noch einmal finden. Wie werden die Formeln genannt, zu denen die folgende gehört?

$(a + b)^2 = a^2 + 2ab + b^2$

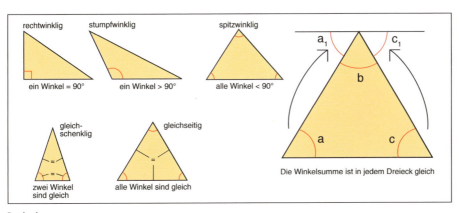

Dreieck

Lösungswort:

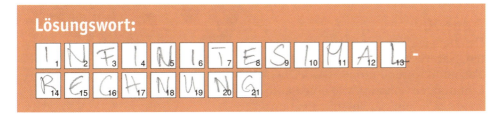

Technik

Frage 108
Wenn es darum geht, die Leistungsfähigkeit eines Motors zu beschreiben, dann ist diese Größe immer noch sehr populär, obwohl sie offiziell schon seit über 20 Jahren nicht mehr in Gebrauch ist. Eingeführt wurde sie seinerzeit von James Watt, der einen traditionellen Vergleich suchte, um die Leistung seiner Dampfmaschine zu verdeutlichen. Originellerweise wurde die von Watt erfundene Größe inzwischen durch die nach ihm benannte ersetzt. Die gesuchte Messgröße entspricht etwa 0,73 Kilowatt. Wie heißt sie?

Modell einer Dampfmaschine

Frage 109
Der Italiener war einer der populärsten Naturwissenschaftler überhaupt. Nach ihm werden immer wieder neue Erfindungen benannt, wie eine Raumsonde oder ein Satellitennavigationssystem. Als Mathematikprofessor beschäftigte er sich vor allem mit dem freien Fall, der Beschleunigung, der Trägheit und den Pendelgesetzen. Dabei konstruierte er auch neuartige Geräte. 1609 baute er ein Teleskop und machte damit sensationelle Entdeckungen im Weltall. Die Beschäftigung mit der Astronomie brachte ihm allerdings auch große Probleme. Wem?

Frage 110
Übersetzt aus dem Griechischen bedeutet das Wort „Wasser in Röhren". Doch nicht von der Wasserversorgung ist die Rede, sondern davon, sich die Kräfte des Wassers in geschlossenen Systemen zunutze zu machen. Durch den Druck der Flüssigkeit können Kolben und Kolbenstangen angetrieben werden. Solche Antriebe werden bei Hebebühnen, Gabelstaplern, Pressen, Aufzügen und Kränen, aber auch für Bremsen eingesetzt. Wie heißt die Technik, die dahintersteckt?

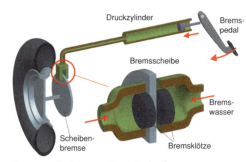

Bremse mit der gesuchten Technik

Frage 111
Die erste Dampfmaschine wurde 1705 von dem englischen Eisenhändler Thomas Newcomen gebaut. 1765 unterzog James Watt Newcomens Maschine jedoch mehreren Verbesserungen, die sie plötzlich mehr als viermal so leistungsfähig machten wie zuvor. Jetzt erst taten sich ungeahnte neue Möglichkeiten auf. Binnen Kurzem ersetzten z. B. dampfbetriebene Spinnmaschinen die ganze Zunft der Handarbeiter auf diesem Gebiet. Welche Entwicklung wurde mit Watts Maschine eingeleitet?

Frage 112
Nicht auf den Flugkörper kommt es an, sondern auf den Antrieb. Der Treibstoff wird gezündet und das dabei entstehende heiße Gas durch spezielle Schubdüsen nach außen gepresst. Dieser Rückstoß treibt den Körper mit gewaltiger Kraft nach vorne. Mit diesem Prinzip werden auch riesige Flugkörper mit menschlicher Besatzung in die Luft gejagt. Wovon ist die Rede?

Frage 113
Sie wurde wohl um 3500 v. Chr. in Mesopotamien erfunden und ist eines der ältesten mechanisierten Handwerksgeräte des Menschen. Anfangs gab es verschiedene Antriebsarten, bis man in Ägypten zur Ptolemäer-Zeit den heute noch gängigen Fußantrieb einführte. Mit ihr begann die Serienproduktion. Wichtige Alltagswaren ließen sich viel schneller anfertigen. Außerdem erlaubte sie eine ganz neue Qualität der Verarbeitung. Um welche Erfindung handelt es sich?

Frage 114

Druckpresse um 1454

Die Ehre, den Buchdruck erfunden zu haben, kann er nicht für sich in Anspruch nehmen. Er hat ihn jedoch ganz entscheidend verbessert. Vor allem kam er auf die Idee, Druckplatten für Buchseiten nicht mehr aus einem Stück anzufertigen, sondern sie aus einzelnen Metalllettern zusammenzusetzen, die er mit einem festen Eisenrahmen umspannte. Außerdem konstruierte er eine neuartige Handpresse und verbesserte überhaupt den ganzen Druckvorgang. Wie lautet sein Nachname?

Frage 115
1969 landeten die ersten Menschen auf dem Mond. Das war zweifellos eine

Technik

Sensation. Über den Nutzen für die Menschheit jedoch kann man streiten. Auch heute noch bekommen bemannte Raumflüge in der Öffentlichkeit die größte Beachtung. Doch viel wichtiger sind unbemannte Missionen, bei denen Objekte ins All gebracht werden, ohne die unser modernes Informationswesen kaum noch vorstellbar ist. Welche?

Frage 116
Gegen Ende des 18. Jh. konstruierte der italienische Graf Alessandro Volta die erste künstliche Stromquelle der Welt. Er stellte fest: Wenn man zwei verschiedene Metalle in einer leitenden Flüssigkeit zusammenbringt, gibt das unedlere Metall an das edlere Elektronen ab. Aus Kupfer- und Zinkplättchen baute er die erste Batterie. Ihm zu Ehren wurde die Einheit Volt benannt. Was misst man mit ihr?

Graf Alessandro Volta

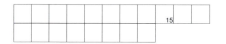

Frage 117
Früher galt es als Fortschritt, wenn technische Apparate immer größer wurden. Heute spielt sich die Technologie der Zukunft in unvorstellbar kleinen Dimensionen ab. Mikrotechnik, die mit Strukturen im Bereich von Millionstel Metern (Mikrometern) arbeitet, ist bereits normal. Die wissenschaftliche Avantgarde beschäftigt sich längst mit Anwendungen, die in Milliardstel Metern gemessen werden. Wie heißt diese Größe?

Frage 118
James Watts Dampfmaschine löste eine technische Revolution aus, aber sie war groß und teuer. Deshalb beschäftigten sich die Ingenieure des 19. Jh. mit der Frage, ob es nicht kleiner und billiger ginge. Das Ergebnis war der Viertaktmotor. Die Verbrennung findet direkt in dem Zylinder statt, in dem der Antriebskolben sitzt, der durch die Ausbreitung der heißen Verbrennungsgase bewegt wird. 1876 entstand das erste funktionierende Exemplar. Wie wird dieser Motor nach seinem Erfinder genannt?

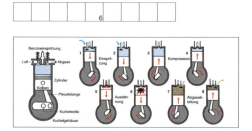

Funktionsweise eines Verbrennungsmotors

Frage 119
Das Rad gilt als eine der bahnbrechenden Erfindungen der Menschheit. Viele Kulturen kamen nie auf die Idee, Lasten mithilfe von Rollen fortzubewe-

gen. Und auch von rollenden Baumstämmen, die man schweren Gegenständen unterschob, bis zum Rad, das festmontiert ist, sich aber trotzdem dreht, war es technisch noch ein weiter Weg. Vermutlich waren die Mesopotamier um 4000 v. Chr. die ersten, die die Lösung fanden. Denn zum System „Rad" gehören außer den Rädern selbst auch noch die Achse und das Verbindungsstück zwischen beidem. Wie heißt dieses?

Frage 120

Der deutsche Physiker

1896 veranstaltete der russische Physiker Alexander Popow die erste Radiosendung der Welt. Sie bestand aus zwei Worten: Dem Vor- und Nachnamen des deutschen Physikers, der einige Jahre zuvor die elektromagnetischen Wellen entdeckt hatte und den ersten Apparat konstruiert hatte, mit dem man solche Wellen künstlich erzeugen konnte. Popow dagegen widmete sich der Konstruktion von „Detektoren", die solche Schwingungen aufspüren. Der Nachname, den er bei seiner ersten „Sendung" übertrug, ist heute auch die Einheit für Frequenzen. Wie lautet er?

Frage 121

Der junge Werner konnte nur auf dem Umweg über die preußische Armee das ersehnte Ingenieursstudium absolvieren. Dann aber gelang ihm eine ganze Reihe von Erfindungen wie die Galvanotechnik, die Isolierung von Kabeln, der Dynamo und ein Zeigertelegraf. Vor allem aber gründete er 1847 eine Fabrik, die schon bald mit Renommierprojekten Furore machte, zunächst mit dem Bau von Telegrafenleitungen, später mit der Elektrifizierung von Eisenbahnen, Straßenbahnen, Aufzügen und Straßenlaternen. Das Unternehmen besteht noch immer. Wie heißt es?

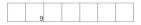

Frage 122

Die erste Hälfte des 2. Jt. v. Chr. ist das Zeitalter der Bronze. Aus keinen anderen Bodenschätzen schien sich derart gutes Metall schmieden zu lassen. Doch irgendwann in der zweiten Hälfte fanden die Hethiter heraus, dass sich aus dem scheinbar so spröden, weichen Eisen ein gut zu bearbeitender, harter Werkstoff ergibt, wenn man es mehrmals erhitzt und das glühende Metall in kaltem Wasser abschreckt.

Kunstvolles Fundstück aus der Bronzezeit

Technik

Wie nennt man das plastisch verformbare, also schmiedbare Eisen?

Frage 123
Das erste benzinbetriebene Auto wurde um 1870 in Wien von dem gebürtigen Mecklenburger Siegfried Marcus konstruiert – allerdings mit dem Manko, noch keine Steuerung und keine Bremsen zu haben. 1888 hatte Marcus das Problem gelöst. Sein Pech aber war, dass inzwischen zwei andere schneller gewesen waren – und dass er Jude war. Während die Nazis Marcus aus allen Lexika streichen ließen, sind die Namen seiner Konkurrenten immer noch in aller Munde, vor allem, weil sie Bestandteil einer Automarke bzw. eines Unternehmens sind. Wie heißen die beiden anderen deutschen Autopioniere?

				U	N	D

Frage 124
Technik wird u. a. definiert als die praktische Nutzbarmachung von naturwissenschaftlichen Erkenntnissen. Folglich führen neue naturwissenschaftliche Erkenntnisse auch zu neuen Technologien. Die Biotechnologie z. B. setzt Erkenntnisse der Biologie oder Biochemie um. Ein Teilbereich ist der Eingriff in das Erbgut von Lebewesen. Wie wird dieser Bereich genannt?

Frage 125
Alfred war ein bedeutender Erfinder, der es auf über 350 Patente brachte. Doch alle werden in den Schatten gestellt von der, die er „Dynamit" nannte. Schon sein Vater hatte sich, nachdem er als Bauingenieur Bankrott erlitten hatte, mit Sprengstoff beschäftigt und Waffen für den Zaren konstruiert. Alfred hatte bei der Erfindung des gefährlichen Sprengstoffs aber vermutlich mehr den friedlichen Einsatz im Berg- und Tunnelbau im Auge. Trotzdem wurde er auch durch die Kriege des 19. Jh. reich. Richtig bekannt aber wurde sein Name durch die Verfügungen seines Testaments. Wie hieß er?

Der gesuchte Erfinder

Frage 126
Die korrekte Bezeichnung für diese Technik lautet: Lichtverstärkung durch angeregte Strahlungsaussendung. Die Idee dazu stammte von Albert Einstein. Er überlegte, ob es möglich sei, eine extrem hohe, gebündelte Energie zu erzeugen, indem man Materie so stimuliert, dass sie energiegeladene Teilchen abgibt, die wiederum andere Atome zur Abgabe weiterer Teilchen anregen, die in Energie, Phase und Ausrichtung völlig identisch sind. In den 1950er-Jahren gelang es drei amerikanischen Wissenschaftlern, einen

solchen scharfen Energiestrahl zu erzeugen, der schnell zu einer der wichtigsten technischen Erfindungen der Gegenwart wurde. Welche?

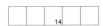

Frage 127
Der Fonograf, der Vorläufer des Plattenspielers, war bestimmt nicht die wichtigste Erfindung des Amerikaners, der im Lauf seines Lebens über 1000 Patente anmeldete. Aber er bezeichnete ihn als seine Lieblingserfindung. Dabei ging es ihm weniger um die Unterhaltung, etwa Musikaufnahmen. Ihn faszinierte vielmehr die Idee, nicht nur die Worte, sondern auch die Stimmen berühmter Männer für die Nachwelt zu erhalten. Geschäftstüchtig wie er war, vermarktete er das Gerät aber als „the Finest Entertainer in the World". Wie hieß der Mann mit Nachnamen?

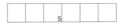

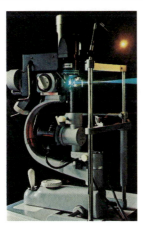

Gebündelter Energiestrahl

Frage 128
Das Prinzip wurde von dem Ingenieur Christian Hülsmeyer zu Beginn des 20. Jh. entwickelt. Er schickte scharf gebündelte elektromagnetische Wellen in kurzen Impulsen auf eine Parabolantenne, von der die Wellen in den Raum hinein reflektierten. Stießen die Wellen auf ein Hindernis, wurden sie von diesem wiederum reflektiert. Anhand der Reflexion ließen sich Material, Größe, Geschwindigkeit und Positionsveränderungen des Hindernisses identifizieren. Wie wird Hülsmeyers Erfindung heute genannt?

Parabolantenne

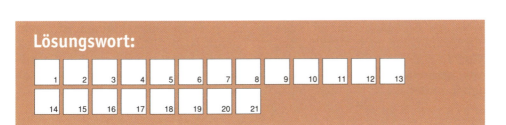

Lösungswort:

Internet und Computer

Frage 129
Computer werden oft immer noch Rechner genannt – auch wenn man sie eigentlich überhaupt nicht zum Rechnen benutzt. Auch das englische Wort „compute" bedeutet „berechnen".

Blaise Pascal

Die Vorläufer des modernen Computers waren aber tatsächlich Maschinen, mit denen sich Rechenprozesse automatisieren und beschleunigen ließen. Im 17. Jh. bauten bedeutende Wissenschaftler wie Blaise Pascal oder Gottfried Leibniz die ersten komplexeren Maschinen. Doch die älteste Rechenhilfe wurde wohl schon 1100 v. Chr. erfunden. Wie heißt sie?

Frage 130
Um Seiten aus dem Internet auf dem eigenen Rechner ansehen zu können, braucht man spezielle Programme, mit denen sich die empfangenen Daten ansehen lassen. Sie müssen nicht nur Texte oder Bilder darstellen können, sondern auch heruntergeladene Programme, Musik oder Filme. Lange Zeit waren der Internet Explorer und der Netscape Navigator die wichtigsten. Inzwischen sind auch Mozilla, Firefox, Opera, Konqueror und Safari recht weit verbreitet. Wie nennt man diese Programme?

Frage 131
1930 stellte Vannevar Bush in Massachusetts die erste elektrisch gesteuerte Großrechenmaschine der Welt vor. Sechs Jahre später präsentierte der englische Mathematiker Alan Turing einen Rechner, von dem er behauptete, dieser könne jedes Problem bewältigen, das durch einen Algorithmus lösbar sei. Im Zweiten Weltkrieg ließ Turing riesige Rechenmaschinen bauen, mit denen er den Code der sagenumwobenen deutschen Chiffriermaschine knackte. Wie hieß diese?

Frage 132
Bis in die 1980er-Jahre mussten PC-Benutzer alle möglichen Befehle an ihren Computer auswendig lernen und dann per Tastatur eingeben. Doch dann erschien 1981 mit dem Xerox Star der erste

Logo der Firma Apple

Computer, der eine grafische Benutzeroberfläche hatte, auf der man nur leicht verständliche Symbole mithilfe einer „Maus" anzuklicken hatte. Richtig erfolgreich wurde jedoch erst der Macintosh von Apple ab 1984. Für solche grafischen Oberflächen, auf denen in mehreren „Fenstern" gleichzeitig Programme laufen können, wird gelegentlich ein Begriff benutzt, der rein rechtlich jedoch nur auf das entsprechende Produkt der Firma Microsoft angewendet werden darf. Welcher?

Frage 133
Die Bestandteile eines Computers sind inzwischen unvorstellbar klein geworden. Ganze Schaltungen mit Tausenden, ja Millionen von Komponenten, die früher einzeln zusammengebaut werden mussten, werden heute per Ätzung oder Fotolithografie auf dünne Halbleiterscheiben aufbracht. Diese Bausteine können die verschiedensten Aufgaben haben wie Speichern oder Steuern. Es gibt jedoch eine gemeinsame Bezeichnung, die von ihrer Form herrührt. Welche?

Frage 134
1957 gründete die US-Regierung die ARPA (Advanced Research Projects Agency), die den Zweck hatte, wichtige technologische Forschungen im Land zu koordinieren. Dazu sollte ein Kommunikationssystem entstehen, das jedoch keine zentrale Steuerungsstelle haben durfte, deren Ausfall das ganze System lahm legen könnte. Auch wollte man kein eigenes Leitungsnetz haben, sondern Informationspakete nur durch Absender- und Empfangsadressen als zum Netzwerk gehörend kennzeichnen. 1969 wurden dann die Computer von vier Forschungseinrichtungen über Telefonleitungen zu einem Netz verbunden. Was hat sich aus diesem ARPA-Netz entwickelt?

Frage 135
Der deutsche Computerpionier war studierter Bauingenieur und arbeitete nach seinem Universitätsabschluss bei den Henschel Flugzeugwerken in Berlin-Schönefeld. Um sich die monotonen Teile der Arbeit zu erleichtern, begann er Rechenmaschinen zu bauen. 1941 stellte er ein Exemplar fertig, das vielen Experten als erster Computer der Welt gilt, da sein Erfinder zum ersten Mal einen Binärcode, d. h. nur zwei verschiedene Signale zur Steuerung verwendete. Wie hieß der Mann, dem diese wegweisende Idee kam?

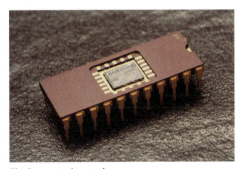

Ein Computerbaustein

Frage 136
Computern wird gelegentlich künstliche Intelligenz zugeschrieben. Doch im Grunde bestehen sie aus großen Mengen elektrischer Schaltungen, die in einem Gehäuse zusammengefasst sind. Die „Intelligenz" eines Computers liegt in der Steuerung dieser Schaltungen. Dazu dienen Programme. Man unterscheidet zwischen dem Betriebssystem, das die einzelnen Kom-

Internet und Computer

ponenten des Computers steuert, und Anwendungsprogrammen, die ganz speziellen Zwecken dienen. Mit welchem Begriff werden all diese Programme, mit denen der Computer „gefüttert" wird, bezeichnet?

Aus dem Innenleben eines Computers

Frage 137
Viele halten das World Wide Web, kurz www, für DAS Internet. In Wahrheit ist es nur einer von mehreren Internetdiensten. Es ist ein System, in dem alle Informationen in einer gemeinsamen Sprache verfasst sind (HTML), jedes Dokument eine eindeutige Adresse hat (URL) und Daten über standardisierte Protokolle (HTTP) ausgetauscht werden. Daneben gibt es noch andere Internetdienste, die nach ihren eigenen Standards arbeiten. Mit einem der wichtigsten lassen sich Nachrichten im Internet verschicken. Wie nennt man das?

Frage 138
1975 brachte die Firma MITS aus Albuquerque einen Heimcomputer zum Selbstzusammenbauen auf den Markt, den Altair 8800, und schloss einen Vertrag mit zwei Studenten, die Softwareprogramme dafür geschrieben hatten. Doch der Vertrag enthielt die Klausel, dass die beiden ab einem bestimmten Umsatz pro Monat eine Telefon-Hotline für Nachfragen einzurichten hatten. Das führte dazu, dass der jüngere der beiden sein Jurastudium abbrach und sich nur noch der eigens gegründeten Firma widmete. 1981 brachte eine Zusammenarbeit mit IBM den kometenhaften Aufstieg. Für wen?

Frage 139
Die ersten elektrischen Rechenmaschinen wurden noch durch analoge Signale gesteuert, die kontinuierlich waren, aber verschiedene Stärken annehmen konnten. Doch schon Alan Turing stellte fest, dass es praktischer war, einzelne, voneinander getrennte Signale zu verwenden, da diese während der Übertragung weniger anfällig für Fehler sind. Inzwischen ist ein Großteil der Kommunikation auf diese Technik umgestellt. Wie nennt man sie?

Frage 140
Die Gefahr, dass Computernetzwerke durch zerstörerische Programme infiziert werden können, war den Wissenschaftlern bereits früh klar. In den 1980er-Jahren tauchten dann auch die ersten Computerviren auf. Sie nisten sich in Dateien ein und verbreiten sich, wenn diese geöffnet werden. Heute sind jedoch solche Computerwürmer weiter verbreitet, die von sich aus aktiv werden und z. B. massenhaft

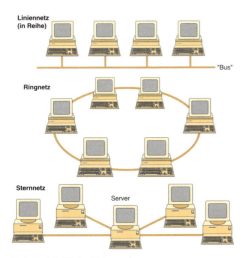

Unterschiedliche Netzwerke

infizierte E-Mails verschicken. Noch tückischer sind Eindringlinge, die unbemerkt Programme installieren, über die Dritte wichtige Daten wie Passwörter ausspähen oder den Computer sogar fremdsteuern können. Sie tragen einen Namen aus der griechischen Mythologie. Welchen?

Frage 141
Die ersten Computer waren noch riesige Maschinen, die in Rechenzentren untergebracht waren und von Spezialisten bedient wurden. 1968 kam der erste Personalcomputer auf den Markt, der direkt vom Arbeitsplatz aus bedient werden konnte. Doch es dauerte noch knapp zehn Jahre, bis die ersten Heimcomputer auf den Markt kamen, die in Preis und Anwendung speziell für Privatleute konzipiert waren. Sie wurden zunächst hauptsächlich für Spiele benutzt. Der erfolgreichste war der 1982 auf den Markt gekommene C64. Wofür stand das C?

Frage 142
Die Informationseinheit „bit" steht bei Computern für eine Binärziffer, also für eine 1 oder 0. Aber schon ein einfaches Zeichen setzt sich in der Regel aus acht Binärziffern zusammen. Deshalb wird der Speicherplatz von Computern in einer Einheit angegeben, die ganz ähnlich wie bit klingt, aber acht bit umfasst. Wie heißt sie?

Frage 143
1880 fand in den USA eine Volkszählung statt. Die Auswertung dauerte sieben Jahre. Einer der Mitarbeiter, der junge Ingenieur und Statistiker Herman Hollerith, fing daraufhin zu tüfteln an. 1889 meldete er die erste Datenverarbeitungsmaschine zum Patent an. Ein Jahr später fand die nächste Volkszählung statt, die Hollerith auswerten durfte. Er brauchte dazu nur vier Wochen. Mit welchem Datenträger arbeiteten seine Maschinen?

Frage 144
Das Zeichen @ hat sich vermutlich aus einer mittelalterlichen Verschmelzung der Buchstaben a und d entwickelt. In Großbritannien wurde es analog zum

Internet und Computer

französischen à im Geschäftsverkehr verwendet, jedoch in kaum einem anderen Land. Zu Beginn der 1970er-Jahre erschien den US-amerikanischen Entwicklern des ARPA-Netzes das @ als ideales Zeichen, um Benutzer- und Rechnernamen bei E-Mail-Anschriften voneinander zu trennen. Seitdem ist das Zeichen als „at" in aller Munde. Wie lautet die traditionelle deutsche Bezeichnung?

Das „at-Zeichen"

Frage 145
Von „virtueller Realität" spricht man, wenn die elektronisch erzeugte Umgebung die tatsächliche verdrängt. Manche benutzen den Ausdruck nur, wenn der Protagonist, z. B. bei einem Flugsimulator mit Helm-Display, Realität und Virtualität kaum noch unterscheiden kann, andere schon, wenn jemand über einem Computerspiel alles um sich herum vergisst. Essenzieller Bestandteil aber ist eine Interaktion mit dieser künstlichen Welt. Wie lautet der englische Begriff für solche Computerwelten?

Frage 146
Halbleiter sind Materialien, die nur unter bestimmten Umständen elektrischen Strom leiten, z. B. bei steigender Temperatur oder durch das Einbringen von Fremdatomen. Computerchips sind solche Halbleiter, die in verschiedenen Arbeitsschritten mit oft nur wenige Nanometer großen Strukturen aus Fremdmaterialien versehen werden, sodass sich elektrische Funktionen wie Transistoren oder integrierte Schaltkreise ergeben. Aus welchem Material sind die meisten Chips hergestellt?

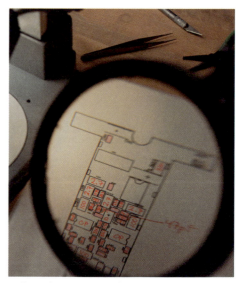

Aufbau eines Computerchips

Frage 147
Eine Webseite ist eine einzelne Seite aus dem Internet. Unter Website (engl.: site = Ort) jedoch versteht man den Internetauftritt einer Person oder Gruppe, der meist aus mehreren miteinander verbundenen Seiten besteht. Für eine solche Internetpräsenz wird jedoch oft auch ein Wort benutzt, welches streng genommen nur für die Startseite einer Website steht. Welches?

Frage 148

Drucker

Damit das Betriebssystem eines Computers angeschlossene Geräte oder Komponenten wie einen Drucker, eine Sound- oder Grafikkarte oder die Maus steuern kann, braucht es spezielle Programme, die genau für diese Komponenten bestimmt sind. Wie nennt man sie?

Frage 149
1982 kam ein Computer auf den Markt, der die Grundfläche eines DIN-A-4-Blattes hatte und nur fünf Zentimeter hoch war. Auf seinem Bildschirm konnten gerade mal 80 Zeichen gleichzeitig angezeigt werden, dafür arbeitete er dank eines Akkus vier Stunden ohne Stromnetz. Keine zehn Jahre nach der Einführung dieser Laptops kam jedoch schon eine neue Generation von mobilen Computern auf den Markt, die nicht auf dem Schoß (engl.: lap), sondern auf einem viel weniger ausladenden Körperteil platziert werden können. Wie nennt man diese Mini-Computer?

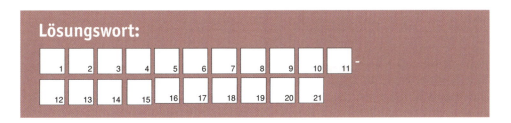

Chemie

Frage 150
Die chemische Formel für diese Substanz lautet C_2H_5OH. Bei Raumtemperatur ist sie eine farblose, stechend riechende Flüssigkeit. Sie kocht schon bei knapp 80 Grad, ist sehr leicht entzündlich und kann als Brenn- und Kraftstoff verwendet werden. Außerdem ist sie als Lösungsmittel für sehr viele Stoffe geeignet. Unverdünnt eingenommen ist sie stark gesundheitsgefährdend. Der wissenschaftliche Name lautet Ethanol. Und die alltägliche Bezeichnung?

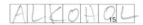

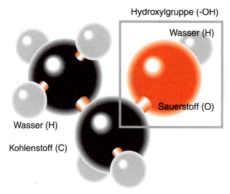

Ethanolmolekül C_2H_5OH

Frage 151
Der Franzose war ein Pionier der Mikrobiologie. Durch Untersuchung von Fäulnis und Gärung kam er den Aktivitäten der Mikroorganismen auf die Spur und enttarnte sie als Krankheitserreger. Unter anderem entwickelte er Schutzimpfungen gegen die Geflügelcholera, den Schweinerotlauf, den Milzbrand und die Tollwut. Verbunden ist sein Name aber mit dem von ihm entwickelten Verfahren, Mikroorganismen in Lebensmitteln durch Erhitzen abzutöten. Wie hieß er?

Der Pionier der Mikrobiologie

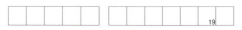

Frage 152
Moleküle bestehen aus mindestens zwei Atomen, die miteinander durch ein gemeinsames Elektronenpaar verbunden sind. Moleküle, die daneben auch ein ungepaartes Elektron besitzen, sind besonders reaktionsfreudig. Damit können sie in chemischen Prozessen eine wichtige Rolle spielen. Sie können aber auch als unerwünschtes Nebenprodukt nicht korrekt verlaufener Prozesse entstehen, z. B. im menschlichen Körper unter dem Einfluss von starkem UV-Licht. Auf ihrer Suche nach einem Bindungspartner versetzen sie den Organismus in Stress, ja können ihn sogar schädigen. Wie nennt man diese aggressiven Moleküle?

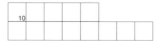

Frage 153
Sie waren die Vorläufer der modernen Chemiker. Sie wussten noch nichts vom Aufbau der Elemente, von Atomen und Molekülen, aber ihnen war klar, dass man Substanzen unter bestimmten Bedingungen oder durch

bestimmte Mischungen in andere verwandeln kann. Also machten sie sich auf die Suche nach neuen Stoffen. Sie haben u. a. das Porzellan und das Schießpulver gefunden. Wie nannte man diese Experimentalchemiker?

Frage 154
Atome wurden lange Zeit als die kleinsten Bausteine des Universums gesehen. Für die Physik gilt das inzwischen nicht mehr. Auf chemischem Weg jedoch lassen sich Atome tatsächlich nicht teilen. Je nachdem, wie viele positiv geladene Teilchen (Protonen) sie in ihrem Kern haben, ergeben sich jedoch chemisch völlig unterschiedliche Substanzen. Wie nennt man die Stoffe, die nur aus einer Sorte Atomen, also Atomen mit der stets gleichen Protonenzahl im Kern, bestehen?

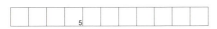

Frage 155
Eine Säure ist eine stark ätzende chemische Substanz, die einen ph-Wert aufweist, der kleiner als sieben ist. Säuren greifen andere Substanzen an, können deshalb aber auch gezielt für chemische Reaktionen verwendet werden. Eine der wichtigsten

Warnhinweis für Salzsäure

Säuren wurde schon um 1300 von den Alchimisten des Mittelalters hergestellt. Sie selbst ist geruchlos, während ihre Reaktionsprodukte „teuflisch" stinken können. Verwendet wird sie u. a. für die Herstellung von Dünger, die Aufschließung von Erzen, aber auch in der Lebensmittelherstellung. Wie heißt sie?

Frage 156
Als Fermentation bezeichnet man die Umwandlung von biologischen Materialien mithilfe von Bakterien, Pilzen, Zellkulturen oder Enzymen. So werden z. B. viele Antibiotika, aber auch Lebensmittel wie Käse oder Sojasauce hergestellt. Ein Sonderfall ist der anaerobe Abbau von Zuckern und Säuren. Auf diesem Weg lassen sich z. B. Methangas, Sauerkraut, Jogurt, aber auch verschiedene Getränke herstellen. Wie nennt man das Verfahren?

Käse entsteht durch Fermentation

Frage 157
Mit organisch bezeichnet man in der Natur alle Substanzen, die biologi-

Chemie

scher Herkunft sind. Auch die organische Chemie befasst sich mit vielen biologischen Stoffen. Letztendlich unterscheidet sie sich aber von der anorganischen Chemie dadurch, dass all ihre Stoffe ein gemeinsames Element haben, das in den anorganischen Substanzen nicht vorkommt. Welches?

Frage 158
Als Monomere werden Moleküle bezeichnet, die sich zu Polymeren zusammensetzen lassen, langen Ketten aus lauter identischen Bausteinen. Die meisten Kunststoffe sind solche Polymere. So lässt sich aus dem chlorhaltigen C_2H_3Cl ein Polymer bilden, das einen harten, spröden Kunststoff ergibt, der aber durch die Zugabe von Weichmachern alle möglichen Formen annehmen kann. Er ist jedoch in Verruf geraten, weil sich billige Weichmacher aus dem Material lösen können und weil beim Verbrennen Dioxin entsteht. Wie heißt der Stoff?

Frage 159
Im 19. Jh. entdeckten Chemiker und Physiker immer mehr Elemente. Dabei stellten sie verblüfft fest, dass es Ähnlichkeiten zwischen einzelnen Elementen gab, die irgendetwas mit dem Atomgewicht zu tun haben müssen. Also versuchte man, sie zu ordnen. 1869 hatten zwei Wissenschaftler unabhängig voneinander Erfolg: Dimitrij Mendelejew und Julius Meyer gelang es, alle bis dahin bekannten Elemente in ein System einzubauen und sogar noch fehlende vorauszusagen. So haben alle Elemente in einer waagrechten Zeile die gleiche Anzahl von Elektronenschalen um den Atomkern. Wie nennt man eine solche Zeile des Systems?

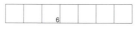

Frage 160
Mit 19 Jahren nahm er an einer obrigkeitsfeindlichen Studentendemonstration teil und musste vor der Polizei fliehen. Doch die Fürsprache seines Doktorvaters bewirkte, dass er ein Stipendium für die Fortsetzung seines Studiums in Paris bekam. Mithilfe von Alexander von Humboldt erhielt er mit 21 Jahren schon eine Professur für Chemie und Pharmazie. Er wurde sehr schnell der angesehenste Chemiker seiner Zeit. U. a. entwickelte er einen Phosphatdünger und Nahrungsmittel wie Backpulver, künstliche Babynahrung oder Fleisch-Extrakt. Wie lautet sein Nachname?

Der gesuchte Mann

Frage 161
Ein Atom besteht aus einem Kern, in dem sich positiv geladene Protonen und elektrisch neutrale Neutronen befinden. Die Anzahl der Protonen ent-

spricht der Ordnungszahl des Elements. Dieser Kern ist auf einer oder mehreren „Schalen" von negativ geladenen Elektronen umgeben, deren Zahl der der Protonen entspricht, sodass sich die elektrischen Ladungen aufheben und das Atom nach außen hin elektrisch neutral ist. Sowohl Atome wie auch Moleküle können jedoch ein oder mehrere Elektronen verlieren bzw. „erobern". Wie nennt man so ein „geladenes" Teilchen?

Windrad erzeugt Energie

Frage 162
Das leichteste aller chemischen Elemente ist Wasserstoff. Er kommt nicht nur in Wasser, sondern auch in allen organischen Verbindungen vor und macht rund drei Viertel der Materie des gesamten Universums aus. Auf der Erde jedoch kommt reiner Wasserstoff praktisch nicht vor, da er sich nur mit viel Energie aus seinen Bindungen lösen lässt bzw. sehr schnell unter Freisetzung von Energie wieder neue Bindungen eingeht. Mit welchem Stoff lässt man das Gas in der Wasserstofftechnologie reagieren, um Energie zu gewinnen?

Frage 163
Die chemischen Gegenspieler von Säuren sind Basen, die einen alkalischen ph-Wert haben, also einen Wert über sieben. Vermischt man beide langsam und sorgfältig miteinander, dann neutralisieren sie sich im ph-Wert. Dabei entstehen Wasser und eine neue chemische Verbindung. Aus Natronlauge und Chlorwasserstoffsäure kann man z. B. Wasser und Natriumchlorid gewinnen. Letzteres wird normalerweise mit einem Namen bezeichnet, der chemisch korrekt für alle Stoffe steht, die neben Wasser bei der Reaktion von Säuren und Basen entstehen. Wie lautet er?

Frage 164
Im Periodensystem der Elemente gibt es nicht nur Zusammenhänge zwischen den Stoffen, die gemeinsam in einer Periode stehen, son-

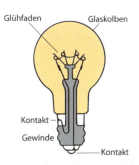

Die gesuchten Elemente sind in Glühbirnen vorhanden

Chemie

dern auch zwischen den Gruppen, d. h. zwischen den Elementen, die sich eine senkrechte Spalte teilen. So besteht die 18. Gruppe aus folgenden Elementen: Helium, Neon, Argon, Krypton, Xenon und Radon. Welche gemeinsame Bezeichnung gibt es für sie?

Frage 165
Chemische Reaktionen sind immer mit dem Verbrauch oder der Freisetzung von Energie verbunden. Viele Reaktionen laufen unter normalen Bedingungen nicht oder nur langsam ab. Doch diese Reaktionen können nicht nur durch Zugabe von Energie angeregt werden, sondern auch durch die Anwesenheit anderer Stoffe beeinflusst werden, die imstande sind, die Aktivierungsenergie herauf- oder herabzusetzen. So bewirken Edelmetalle wie Platin, dass Autoabgase umgewandelt werden, z. B. Kohlenmonoxid reagiert mit Sauerstoff zu Kohlendioxid. Das Platin selbst wird dabei aber nicht verändert oder verbraucht. Wie heißt ein solcher Stoff?

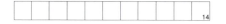

Frage 166
Ohne Sauerstoff wäre kein Leben auf der Erde möglich. Vernachlässigt man den Erdkern, in dem es kein Leben gibt, dann ist er das am häufigsten vorkommende Element auf unserem Planeten. Das lebenswichtige Gas ist sehr reaktionsfreudig. Atomarer Sauerstoff, d. h. einzelne O-Atome, kommen auf der Erde nicht vor. Elemente, die Sauerstoff enthalten, werden als Oxide bezeichnet. Reiner Sauerstoff jedoch ist ein Molekül aus zwei Sauerstoffatomen. Gelegentlich kommen auch Moleküle mit drei Atomen vor. Wie heißt dieser Sauerstoff?

Frage 167
Mit 75 Vertretern sind sie die größte Gruppe der chemischen Elemente. Sie zeichnen sich durch sehr bewegliche Elektronen aus, die innerhalb der Atomhülle leicht verschiebbar sind. Das führt dazu, dass diese Elemente undurchsichtig, glänzend und bei entsprechender Energiezufuhr gut verformbar sind. Außerdem sind sie gute elektrische und thermische Leiter. Wie nennt man sie?

Frage 168
Auch wenn die Endprodukte harmlos und sogar nützlich sind, wird in der chemischen Industrie oft mit hochgiftigen Zwischenstoffen hantiert. Unfälle haben deshalb oft dramatische Folgen. Einer der schwersten in der jüngeren Vergangenheit ereignete sich im Juli 1976 bei Mailand. Ein Kessel, in dem Trichlorphenol produziert wurde, explodierte infolge einer Überhitzung und setzte u. a. extrem giftiges Dioxin frei. Die Entseuchung der Umgebung dauerte Jahre. Die Katastrophe ist unter dem Namen einer

besonders betroffenen Gemeinde bekannt geworden. Wie lautet deren Name?

7				

Frage 169
Als Lösung bezeichnet man in der Chemie ein homogenes Gemisch von zwei oder mehreren Stoffen, die jedoch keine oder nur geringfügige chemische Bindungen miteinander eingehen. Allgemein versteht man unter einer Lösung eine Flüssigkeit. Doch es gibt solche homogenen Mischungen auch in fester Form. Wie nennt man eine Mischung, an der mindestens ein Metall beteiligt ist?

						16		

Frage 170
Im Periodensystem sind 118 Elemente enthalten, von denen jedoch viele instabil sind. Zu den instabilen Elementen gehören Technetium (43) und Promethium (61) sowie

Warnschild vor gefährlicher Strahlung

alle Elemente mit Ordnungszahlen ab 84. Beim Zerfall wandeln sie sich zu Isotopen oder sogar zu anderen Elementen um. Dabei geben sie energiereiche Teilchen und ionisierende Strahlung ab. Wie nennt man diesen Sachverhalt?

										-
	17									

Homogene Mischungen in flüssiger Form

Lösungswort:

1	2	3	4	5	6	7	8	9	10	11	-
12	13	14	15	16	17	18	19	20	21		

Physik

Frage 171
Die Mechanik ist ein Teilgebiet der Physik, das sich mit Masse und Kraft befasst. Bis ins 19. Jh. glaubte man, dass allen physikalischen Phänomenen mechanische Gesetze zu Grunde liegen. Mechanische Kräfte werden auch von ruhenden Körpern ausgeübt, z. B. wenn diese auf anderen Körpern aufliegen. Damit befasst sich der Unterbereich der Statik. Im Gegensatz dazu stehen die bewegten Körper und die Kräfte, die sie ausüben. Wie nennt man diesen Teilbereich der Mechanik?

Frage 172
Otto Hahn und Lise Meitner stellten seit 1907 ein kongeniales Forschungsduo dar. Er war der Praktiker, sie die bessere Theoretikerin. 1938 jedoch musste Meitner wegen ihrer jüdischen Wurzeln nach Schweden emigrieren. Wenige Monate später erhielt sie einen Brief von Hahn. Ihm und Fritz Straßmann war bei einem Experiment schier Unglaubliches passiert und er fragte die Kollegin nach einer Erklärung. Um welche Entdeckung ging es?

Lise Meitner und Otto Hahn

Frage 173
1742 entwarf der schwedische Astronom Anders Celsius die nach ihm benannte Skala für Temperaturmessungen. Als Fixpunkte nahm er den Schmelz- und den Siedepunkt von Wasser und teilte den Bereich dazwischen in 100 gleichmäßige Teile. Im Alltag hat sich die Celsius-Skala auch bewährt. Schließlich ist z. B. die Frostgrenze eine wichtige Größe. In der Physik jedoch benutzt man inzwischen eine Skala, die mit dem absoluten Nullpunkt beginnt, der Temperatur, bei der sich kein Teilchen mehr bewegt. Wie heißen die „Grade" dieser Skala?

Frage 174

Das Magdeburger Experiment

1663 unternahm der Magdeburger Ingenieur Otto Guericke einen Aufsehen erregenden Versuch. Er setzte zwei Halbkugeln von 50 Zentimetern Durchmesser zusammen, pumpte mit einer Kolbenpumpe die Luft heraus und spannte dann vor jede Kugelhälfte acht Pferde, die die beiden Teile jedoch nicht trennen konnten. Was hielt die Kugeln zusammen?

Frage 175

„Atomos" heißt auf Griechisch „unteilbar". Doch der Mythos vom Atom als kleinstem Baustein der Materie wurde um die Wende vom 19. zum 20. Jh. widerlegt. Atome, so entdeckte man, bestehen aus einem Kern, der sich aus Neutronen und Protonen zusammensetzt, sowie einer Hülle, in der sich Elektronen bewegen. 1964 jedoch entdeckten die Forscher Murray Gell-Mann und George Zweig unabhängig voneinander, dass zumindest Neutronen und Protonen aus noch kleineren Teilchen zusammengesetzt sind. Wie nennt man diese?

Frage 176

Sichtbares Licht setzt sich aus elektromagnetischen Strahlen einer bestimmten Wellenlänge zusammen, die etwa von 380 bis 780 Nanometer reicht. Farben entstehen entweder, indem weißes Licht gebrochen wird, oder indem ein Stoff einen Teil des Lichtes absorbiert und einen anderen reflektiert. Elektromagnetische Wellen, die kürzer als 380 und länger als 780 Nanometer sind, sind für das menschliche Auge unsichtbar. Wie werden die Wellen genannt, die länger als 780 Nanometer und kürzer als 1 mm sind?

Frage 177

Die Physik kennt vier Grundkräfte, die zwischen Materie wirken. Die erste ist die starke Wechselwirkung, die Atomkerne zusammenhält. Es folgen die elektromagnetische Wechselwirkung zwischen den Teilchen eines elektromagnetischen Feldes und die schwache Wechselwirkung zwischen Quarks und Elektronen innerhalb des Atomkerns. Die bekannteste der vier Grundkräfte ist zugleich die schwächste. Sie besagt, dass Masse sich gegenseitig anzieht. Wie heißt sie?

Frage 178

Joseph war gelernter Glasschneider und blieb auch, nachdem er zur wissenschaftlichen Koryphäe im Bereich der Optik aufgestiegen war, ein praktisch denkender Mensch. Um immer bessere optische Gläser herzustellen, arbeitete er sich als Autodidakt in die optische Physik ein und bestätigte mit seinen Forschungsarbeiten endgültig den Wellencharakter des Lichts und maß erstmals dessen Wellenlänge. Er erfand das Spektroskop, mit dem sich Licht in seine Spektralfarben teilen lässt, entwickelte neue Fertigungsverfahren für Gläser und mehrere optische Instrumente. Seinen Namen trägt heute eine bedeutende Gesellschaft

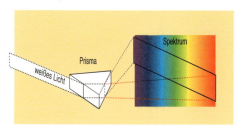

Licht bricht sich in einem Prisma

Physik

zur Förderung der angewandten Forschung. Wie lautet der?

Frage 179
Wärmeenergie ist in der Physik eine wichtige Größe. Bis 1978 wurde sie in Kalorien gemessen. Eine Kalorie ist die Menge Energie, die man braucht, um ein Gramm Wasser um ein Kelvin zu erwärmen. Inzwischen gilt die Messgröße Joule. Ein Joule entspricht 0,239 Kalorien und ist die Energie, die man braucht, um eine Sekunde lang eine Leistung von einem Watt zu vollbringen. Wie nennt man die Menge Energie, die sich aus 60 mal 60 mal 1000 Joule zusammensetzt?

James Prescott Joule

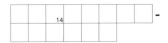

Frage 180
1901 wurde der erste Nobelpreis für Physik verliehen. Der Preisträger war Wilhelm Conrad Röntgen, der eine bislang unbekannte Art von kurzwelligen, energiereichen Strahlen entdeckt hatte. Obwohl die Strahlung nicht durch Prozesse im Inneren des Atoms, sondern durch energieintensive Elektronenbewegungen hervorgerufen wird, regte er damit die Forschungsarbeiten von Henri Becquerel und Marie Curie an. Der Name „Röntgenstrahlen" wird allerdings nur in Deutschland verwendet. Andere Länder halten sich an den Namen, den Röntgen seinen Strahlen selbst gab. Wie lautet der (in Englisch)?

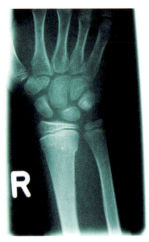

Röntgenaufnahme einer rechten Hand (Ausschnitt)

Frage 181
Im Wasser scheint ein Körper leichter zu werden. In Wahrheit aber wirkt eine nach oben gerichtete Kraft auf ihn ein, der Auftrieb, der genauso groß ist, wie die Flüssigkeit, die der Körper verdrängt hat. Ein leichter Körper mit viel Volumen verdrängt viel Flüssigkeit und hat deshalb mehr Auftrieb als ein schwerer, kompakter. Das Prinzip funktioniert auch mit Gas, weshalb Ballons oder Zeppeli-

Ein Körper verdrängt Flüssigkeit

ne fliegen können. Es wurde vor über 2200 Jahren von einem der wichtigsten Naturwissenschaftler der Antike entdeckt. Wie hieß er?

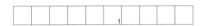

Frage 182
Berühmt ist Albert Einstein vor allem für seine Relativitätstheorie, die besagt, dass nur Beobachter, die sich relativ zueinander mit einer konstanten Geschwindigkeit bewegen, dieselben Naturgesetze feststellen. Seinen Nobelpreis bekam Einstein 1921 jedoch nicht für die Relativitätstheorie, sondern für die Entdeckung, dass elektromagnetische Strahlen wie Licht auch aus Teilchen, aus Photonen, bestehen. Für was hielt man die Strahlen bis dahin?

Frage 183
Physik beschäftigt sich mit allen experimentell erfassbaren und messbaren Erscheinungen der Natur, Chemie mit dem Aufbau und Verhalten der chemischen Elemente und ihrer Verbindungen. Es gibt jedoch einen Grenzbereich, in dem sich das eine nicht vom anderen trennen lässt. Das trifft unter anderem auf die Beschäftigung mit dem Atomkern zu. Wissenschaftler, die sich mit dem atomaren Aufbau von Elementen beschäftigt haben, haben sich immer auch für die im Atom wirkenden Kräfte interessiert. Trotzdem hat bisher nur eine Person sowohl den Nobelpreis für Physik als auch den für Chemie bekommen. Wer?

Frage 184
Warum kann ein Fahrrad fahren und kippt nicht zur Seite um? Der Grund liegt im Drehimpuls. Die Rotationsbewegung um die Achse des Rades erzeugt eine stabile, gerichtete Bewegung, solange keine störenden Kräfte auftreten. Das System ist umso stabiler, je schneller die Rotation ist. Physikalisch gehört das Rad eines Fahrrades damit zu einer Gruppe rotierender Körper, die man normalerweise eher mit senkrecht stehender Achse und als Kinderspielzeug kennt. Was ist gemeint?

Fahrradfahrer

Physik

Frage 185
Die Entdeckung, dass Wellen Teilchencharakter und Teilchen Wellencharakter haben können, warf das Weltbild der klassischen Physik, in der jeder Zustand exakt beschreibbar schien, über den Haufen. Berühmte Wissenschaftler wie Max Planck, Werner Heisenberg oder Niels Bohr entwickelten eine neue physikalische Sichtweise. Eine grundlegende Erkenntnis ist die Heisenberg'sche Unschärferelation, die besagt, dass man bei subatomaren Teilchen zwar Dinge wie Position und Impuls messen kann, aber nie beides gleichzeitig. Wie nennt man diesen Teilbereich der Physik?

Frage 186
Als Aggregatzustand bezeichnet man den temperatur- und druckabhängigen Zustand eines Stoffes. Die drei klassischen Aggregatzustände sind fest, flüssig und gasförmig. Der Übergang vom festen zum flüssigen Zustand wird als Schmelzen bezeichnet, der vom flüssigen zum gasförmigen als Verdampfen. Wie nennt man den Übergang vom gasförmigen zum flüssigen Zustand?

Frage 187
Carl Friedrich Gauß gilt als einer der genialsten Mathematiker, die je gelebt haben. 1833 kamen er und sein Kollege, der Physiker Wilhelm Weber, auf die Idee, über zwei Kupferdrähte und elektromagnetische Signale Informationen zwischen dem Physikalischen Kabinett und der Sternwarte von Göttingen auszutauschen. Sie hatten damit beiläufig ein Kommunikationsmittel erfunden, mit dem andere später ein großes Geschäft machten. Wie heißt es?

Frage 188
Becquerel und das Ehepaar Curie hatten die Radioaktivität entdeckt. Aber worauf beruht sie? Dieser Frage nahm sich ein junger Neuseeländer an. Ernest Rutherford entdeckte, dass sich radioaktive Strahlung aus Alpha-, Beta- und Gammastrahlen bzw. Teilchen zusammensetzt. Später beschoss er dann Goldfolie mit Alphastrahlen und stellte fest, dass die meisten hindurchgingen, Atome also hauptsächlich aus leerem Raum bestehen mussten. Was entwickelte er aus dieser Erkenntnis?

Das Ehepaar Curie und Henri Becquerel

Frage 189
Der Elektronenfluss durch einen elektrischen Leiter wird von manchen Widerständen gehemmt. So hat jeder

Stoff einen spezifischen Widerstand. Auch die Verringerung des Querschnitts erhöht den Widerstand, weil sich nun viele Elektronen durch einen engen Durchlass „quetschen" müssen. Widerstände spielen aber auch eine positive Rolle. So beruht das Leuchten einer Glühbirne auf dem hohen Widerstand des extrem dünnen Wolframdrahtes. In welcher Einheit wird Widerstand gemessen?

| | | 18 | |

Frage 190
Physikalisch gesehen bestehen alle Geräusche aus Schallwellen, die sich mit charakteristischen Schwingungen ausbreiten. Die Geschwindigkeit ist abhängig vom Medium. In 20 Grad warmer Luft beträgt die Schallgeschwindigkeit 343 Meter pro Sekunde. In einem Vakuum gibt es keine Geräusche, da die Wellen sich nur ausbreiten, indem sie Materieteilchen in Schwingung versetzen. Wie nennt man den Teilbereich der Physik, der sich mit Schallwellen befasst?

| | | | | 16 | | | |

Frage 191
André Marie Ampère war ein französischer Mathematik- und Physikprofessor, der bei seiner Beschäftigung mit dem Magnetismus feststellte, dass dieser durch fließenden Strom hervorgerufen wird. Damit wurde er zum Begründer der Elektrodynamik, die sich mit elektromagnetischen Wellen, Feldern und der Dynamik geladener Teilchen befasst. Was wird mit der ihm zu Ehren benannten Messgröße Ampère gemessen?

André Marie Ampère

| | | | | | | | | | | 13 |

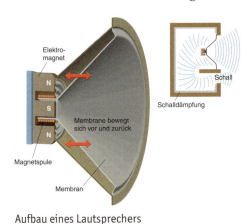

Aufbau eines Lautsprechers

Lösungswort:

| 1 | 2 | 3 | - | 4 | 5 | 6 | 7 | 8 | - | 9 | 10 | 11 | 12 | 13 |
| 14 | 15 | 16 | 17 | 18 | 19 | 20 | 21 |

Biologie

Frage 192

1946 entdeckte der amerikanische Biologe Melvin Calvin einen der wichtigsten biochemischen Prozesse auf unserer Erde. Calvin stellte radioaktiv markiertes Kohlendioxid her und verfolgte seinen Weg durch den Organismus einer Pflanze. Dabei stellte er fest, dass die Pflanze in mehreren sehr komplizierten Schritten aus dem Kohlendioxid Kohlenhydrate und Sauerstoff herstellt. Wie nennt man den Prozess, dem Calvin auf die Spur gekommen ist?

PHOTOSYNTHE

Schimpansen machen Pause

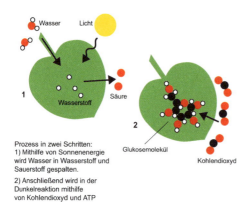

Schematische Darstellung des Prozesses

Frage 193

Biologie ist die Wissenschaft vom Leben. Man kann sie einerseits in hierarchische Ebenen teilen – von der Molekularbiologie, die sich mit den Strukturen organischer Moleküle befasst, über die Erforschung der Zellen bis hin zu ganzen Organismen und schließlich Populationen von Lebewesen. Andererseits erstrecken sich die Forschungsfelder auch vom Einzeller über die Pflanzen bis hin zu Mensch und Tier. Wie nennt sich das Teilgebiet, das sich mit Tieren beschäftigt?

ZOOLOGIE

Frage 194

Bereits die ersten neuzeitlichen Entdecker brachten unbekannte Pflanzen und Tiere nach Europa. Im 18. Jh. wurde daraus eine unübersichtliche Flut. 1735 legte ein schwedischer Arzt einen Vorschlag zu einer systematischen Einteilung und Benennung aller Lebewesen vor. Alle Wesen, die zu einer Fortpflanzungsgemeinschaft gehörten, sollten einer Art zugerechnet werden, ähnliche Arten einer Gattung, diese wieder zu Ordnungen und Ordnungen zu Klassen. Außerdem sollte jede Art einen lateinischen Doppelnamen bekommen, mit dem sie eindeutig zu identifizieren war. Der Nachname des Schweden klingt eher französisch. Wie lautet er?

Frage 195
1822 fand der englische Landarzt und begeisterte Fossiliensammler Gideon Mantell in Sussex einen sehr großen Zahn, den er jedoch keiner ihm bekannten Gattung zuordnen konnte. Drei Jahre später entdeckte er in einem Londoner Museum plötzlich einen nahezu identischen, aber viel kleineren Zahn, der einem südamerikanischen Leguan (engl.: iguana) gehörte. Er nannte das Tier, zu dem sein Fundstück gehörte, Iguanodon. Welcher Tierart war er damit auf die Spur gekommen?

DINOSAURIER

Frage 196
Frösche, Kröten, Unken, Molche und Salamander gehören zu den Landwirbeltieren. Den ersten

Frosch

Teil ihres Lebens jedoch verbringen sie als Larven im Wasser, in das sie auch später oft zurückkehren. Als Larven besitzen sie Kiemen, als ausgewachsene Tiere einfache Lungen. Die meisten von ihnen sind zeitlebens auf die Nähe zum Wasser angewiesen. Wie werden diese Tiere genannt, die in zwei Elementen zu Hause sind?

AMPHIBIEN

Frage 197
Proteine, umgangssprachlich auch Eiweiße genannt, sind nicht nur essenziell für die Ernährung, sondern gehören zu den Grundbausteinen aller lebenden Zellen. Als Enzyme und Hormone sind sie aber nicht nur für den Aufbau, sondern auch für das Funktionieren eines Organismus von essenzieller Bedeutung. Aufgebaut sind Proteine aus 20 verschiedenen langkettigen Molekülen. Wie nennt man diese?

AMINOSÄUREN

Frage 198
Sie gehören zu den einfachsten Lebewesen, sind aber fähig, Fotosynthese zu treiben. Obwohl sie sprachlich zu einer Gruppe zusammengefasst werden, sind sie teilweise kaum verwandt. Einige sind Pflanzen, andere Bakterien. Sie kommen meist im Wasser vor, aber auch als Bestandteil von Flechten. Manche sind Einzeller, andere wachsen zu beachtlicher Größe heran. Einige davon dienen auch direkt der menschlichen Ernährung, allerdings weniger hierzulande als z. B. in Japan. Wovon ist die Rede?

ALGEN

Frage 199
Die Humanbiologie ist der Teil der Biologie, der sich mit dem Menschen befasst. Dazu gehört auch die Erforschung der menschlichen Evolution. Vermutlich begann sie vor fünf bis sieben Millionen Jahren in Ostafrika. Doch der

Vertreter der gesuchten Menschengruppe

Biologie

Stammbaum des Menschen ist keineswegs vollständig erforscht. Mühsam muss aus einzelnen Knochenfunden eine Entwicklung herausgelesen werden. Einer der berühmtesten Funde ereignete sich 1856 in einem Tal bei Düsseldorf. Wie wurde diese Menschengruppe nach ihrem Fundort benannt?

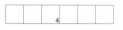
NEANDERTALER

Frage 200
Alle Lebewesen sind aus Zellen aufgebaut. Manche bestehen nur aus einer einzigen. Der menschliche Körper enthält bis zu 100 Billionen davon. Bei allen höheren Organismen wie Pflanzen und Tieren haben die Zellen einen Kern, in dem sich die DNS (engl.: DNA) befindet. Diese setzt sich wiederum aus einzelnen Teilen, den Chromosomen, zusammen. Darauf sind in bestimmten Abschnitten Informationen gespeichert. Wie nennt man einen solchen Abschnitt?

DNS-Doppelhelix

Frage 201
Für die Biologen ist nicht nur jede Pflanzen- und Tierart für sich interessant, sondern gerade auch die Lebensgemeinschaft von verschiedenen Arten an einem Ort. Ein solcher Ort kann ein Bachlauf sein, ein Teich, eine Wiese, ein Wald, aber auch nur ein einzelner toter Baum, ein Tümpel, ja sogar eine Mauer oder ein Stück Straßenrain. Wie nennt man einen solchen abgegrenzten Lebensraum mit charakteristischer Besiedlung?

Frage 202
Sie sind eine Unterklasse der Säugetiere, die lebende Junge gebären. Doch die Jungtiere kommen in einem sehr unterentwickelten Zustand auf die Welt und bedürfen für die weitere Entwicklung besonders geschützter Bedingungen. Diese Tiere kommen vor allem auf der Südhalbkugel vor: in Südamerika, dem östlichen Indonesien, Australien, Neuguinea und den Salomoninseln. Der Koala gehört ebenso dazu wie das amerikanische Opossum. Wie heißen diese Tiere?

Koalas

BEUTELTIERE

Frage 203
Er wurde 1809 in Shrewsbury geboren und begann ein Medizin- und ein Theologiestudium, bevor seine Leidenschaft für die Naturforschung Überhand gewann. 1831 nahm er die Gelegenheit wahr, an einer fünfjährigen Expedition des Forschungsschiffes

"Beagle" teilzunehmen. In Australien und Südamerika, vor allem aber auf den Galapagos-Inseln stellte er fest, wie viele verschiedene Tierarten es gab, die aber jeweils optimal an ihren Lebensraum angepasst waren. Daraus entwickelte er eine Theorie, die ihn weltberühmt machen sollte. Wer war es?

Frage 204
Früher rechnete man Bakterien den Pflanzen zu. Inzwischen sind die Wissenschaftler dazu übergegangen, sie als eigene „Domäne" von Lebewesen zu sehen. Bei einer anderen Sorte von Mikroorganismen, die ebenfalls Krankheiten erregen kann, sind sich die Experten nicht einmal einig, ob sie diese überhaupt als Lebewesen ansehen wollen. Es handelt sich dabei um Nukleinsäurepartikel, die sich in den Zellen ihrer Wirte einnisten. Wie nennt man einen solchen Partikel?

Frage 205
Im 17. Jh. brauchte es Künstler, um wissenschaftlich exakte Darstellungen von den verschiedenen Pflanzen- und Tierarten anzufertigen. 1679 erschien ein geradezu sensationelles Buch. *Der Raupen wunderbare Verwandlung und sonderbare Blumennahrung* war mit seinen Abbildungen nicht nur prächtig anzusehen, sondern beschäftigte sich erstmals ausführlich mit der Metamorphose der Schmetterlinge sowie ihrer Spezialisierung auf bestimmte Wirtsblumen. 1705 erschien ein noch aufsehenerregenderer Band über die Insekten Surinames. Wie hieß die Autorin der beiden Werke mit Nachnamen?

Frage 206
Als Embryogenese bezeichnet man die Entwicklung eines befruchteten Keims – und zwar sowohl bei Pflanzen als auch bei Tieren. Bei Säugetieren jedoch ist die grundsätzliche Entwicklung bereits lange vor der Geburt abgeschlossen. Beim menschlichen Embryo beispielsweise sind nach acht Wochen alle Organe ausgebildet. Danach ist er vor allem mit Wachsen beschäftigt. Wie bezeichnet man das ungeborene Kind ab diesem Zeitraum?

Menschlicher Embryo

Biologie

Frage 207
Er wurde 1903 als Sohn eines angesehenen Arztes in Wien geboren und studierte selbst Medizin, bevor er seine Liebe zur Ornithologie entdeckte und auch noch in Zoologie promovierte. Auf den Spuren seines Landsmannes Sigmund Freud, der die Psychologie des Menschen entdeckt hatte, erforschte er nun das Verhalten der Tiere. Als Begründer der Verhaltensbiologie erhielt er 1973 den Nobelpreis. Wie hieß er?

Frage 208
Hormone sind biochemische Botenstoffe, die von Drüsen wie der Hypophyse oder der Schilddrüse produziert werden und über den Blutkreislauf in die Körperzellen gelangen, wo sie an spezielle Rezeptoren andocken. Durch Hormone werden der Zucker- und Fettstoffwechsel oder die körperlichen Reaktionen auf Angst und Stress gesteuert. Eine spezielle Untergruppe setzt sich aus Östrogenen, Gestagenen und Androgenen (u. a. Testosteron) zusammen. Wie nennt man diese?

Frage 209
1854 begann Gregor Johann Mendel im Klostergarten des Augustinerklosters in Brünn damit, Tausende von Erbsenpflanzen zu ziehen, um herauszufinden, wie sich bestimmte Merkmale vererbten. Dabei stellte er fest, dass die Gene für bestimmte Eigenschaften nur von einem Elternteil übertragen werden müssen, um sich durchzusetzen, andere aber von allen beiden. Die Ersteren sind dominant. Wie nennt man die Letzteren?

Gregor Johann Mendel

Frage 210
Der Mensch stammt zwar nicht von den heute lebenden Affen ab, biologisch gesehen ist er jedoch ein Affe. Er gehört zur Familie der Menschenaffen, die wiederum der Teilordnung der Altweltaffen und der Unterordnung der Trockennasenaffen angehören. Alle Affen und Halbaffen bilden zusammen eine Ordnung, für die manchmal noch der veraltete Begriff „Herrentiere" angewendet wird. Aber auch im wissenschaftlich üblichen Namen schwingt eine Vorrangstellung gegenüber anderen Tieren mit. Wie lautet er?

Frage 211
Sein Vater war Pfarrer und begeisterter Ornithologe. Er jedoch wollte zuerst Architekt werden. Eine fünfjährige Afrika-Expedition als Sekretär eines bekannten Ornithologen stimmte ihn um. Er studierte Naturwissenschaften, nahm an Forschungsexpeditionen in alle Welt teil und schrieb darüber Arti-

kel, die auf begeisterte Aufnahme stießen. 1860 bekam er den Auftrag für ein zehnbändiges Lexikon, das zum zoologischen Standardwerk wurde. Wie wurde die Enzyklopädie nach ihm genannt?

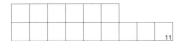

Frage 212
Früher sah man Pilze als Pflanzen an. Inzwischen tendieren die meisten Wissenschaftler dazu, die Welt der Pilze als eigenes Reich zu sehen.

Steinpilz

Es gibt sogar Hinweise, dass sie näher mit den Tieren als mit den Pflanzen verwandt sind. Pilze nehmen sehr verschiedene Formen an. Sie können aus einzelnen Zellen bestehen wie Hefepilze, aber auch aus Hyphengeflechten, deren Fruchtkörper die bekannten Speise- oder Giftpilze sind. Wie nennt man den Zweig der Biologie, der sich mit den Pilzen beschäftigt?

Frage 213
Parasitismus ist eine Lebensgemeinschaft, in der sich ein Partner auf Kosten des anderen ernährt. Es gibt jedoch auch natürliche Lebensgemeinschaften, von denen alle Beteiligten profitieren. Eine Flechte z. B. ist eine Verbindung zwischen einer Alge und einem Pilz. Der Pilz bildet das schützende Gewebe und nimmt Wasser aus der Umgebung auf. Die Alge betreibt im Inneren Fotosynthese und stellt Nährstoffe für beide Organismen her. Wie nennt man eine solche Beziehung?

Flechte

SYMBIOSE

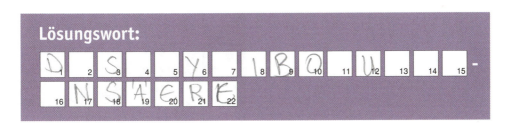

Lösungswort:
D S Y B U - N S A E R E

Geowissenschaften

Frage 214
Die Gezeiten des Meeres bewirken, dass ein Uferstreifen regelmäßig bei Hochwasser überspült, bei Niedrigwasser dagegen freigelegt wird. Doch einige Meere weisen vor der eigentlichen Küste sehr große Areale auf, die bei Ebbe trocken liegen. Wo ein geringes Gefälle des Meeresbodens und starke Gezeitenunterschiede zusammenkommen, können Hunderte von Quadratkilometern betroffen sein. Diese Flächen sind Lebensraum für viele Muschelarten, aber auch wichtiges Rastgebiet für Zugvögel. Wie nennt man einen solches Meer?

WATTENMEER

Durch Ebbe trockengelegtes Meer

Frage 215
Der preußische Offizierssohn bekam schon als Jugendlicher eine fast universitäre Ausbildung. Nach verschiedensten Tätigkeiten, die ihn eigentlich alle unterforderten, hatte er 1799 die Mittel, die erste lang ersehnte Forschungsreise zu beginnen. In den folgenden Jahren bereiste er vor allem Lateinamerika, aber auch Zentralasien. Dabei betrieb er umfassende Forschung in den Bereichen Botanik, Zoologie, Mineralogie, Klimakunde, Meereskunde und Astronomie. Er gilt als einer der Begründer der Geografie als Wissenschaft. Wer war es?

Frage 216
Mit einem Alter von etwa 30 Millionen Jahren sind sie ein relativ junges Faltengebirge, das sich durch den Zusammenstoß zweier Erdplatten bildete. Sie verlaufen in einem leichten Bogen und haben eine West-Ost-Ausdehnung von etwa 1200 Kilometern. Die Nord-Süd-Ausdehnung variiert zwischen etwa 100 und 300 Kilometern. Der höchste Gipfel ist 4808 Meter hoch und befindet sich im Westteil. Ihre vielfältige Landschaft macht sie sommers wie winters zu einem Touristenmagnet. Von welchem Gebirge ist die Rede?

ALPEN

Einige Gipfel im gesuchten Gebirge

Frage 217
Viele Bodenschätze wie z. B. Kohle befinden sich in nur wenige Meter dicken, aber oft kilometerlangen Schichten im Boden. Diese Schichten verlaufen parallel zur allgemeinen Gesteinsschichtung, d. h. je nach geologischer Beschaffenheit des Bodens auch mehr oder weniger schräg. Wie nennt man diese Schichten?

Frage 218
Die Frage, welche wissenschaftlichen Fachbereiche zu den Geowissenschaften gehören, ist oft nicht leicht zu entscheiden, da auch physikalische, chemische und biologische Vorgänge eine Rolle für Zustand und Veränderungen der Erdkugel spielen. So wird die Wetterkunde teilweise den Geowissenschaften zugerechnet, teilweise aber auch der Physik, da die meisten Phänomene physikalischen Ursprungs sind. Wie heißt der Fachbegriff für die Wissenschaft vom Wetter?

METEOROLOGIE

Frage 219
Erdgeschichtlich gesehen leben wir in einem Eiszeitalter, auch wenn die letzte tatsächliche Eiszeit schon vor ca. 10.000 Jahren zu Ende ging. Damals war Europa im Nordosten bis zur Weichsel mit Eis bedeckt, während die Alpengletscher bis zur Würm südöstlich von München reichten. Die Gletscher gruben unter anderem die Vertiefungen für zahlreiche Seen in den

Gletscher am Großvenediger

Boden, hinterließen aber auch riesige Geröllhalden, die sie vor sich hergeschoben hatten, wie den Brandenburger Barnim. Wie nennt man solche eiszeitlichen Schuttablagerungen?

Frage 220
Der Wunsch, den eigenen Standort auf der Erde präzise benennen zu können, kam schon in der Antike auf. Im 2. Jh. v. Chr. legte der griechische Astronom Hipparchos von Nicäa ein System von Längen- und Breitengraden fest, mit dessen Hilfe sich jeder Punkt durch seine Kreuzungsdaten eindeutig definieren ließ. Während der Bezugspunkt für die 180 Breitengrade mit dem Äquator vorgegeben ist, gab es lange Zeit unterschiedliche Orte, die als Aus-

Geowissenschaften

gangspunkt für die Festlegung der 360 Längengrade dienten. Im 19. Jh. einigte man sich endlich auf einen Nullmeridian. Wo liegt dieser?

GREENWICH

Frage 221
Diese Landschaftsform findet sich im Norden Asiens, Europas und Amerikas, aber auch im Süden von Chile. Sie liegt in Breitengraden, in denen mindestens ein Dreivierteljahr Frost herrscht, sodass der Boden lediglich zwei bis drei Monate lang auftaut und sich nur ein niedriger Bewuchs aus Flechten, Moosen, Farnen sowie kleineren Büschen und Bäumen bilden kann. Da der Boden in der Tiefe gefroren bleibt, kann das Wasser schlecht abfließen und bildet Sumpfflächen mit kleinen Tümpeln und Seen. Wie nennt man eine solche Landschaft?

TUNDRA

Frage 222
Unter Tektonik versteht man in den Geowissenschaften den Aufbau der äußersten Erdkruste (Lithosphäre) und ihre Bewegungen. Die Erdkruste besteht aus sieben größeren und mehreren kleinen Platten, die auf der weicheren Asthenosphäre „schwimmen". Dort, wo sie zusammenstoßen, kommt es leicht zu Erd- bzw. Seebeben und vulkanischen Aktivitäten. Daneben gibt es aber auch eine ganz langsame kontinuierliche Bewegung der Platten. Sie ist z. B. dafür verantwortlich, dass sich Afrika stetig weiter nach Norden bewegt. Wie nennt man dieses Phänomen?

KONTINENTAL-VERSCHIEBUNG

Frage 223
Das Gebiet erstreckt sich zwischen den beiden Wendekreisen des Krebses und des Steinbocks. Im Norden und im Süden wehen gleichmäßige Passatwinde, während es in der Mitte um den Äquator zu täglichen starken Regenfällen kommt. Allgemein assoziiert man die Gegend mit großer Hitze, viel Feuchtigkeit und üppigem Wachstum. An den Rändern geht die Vegetation jedoch in Savanne über und in Hochlagen kann es auch sehr kalt sein. Wie nennt man diese Zone?

TROPEN

Frage 224
Unsere Erde ist schätzungsweise 4,5 Milliarden Jahre alt. Knapp vier davon betrachtet man als Erdurzeit. Danach unterscheidet man ein Erdaltertum, das etwa vor 540 Millionen Jahren begann und vor 250 Millionen endete,

Berühmte Felsen aus dem weißen Sediment

ein Erdmittelalter, das vor 65 Millionen Jahren endete und die Erdneuzeit, die noch andauert. Die beiden ersten Perioden des Erdmittelalters sind Trias und Jura. Wie heißt die dritte, die nach einem weißen kalkhaltigen Sediment benannt ist?

Frage 225
Die Erde ist im Inneren über 5000 Grad heiß. Weniger als 1 Promille ihrer Masse ist kälter als 100 Grad. Energie ist also im Prinzip genug vorhanden. Bemühungen, die Erdwärme zu nutzen, haben schon begonnen. Vor allem werden kleine Wärmepumpen für die Heizung von Privathäusern genutzt. Großtechnisch werden bislang vor allem einzelne, relativ hoch liegende Vorkommen mit heißem Wasser und Dampf ausgebeutet. Durch Tiefbohrungen von 2000 bis 3000 Metern könnte aber nahezu überall Erdwärme in großem Maßstab genutzt werden. Wie heißt diese zukunftsträchtige Technik?

Frage 226
Mineralien sind natürlich in der Erde vorkommende Stoffe mit einem gleichförmigen, meist kristallinen Aufbau und einer einheitlichen chemischen Zusammensetzung. Aus Mineraliengemischen bilden sich die Gesteine. Einen besonderen Rang nehmen Mineralien ein, die nur aus einem einzigen chemischen Element bestehen, wie z. B. Gold, Silber oder Kupfer. Aus reinem Kohlenstoff besteht jedoch nicht etwa Kohle, sondern Grafit – und ein ungleich wertvollerer Stein. Welcher?

Frage 227
Die unruhigen Verhältnisse im Inneren der Erde sorgen immer wieder für spektakuläre Vulkanausbrüche. Eine der bislang heftigsten bekannten Explosionen ereignete sich am 27. August 1883 auf einer kleinen Insel zwischen Sumatra und Java. Sie war bis nach Australien zu hören und bis nach Europa zu spüren. Sie sprengte die ganze Insel und verursachte eine Flutwelle, die 36.000 Menschen das Leben kostete. Die Asche in der Atmosphäre sorgte weltweit für niedrige Temperaturen und Missernten. Wie hieß der Vulkan?

Vulkanausbruch

Frage 228
Er ist ein Fluss der Superlative. Sein Einzugsbereich erstreckt sich auf fünf Länder, ist sieben Millionen Quadrat-

Geowissenschaften

kilometer groß und weit gehend dicht bewaldet. Der Strom hat über 1000 direkte und etwa zehnmal so viele indirekte Zuflüsse. Aufgrund des extrem geringen Gefälles ist der Fluss stark gewunden, fließt sehr langsam und kann in Hochwasserzeiten bis zu 100 Kilometer breit werden. Wie heißt er?

Frage 229
Normalerweise herrscht an der südamerikanischen Pazifikküste im Winter Hochdruck. Von Osten her wehen starke Passatwinde. Das Wetter ist trocken, der Humboldtstrom vor der Küste gewöhnlich kalt und fischreich. Doch spanische Eroberer im 16. Jh. stellten fest, dass in manchen Jahren die gewohnten Verhältnisse auf den Kopf gestellt werden. Das Wasser an der Oberfläche ist dann ungewöhnlich warm, wodurch die Passatwinde ausblieben oder gar die Richtung änderten. Die Folge sind heftige Regenfälle, Überschwemmungen und Fischsterben. Wie heißt dieses Phänomen, das heute den Klimatologen mehr Kopfzerbrechen denn je bereitet?

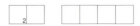

Frage 230
Wirbelstürme drehen sich um eine vertikale Achse. Am bekanntesten sind die tropischen Wirbelstürme, die rund um den Äquator über dem aufgewärmten Wasser der Meere entstehen. Je nach Region werden sie Hurrikan, Taifun oder Zyklon genannt. Doch im

Sturmwirbel

Grunde rotieren die Winde um jedes Tiefdruckgebiet, wenn auch nicht immer mit Sturmstärke. Daneben gibt es auch noch Wirbelstürme, die regional begrenzt entstehen, oft nur wenige Minuten dauern, dabei aber sehr hohe Drehgeschwindigkeiten erreichen und meist eine Schneise der Verwüstung hinterlassen. Wie heißt ein solcher Sturmwirbel?

Frage 231
Er ist ein ganz besonderer See. Vermutlich ist er der älteste der Welt, entstanden vor 25 Millionen Jahren durch einen Riss zwischen eurasischer und amurischer Platte. Mit durchschnittlich 7 Grad Wassertemperatur an der Oberfläche ist er sehr kalt und deshalb sehr sensibel gegen Verschmutzungen, da Gifte nur langsam abgebaut werden. Das aber gefährdet die einzigartige Pflanzen- und Tierwelt. Rund 1500

Arten kommen sonst nirgends vor. Wie heißt der See?

Frage 232
Diese Meeresströmung entsteht in der Karibik. Von dort bewegt sich das warme Wasser als breites Band an der Küste der USA nach Norden, überquert dann den Atlantik und zweigt sich dann vor Europa auf. Ein Teil fließt vor Spanien Richtung Süden, andere Verzweigungen bewegen sich nach Norden Richtung Island und Grönland, beziehungsweise an der britischen und norwegischen Küste entlang, wobei sie stetig an Wärme verlieren. Wie heißt diese Strömung?

Frage 233
Nach der Sahara gilt sie als die zweitgrößte Wüste der Welt. Sandwüste mit den typischen Dünen findet man allerdings kaum, stattdessen Steinwüste, Salzseen und spärlich bewachsene Halbwüste. Sie ist umgeben von Gebirgen und liegt selbst im Schnitt 1000 Meter hoch. Der nördliche Teil gehört zu dem Land, das auf eine lange Nomadenkultur zurückblickt und die geringste Bevölkerungsdichte der Welt hat. Wie heißt diese Wüste?

Frage 234
Die Sieben Weltmeere der Piraten und Entdecker waren die Ostsee, das Mittelmeer, der Atlantik, die Karibik, der Pazifik, der Indische Ozean und das Gelbe Meer. Heute teilen die Geografen die globale Wasserfläche in fünf Ozeane. Der kleinste davon erstreckt sich zwischen Asien, Europa und Amerika. Große Teile sind von einer Eisfläche bedeckt, von der er auch seinen Namen hat. Wie heißt diese Eisfläche?

Eismeer mit Eisbergen

Lösungswort:

Universum und Astronomie

Frage 235
1999 wurde in Sachsen-Anhalt bei Nebra eine Metallscheibe gefunden, die etwa 3600 Jahre alt ist und vermutlich als Kalender diente. Wenn man die Scheibe waagrecht hält, markieren goldene Bögen den Verlauf des Sonnenuntergangs zwischen Winter- und Sommersonnenwende. Neben den Bögen sind auch eine Mondsichel und ein Vollmond sowie mehrere Sterne zu sehen. Erkennbar ist aber nur ein Siebengestirn, das in der Frühzeit große Bedeutung für Aussaat und Ernte hatte. Wie heißt es?

Frage 236
1989 schickte die NASA (National Aeronautics and Space Administration) eine Raumsonde zum Jupiter. Es war die erste Sonde, die nicht nur in respektvoller Entfernung an dem Riesen vorbeiflog, sondern auf eine Jupiterumlaufbahn gebracht wurde und zudem eine Tochtersonde in die Atmosphäre des großen Gasballons schickte. Bis 2003, sechs Jahre länger als geplant, lieferte die Sonde faszinierende Bilder und eine Fülle von Daten. Sie trug den Vornamen des berühmten italienischen Astronomen, der 1610 den Jupiter erstmals mit einem selbst gebauten Teleskop studiert hatte. Wie hieß die Sonde?

Jupiter

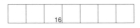

Frage 237
Unter den Planeten unseres Sonnensystems gibt es einen, der nur wenig kleiner als die Erde ist und ihr auch in Bezug auf Masse und chemische Zusammensetzung ziemlich ähnlich ist. Auch er hat eine dichte Atmosphäre, die jedoch hauptsächlich aus Kohlendioxid besteht. Dieses Treibhausklima sorgt dafür, dass dieser Planet ständig in dichte Wolken gehüllt ist und auch auf seiner sonnenfernen Seite stets glühend heiß. Welcher ist es?

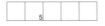

Frage 238
Auf dem berühmten Teppich von Bayeux ist ein Komet zu sehen. Damals hielt man Kometen noch für bloße Lichterscheinungen. 1577 bewies der dänische Astronom Tycho Brahe, dass Kometen Himmelskörper sind. 1705 wagte ein britischer Himmelsforscher die These, dass Kometen auf sehr

Ausschnitt aus dem Teppich von Bayeux

langgestreckten Bahnen um die Sonne kreisen. Er stellte die Behauptung auf, dass der Komet auf dem Teppich identisch sei mit jenen, die 1456, 1531, 1607 und 1682 beobachtet worden waren. Heute trägt der Himmelskörper, der 1986 wieder zu sehen war, den Namen jenes Mannes. Wie lautet der?

Frage 239

Während des Kalten Krieges war die Raumfahrt für US-Amerikaner und Sowjet-Russen eine Frage des Prestiges. Enorme Anstrengungen wurden unternommen, um mit einem Vorsprung im All die technische Überlegenheit des eigenen Lagers zu demonstrieren. Als die Russen 1957 mit dem Sputnik den ersten kleinen Satelliten ins All schossen, wirkte das im Westen wie ein Schock. Nur einen Monat später hatte der zweite Sputnik die Hündin Laika an Bord. 1961 flog der erste Mensch ins All. Wie hieß er?

Frage 240

Als Ekliptik bezeichnet man die gedachte Ebene, auf der die Planeten um die Sonne kreisen. Die Umlaufbahn des Mondes um die Erde verläuft jedoch nicht parallel zur Ekliptik, sondern leicht geneigt dazu. Die Erdbahn um die Sonne wird also nur selten von der Mondbahn um die Erde geschnitten. Welches Phänomen ist zu beobachten, wenn während einer solchen Überschneidung zudem noch Neumond herrscht?

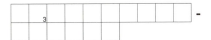

Frage 241

Aristarch war ein griechischer Astronom, der im 3. Jh. v. Chr. auf Samos forschte. Er vertrat die These, dass sich die Erde auf einer geneigten Kreisbahn um die Sonne bewegt und sich zudem im Lauf eines Tages um ihre eigene Achse dreht. Aber er setzte sich nicht durch. Bis in die Neuzeit berief man sich auf Claudius Ptolemäus, der im 2. Jh. n. Chr. in seinem 13-bändigen Werk *Mathematike Syntaxis* beeindruckend genaue Berechnungen über die Bewegung der Himmelskörper angestellt hatte, aber trotzdem die Erde für den Mittelpunkt des Universums hielt. Durch wen wurde diese Vorstellung schließlich erschüttert?

Heliozentrisches Weltbild

Universum und Astronomie

Frage 242

Das Gesetz der Gravitation besagt, dass Massen einander anziehen. Die Bewegung der Planeten und die damit verbundenen Fliehkräfte haben jedoch zur Folge, dass die Planeten trotzdem nicht mit der Sonne verschmelzen, sondern sich in gewissem Abstand um sie bewegen. Doch dieses Gleichgewicht besteht nicht nur innerhalb eines Planetensystems. Milliarden von Sternen samt ihrer Planeten, Staub- und Gaswolken sowie sonstiger Materieansammlungen stehen ebenfalls miteinander in einem entsprechenden Bezug. Wie nennt man eine solche durch Gravitation zusammengehaltene Sterngruppe?

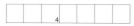

Frage 243

1962 gründeten einige europäische Staaten eine gemeinsame Weltraumorganisation, um eine eigene Rakete zu entwickeln. Das Projekt wurde 1973 eingestellt. Zwei Jahre später wurde der nächste Anlauf genommen – und verlief erfolgreicher. 1979 wurde die erste Ariane-Rakete gestartet. Inzwischen gab es über 160 Flüge, bei denen kommerzielle und Forschungssatelliten ins All gebracht wurden. Mit der 1988 gebauten Ariane 4 begann das Unternehmen sogar wirtschaftlich zu werden. Wie heißt die europäische Raumfahrtorganisation?

Frage 244

Außer den bekannten Planeten bewegen sich noch einige Hunderttausend, wenn nicht Millionen kleinere Objekte um die Sonne. Sie werden als Asteroiden oder Planetoiden bezeichnet. Sie bilden z. B. den Kuipergürtel jenseits der Bahn des Neptun. Dahinter wird die Oort'sche Wolke vermutet, eine Ansammlung kleiner Materiebrocken, die sich schalenförmig um das Sonnensystem legt. Die Entdeckung sehr großer Planetoiden im Kuipergürtel führte auch dazu, dass inzwischen diskutiert wird, ob einer der klassischen neun Planeten nicht eher ein Planetoid ist. Welcher?

Frage 245

Schwarzes Loch

Zu den faszinierendsten Objekten des Universums gehören die so genannten Schwarzen Löcher. Ihre Masse ist so groß, das nichts, nicht einmal Licht, ihre Anziehungskraft überwinden kann. Sie entstehen u. a. aus massereichen, explodierenden Sternen (Supernovae). Ein prominenter Physiker jedoch, der sich intensiv mit Schwarzen Löchern beschäftigt, meint, sie würden Energie in Form von Wärmestrahlen abgeben. Wie heißt der Mann, der aufgrund einer Muskellähmung im Rollstuhl sitzt und über einen Computer sprechen muss?

Frage 246
Seit 1998 bauen die USA, Russland, Kanada, Brasilien, Japan und mehrere europäische Länder an der Internationalen Raumstation ISS. Seit 2000 ist sie permanent besetzt, doch die Fertigstellung wird noch Jahre dauern. Ein aus mehreren Modulen zusammengebautes dauerhaftes Forschungslabor im All hatten 1986 erstmals die Russen gebaut. Bis zu seinem geplanten Absturz 2001 hatten über 100 Astronauten verschiedener Nationen dort geforscht. Wie hieß es?

Frage 247
Das Weltall ist keineswegs leer und sauber. Pro Tag dringen einige Tonnen planetarer Staub in unsere Atmosphäre ein, wo sie aber schnell verglühen. Gelegentlich sind etwas größere Stücke dabei. Vor allem, wenn die Erde die Flugbahnen kürzlich vorbeigezogener Kometen kreuzt, fängt sie so einiges ein. Denn Kometen bestehen zum größten Teil aus Dreck und Eis, das sich in Sonnennähe auflöst. Beim Eintritt in die Erdatmosphäre erzeugen die Teilchen eine starke elektrische Reibung. Zu welchem Phänomen kommt es dadurch?

Frage 248
Eigentlich wollte er Geistlicher werden und blieb auch zeit seines Lebens ein tief religiöser Mensch, doch beruflich setzte sich seine Leidenschaft für Mathematik und Astronomie durch und er wurde Assistent des Kaiserlichen Astronomen Tycho Brahe in Prag. Inspiriert von Kopernikus und Galilei beschäftigte er sich mit dem heliozentrischen Weltbild. Er erkannte, dass die Umlaufbahnen der Planeten Ellipsen sind und die Planeten sich umso schneller bewegen, je näher sie der Sonne sind. Mit seinen präzisen und schlüssigen Berechnungen begann die Akzeptanz des heliozentrischen Weltbildes. Wie hieß der Mann mit Nachnamen?

Tycho Brahe bei der Arbeit

Universum und Astronomie

Frage 249
Als die Serie „Star Trek" von 1966 bis 1969 zum ersten Mal im amerikanischen Fernsehsender NBC lief, waren die Einschaltquoten enttäuschend. Erst nach der Mondlandung stieg das Interesse an der multikulturellen Crew, die im 23. Jh. mit ihrem Raumschiff unterwegs ist, um neue Welten zu finden, schlagartig. Die Helden in den bunten, engen Jerseys wurden Kult. Im Deutschen wurde die Serie nach dem Raumschiff der Crew benannt. Wie hieß es?

Frage 250
Die gewaltigen Aktivitäten im Inneren und auf der Oberfläche der Sonne bringen es mit sich, dass gelegentlich große Mengen elektrisch geladener Teilchen ins Weltall geschleudert werden. Wegen ihrer Ladung werden sie von den Polen der Erde angezogen.

Illuminiertes Naturschauspiel

Beim Zusammenstoß mit den Luftteilchen der Atmosphäre entsteht ein farbiges Glimmern und Leuchten. Wie nennt man diese Erscheinung?

Frage 251
Raumfahrt ist teuer. Bereits in den 1960er-Jahren begannen die USA deshalb eine mehrfach verwendbare Raumfähre zu konstruieren. 1981 flog zum ersten Mal eine solche Fähre ins Weltall und landete nach dem Wiedereintritt in die Atmosphäre wie ein Flugzeug auf einer Landebahn. Antriebsraketen und Treibstofftanks sind allerdings nach wie vor Einwegprodukte. Inzwischen gab es über 120 Flüge durch fünf verschiedene Fähren. Wie nennt man diese Raumfähren?

Frage 252
Obwohl unsere Sonne im Vergleich nur zu den Zwergsternen gezählt wird, ist sie die Energiequelle für alles Leben auf der Erde. Diese Energie entsteht dadurch, dass in ihrem Inneren die dicht gedrängten Wasserstoffatome zu Heliumatomen verschmelzen. Wie nennt man diesen Prozess, den auch Kernphysiker gerne als Energiequelle auf der Erde nutzen möchten?

Frage 253
Schon Galilei konnte mit seinem Teleskop erstaunliche Beobachtungen im

Weltraum machen. Doch der immer weitere Blick ins All erfordert nicht nur immer empfindsamere Geräte, er wird auch durch atmosphärische Störungen auf der Erde gestört. NASA und ESA kamen deshalb auf die Idee, diese Störungen auszuschließen, indem sie das bisher größte und ausgereifteste Teleskop gleich ins Weltall befördern. Seit 1990 befindet sich das Hightech-Gerät auf einer Umlaufbahn. Wie heißt es?

Frage 254
Denkt man sich eine Verlängerung der Erdachse in den Himmel hinein, dann erhält man im Norden den nördlichen Himmelspol, um den scheinbar am Nachthimmel die Sternbilder, in Wahrheit jedoch die Erde kreist. Ganz dicht am Pol steht der Polarstern. Er ist deshalb im Norden ganzjährig zu sehen und scheint sich nicht zu bewegen. Er ist allerdings nicht, wie oft angenommen, der hellste Stern am Nachthimmel, sondern nur der hellste in Polnähe. Zu welchem Sternbild gehört er?

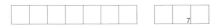

Frage 255
Am 20. Juli 1969 verfolgten 500 Millionen Menschen an den Fernsehgeräten das schier Unglaubliche: Auf dem Mond landeten die ersten Menschen. Nachdem die Russen im Wettlauf im All lange Zeit die Nase vorne hatten, landeten die US-Amerikaner mit der Mission „Apollo 11" nun den großen Konter. „Es ist ein kleiner Schritt für einen Menschen, aber ein großer Schritt für die Menschheit", sagte derjenige der drei Astronauten, der als Erster den fernen Himmelskörper betreten durfte. Wie hieß er mit Nachnamen?

Astronaut auf dem Mond

Lösungswort:

Kunst

Frage 256
Er hatte mehrere Dramen und Romane geschrieben und auch gezeichnet, vor allem aber war er Bildhauer. Seine gleichzeitig so verschlossenen und doch expressiven Figuren jedoch, vor allem seine eigenwilligen Kriegsmahnmale wie der *Schwebende* wurden von den Nationalsozialisten als „entartete Kunst" angesehen. Eines seiner Werke spielt in dem Roman *Sansibar oder der letzte Grund* von Alfred Andersch eine Hauptrolle. Die meisten sind heute in seinem ehemaligen Wohnhaus in Güstrow zu sehen. Wie hieß ihr Schöpfer?

Skulptur des gesuchten Bildhauers

Frage 257
Er gilt als einer der Reformatoren der Malerei. Durch seinen spannungsreichen, naturalistischen Stil mit ersten Ansätzen von perspektivischer Darstellung überwand er den starren, ikonografischen Stil in der religiösen Malerei der Gotik. Renaissance-Größen wie Dante, Boccaccio und Petrarca schwärmten von seinen hellen, farbigen Szenerien. Seine bedeutendsten Werke sind die Fresken in San Francesco in Assisi und in der Capella degli Scrovegni in Padua. Um wen handelt es sich?

Frage 258
Um ihren Werken Dauer zu verleihen, verwendeten antike Maler gerne mit Farbpigmenten versetztes heißes Wachs. Dieses recht umständliche Verfahren wurde im Mittelalter durch die Tempera abgelöst, eine Emulsion aus Farbpigmenten, Öl und Ei bzw. Kasein. Im 15. Jh. wurden dann kräftige Ölfarben populär. Nicht deckende, wasserlösliche Farben galten lange Zeit als höchstens für Skizzen und Vorzeichnungen brauchbar. Erst im 18. Jh. ent-

„Wasserfarben-Bild" von William Turner

deckten Künstler den Reiz der zarten, durchscheinenden Farben. Wie nennt man ein Bild, das mit „Wasserfarben" gemalt ist?

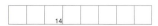

Frage 259
Die 1960er-Jahre waren die Zeit der Happenings und der Aktionskunst. 1965 z. B. durften Galeriebesucher in Düsseldorf miterleben, wie ein Professor der Kunstakademie in einem Kostüm aus Honig und Gold einem toten Hasen die ausgestellten Bilder erklärte. Auch sonst machte der Mann mit ungewöhnlichen Aktionen und schwer verständlichen Kunstwerken von sich reden, die oft aus seinen Lieblingsmaterialien Filz und Fett hergestellt waren. Er gilt als einer der bedeutendsten, aber auch umstrittensten Künstler der Moderne. Wie heißt er?

Frage 260
Mit dem Expressionismus versuchten die Künstler zu Beginn des 20. Jh. ihr persönliches, subjektives Erleben für den Betrachter erfahrbar zu machen – oft mit grellen Farben und aufgewühlten Formen. In Deutschland wurde der neue Stil durch zwei Künstlervereinigungen geprägt. Der 1905 in Dresden gegründeten „Brücke" gehörten u. a. Ernst Ludwig Kirchner, Karl Schmidt-Rottluff, Max Pechstein und Emil Nolde an. Die zweite Gruppe wurde 1911 in München von Wassily Kandinsky und Franz Marc gegründet. Wie hieß sie?

Frage 261
Albrecht Dürer war einer der ersten bedeutenden deutschen Künstler, der mittelalterliche Handwerkskunst mit dem neuen Menschenbild und dem Naturalismus der Renaissance verband. Berühmt sind z. B. ein Bild von einem einfachen Feldhasen und mehrere überaus attraktive Selbstporträts. Als gelernter Goldschmied entwickelte er in Werken wie *Ritter, Tod und Teufel* neben dem Holzschnitt eine weitere grafische Technik, die charakteristisch für das Spätmittelalter werden sollte. Welche?

Frage 262
Füllige, nackte Frauen sind das Markenzeichen des Peter Paul Rubens. Trotzdem war er ein überaus gefragter Kirchenmaler. Die pralle Sinnlichkeit der Heiligen und Putten störte seine Auftragge-

Expressionistisches Gemälde von Kandinsky

Die drei Grazien von Rubens

Kunst

ber nicht. Denn als Antwort auf die Nüchternheit der Reformation setzte die katholische Kirche nun voll auf Gefühl: Pathos, Leidenschaft, Überschwänglichkeit, Mystik und Lebensfreude. Welche Stilrichtung prägte Rubens damit?

Frage 263
Er hatte eine Menge Affären und Frauen waren auch bevorzugte Objekte seiner Kunst. Geschmeichelt hat er ihnen nicht. Charakteristisch für seine Darstellungen waren quer gestellte Münder mit aggressiv gefletschten Zähnen. Die übrigen Körperteile waren oft kaum noch als solche zu erkennen. Er gilt als Begründer des Kubismus, aber er löste seine Figuren nicht nur in kubische Formen, sondern bis zur Abstraktion auf. Wie lautet sein Nachname?

Frage 264
Technisch war die zweite Hälfte des 19. Jh. von Fortschritt geprägt. Doch industrielle Massenware und moderne Gebäude wurden meist mit dem Dekor vergangener Epochen überzogen, oft in einem grotesken Mix quer durch alle Stilrichtungen und dazu noch überladen und kitschig. Dagegen wandte sich um die Jahrhundertwende die Art Nouveau, auch Modern Style genannt. Dieser Stil war eng mit der Lebensreformbewegung verbunden und zeichnete sich durch Leichtigkeit, geschwungene Linien und handwerkliche Techniken aus. Wie lautet der deutsche Name?

Frage 265
Er war der berühmteste Maler während Hollands „Goldenem Zeitalter". 1642 malte er die Männer einer Schützenkompanie der Amsterdamer Bürgerwehr um Hauptmann Frans Banning Cocq. Jedoch nicht in Reih und Glied, wie damals üblich, sondern in einer eher unübersichtlichen und bewegten Szenerie. Irgendjemandem schien das Bild nicht gefallen zu haben, denn es wurde erst 1891 vom Amsterdamer Rijksmuseum wieder aus dem Keller geholt und wegen seiner düsteren Patina *Nachtwache* genannt. Wer malte es?

Nachtwache

Frage 266
Ob Harald Naegeli ein Künstler ist, darüber gehen die Meinungen ausei-

nander. Umstritten ist jedoch gar nicht die Qualität seiner charakteristischen Strichmännchen, sondern die Art, wie und wo er sie produziert. 1984 musste er deswegen sogar ins Gefängnis, obwohl sich unter anderem Joseph Beuys für ihn einsetzte. Doch nicht nur der gebürtige Züricher, sondern alle, die derselben Kunstszene angehören, haben das Problem, dass ihre Werke als Straftaten angesehen werden. Um welche Art von Kunst geht es?

Frage 267
Er war Künstler, aber auch Naturforscher und Mechaniker. Es gibt Skizzen über Flugapparate von ihm und sogar einen Roboter soll er gebaut haben. Der menschliche Körper interessierte ihn so brennend, dass er sogar an verbotenen Leichenöffnungen teilnahm. Auf vielen Skizzen hat er anatomische Studien, ja sogar die Darstellung von Föten im Mutterleib festgehalten. Berühmt sind auch seine Zeichnungen vom menschlichen Idealmaß für das Buch *Divina Proportione* seines Freundes Luca Pacioli. Wer war es?

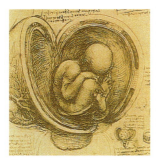

Skizze einer Gebärmutter

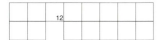

Frage 268
Die Kunst der ersten Hälfte des 19. Jh. war von der Romantik geprägt. Im Gegensatz zum Klassizismus war sie nicht von dem Streben nach Vernunft, sondern von der Suche nach dem tiefen Gefühl bestimmt. Dieses musste aber nicht unbedingt positiv sein. So war der bedeutendste Maler der deutschen Romantik ein introvertierter und zu Depressionen neigender Mensch. Seine stimmungsvollen Landschaftsbilder strahlen oft auch eine große Einsamkeit aus. Nacht, Nebel, Schnee und Eis sind wiederkehrende Motive. Wer malte sie?

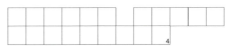

Zwei Männer in Betrachtung des Mondes

Frage 269
Sie lebte als Frau eines Arztes im Berliner Arbeiterbezirk Prenzlauer Berg. Als überzeugte Sozialistin sah sie auch ihr künstlerisches Wirken politisch. Viele ihrer Radierungen, Lithografien, Holzschnitte und Plastiken befassen sich mit Krieg und sozialem Elend. 1933

Kunst

wurde sie von den Nationalsozialisten von der Akademie der Preußischen Künste, wo sie lehrte, ausgeschlossen und mit Ausstellungsverbot belegt. Wie hieß sie?

Frage 270
1940 entdeckten spielende Jungen eine Höhle mit atemberaubenden Bildern. Über 2000 teils meterhohe Tiere waren auf die Felswände gemalt oder graviert. Höhepunkt ist der „Saal der Stiere", in dem eine wild bewegte Herde, scheinbar auf der Flucht vor den Jägern, dargestellt ist. Die Bilder sind ca. 17.000 Jahre alt, gehören dem so genannten Großtierstil an und sind wohl die berühmtesten prähistorischen Höhlenmalereien. Wo liegt die Höhle?

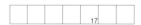

Frage 271
Heute werden für van Goghs Bilder Höchstpreise gezahlt. Zu Lebzeiten war er arm, unverstanden und psychisch krank. 1888 gründete er mit einem ähnlich schwierigen Genie eine Wohngemeinschaft, die jedoch nicht lange funktionierte. Van Gogh brachte sich zwei Jahre später um, sein Malerkollege flüchtete in ferne Länder, wo er, psychisch und physisch angeschlagen, seine schönsten Bilder malte. Wer war es?

Frage 272
Der gelernte Werbegrafiker Andy Warhol malte Dosen mit Tomatensuppe. Sein Kollege Roy Lichtenstein vergrößerte Comicbilder zu Monumentalgemälden mit Sprechblasen und Rasterzeichnung. Etwa ab 1955 begannen englische und amerikanische Künstler, Alltägliches und Banales aus der Konsumkultur zum Gegenstand greller, plakativer Werke zu machen. Wie nennt man diesen Kunststil?

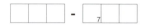

Frage 273
Man weiß wenig über diese rätselhaften Großplastiken. Vermutlich entstanden sie ab dem 15. Jh. und stellten bedeutende Häuptlinge oder Ahnen eines Geschlechts dar. Die größte von über 600 erhaltenen Figuren ist 21 Meter hoch, was gemessen an den einfachen Werkzeugen, die den Erbauern zur Verfügung standen, eine gewaltige Leistung ist. Wo findet man diese Figuren, bei denen der Kopf mit lang gezogenen scharfen Gesichtszügen dominiert?

Frage 274
In der Antike war diese Technik sehr verbreitet, ebenso im byzantinischen Reich und später wieder im Art-deco und im Jugendstil. Das berühmte Bild von der Alexanderschlacht aus Pompeji ist ebenso auf diese Weise entstanden wie die Darstellung des oströmischen Kaiserpaares Justinian und Theodora

samt Gefolge in San Vitale in Ravenna. In der Moderne schmückte vor allem der Jugendstilkünstler Antoni Gaudí seine Bauwerke damit. Womit?

Frage 275

Michelangelo war eigentlich überzeugt, kein Maler zu sein. Er sah sich viel mehr als Bildhauer. Zu seinen berühmtesten Werken gehören der *David* in Florenz oder die *Pieta* im Petersdom, für den Michelangelo wiederum als Architekt verantwortlich war. Doch in den Augen der Zeitgenossen und der Nachwelt sind seine Gemälde dem mindestens ebenbürtig. Das wohl berühmteste ist die *Erschaffung des Adam* mit den ausgestreckten Fingern Gottes und Adams. Wo ist es zu sehen?

Ausschnitt aus *Die Erschaffung des Adam*

Frage 276

Bei Picasso sind die Formen seiner Objekte schon so weit aufgelöst, dass man oft kaum noch erkennen kann, was er dargestellt hat. Zu Beginn des 20. Jh. gingen andere Maler noch weiter. Es gibt keine Objekte mehr. Wassily Kandinsky malte Symphonien aus verspielten Farben und Formen, Piet Mondrian setzte knallige Farbflächen gegeneinander und Kasimir Malewitsch präsentierte Bilder wie *Schwarzes Quadrat*. Wie nennt man solche gegenstandslosen Bilder?

Frage 277

Er lässt sich nicht einordnen. Während seine Zeitgenossen dem wohl geordneten Klassizismus oder der gefühlvollen Romantik huldigten, malte er die *Schrecken des Krieges* oder *Die Erschießung der Aufständischen*. Ein Porträt der spanischen Königsfamilie geriet ihm zur Karikatur. Wegen der *Nackten Maja* musste er sich gar vor der Inquisition verantworten. Wer?

Lösungswort:

1	2	3	4	5	6	7	8	9	10	11	12
13	14	15	16	17	18	19	20	21	22		

Literatur

Frage 278
Die Manns faszinieren nicht nur durch ihre Werke, sondern auch als Familie. Selten war literarische Begabung so geballt zu finden. Der Roman *Mephisto*, auf dem der gleichnamige Film von Istvan Szabó beruht, wurde nicht von den Brüdern Heinrich oder Thomas Mann geschrieben, sondern von einem von Thomas' Söhnen. Wie hieß er?

Frage 279
In der Jugend von Rudolf Dietzen ging so einiges schief: Er rebellierte gegen den autoritären Vater und gegen das ebenso autoritäre Schulsystem. Als er 18 war, ging ein geplanter Doppelselbstmord mit einem Freund schief. Rudolf überlebte, wurde wegen Mordes angeklagt und in eine psychiatrische Klinik eingewiesen. Es folgten Hilfsjobs und Alkoholprobleme. Doch im Alter von 38 Jahren wurde er zu DEM Romancier der Weimarer Republik. Keiner beschrieb das Leben der kleinen Leute so wie er. Das Pseudonym, unter dem Rudolf berühmt wurde, borgte er aus einem deutschen Märchen. Wie lautet es?

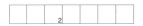

Frage 280
Im zehnten Jahr der Belagerung Trojas gerieten der Führer der Griechen Agamemnon und der Held Achilles in Streit. Als Agamemnon Achilles seine Sklavin Briseis wegnahm, weigerte

Helena und Priamos

sich der weiter am Kampf teilzunehmen. Als jedoch sein Freund Patroklos, der die Rüstung Achilles' trägt, vom Trojaner Hektor getötet wird, besiegt er Hektor und misshandelt dessen Leichnam. Erst als König Priamos persönlich um die sterblichen Überreste seines Sohnes bittet, gibt er sie heraus. Welche Erzählung berichtet vom Zorn des Achilles?

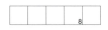

Frage 281
Ihre erste Geschichte erfand sie mit fünf Jahren für ihre jüngere Schwester. Später wurde sie Lehrerin und schrieb Romane, die nie veröffentlicht wurden. Nach einer gescheiterten Ehe probierte es die allein erziehende Mutter mit einem Kinderbuch, das erst nach mehreren Anläufen einen Verleger fand. Drei Tage nach dem Erscheinen der nur 500 Exemplare zählenden Auflage jedoch zahlte ein US-Verlag 100.000 Dollar für die Rechte. Inzwischen ist sie eine der berühmtesten zeitgenössischen Autorinnen und wahrscheinlich die reichste. Wie heißt sie mit Nachnamen?

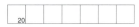

Frage 282
Am Ende seines Lebens schrieb er: „Ich sehe nun, dass das Leid das höchste Gefühl ist, zu dem Menschen fähig

sind". Früher hatten ihn seine Fans eher wegen Zitaten wie „Ich kann allem widerstehen – außer der Versuchung" oder „Moral ist immer die Zuflucht der Leute, die Schönheit nicht begreifen" geliebt. Er war der gefeierte Literat der englischen Gesellschaft am Ende des 19. Jh. und galt als der perfekte Dandy – bis zwei Jahre Zuchthaus mit schwerer Zwangsarbeit ihn zermürbten. Wer war es?

Der gesuchte Schriftsteller

Frage 283
Mittelalterlicher Minnegesang galt oft einer unerreichbaren Frau. Doch manchmal ging es auch richtig zur Sache. Das vermutlich bekannteste erotische Lied des Mittelalters beginnt: „Under der linden an der heide da unser zweie bette was. Da muget ir vinden schone beide gebrochen bluomen unde gras." Geschrieben wurde es von einem der großen deutschsprachigen Minnesänger, dessen Grab in Würzburg zu finden ist. Wie heißt er?

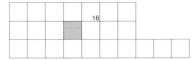

Frage 284
Sie ist die „Queen of Crime". Die Engländerin Agatha Christie ist mit einer Gesamtauflage von über 500 Millionen Büchern die erfolgreichste Kriminalautorin aller Zeiten. Ihr Theaterstück *Die Mausefalle* ist das am meisten gespielte Stück auf der Welt. In ihren 70 Kriminalromanen verband sie komplizierte Fälle mit schrulligen Charakteren. Welcher ihrer Detektive tritt am häufigsten auf?

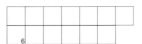

Frage 285
Er war der Literaturnobelpreisträger des Jahres 1972. Im gleichen Jahr jedoch sorgte er in seinem Heimatland für einen Skandal, weil er sich für einen menschenwürdigen Umgang mit Terroristen einsetzte. Vor allem die Kampagnen des führenden Boulevard-Blattes griff er heftig an und veröffentlichte zwei Jahre später die Geschichte einer Frau, die von Polizei und Presse zugrunde gerichtet wird, weil sie eine kurze Affäre mit einem gesuchten Terroristen hatte. Auch sonst mischte er sich in nationale und internationale politische Themen ein. Wie hieß er?

Frage 286
Geboren wurde die Nichte Friedrichs des Großen als Prinzessin von Braunschweig-Wolfenbüttel. Mit 16 Jahren heiratete sie den Herzog von Sachsen-Weimar-Eisenach. Mit 19 war sie Witwe und musste die Regierungsgeschäfte für ihren minderjährigen Sohn führen. Nach dessen Volljährigkeit widmete sie sich ganz ihrer großen

Literatur

Leidenschaft, der Kunst. Die Herzogin lockte u. a. Goethe und Schiller nach Weimar und machte die kleine Residenzstadt zum kulturellen Mittelpunkt Deutschlands. Wie hieß sie?

☐☐☐☐ 12 ☐☐☐☐☐☐

Friedrich der Große

Frage 287
Sympathisch ist der Held des berühmten Epos zunächst nicht. Der Sohn einer Göttin und eines Priesterkönigs regiert als hochmütiger Tyrann und möchte sogar noch unsterblich werden. Er begibt sich auf eine abenteuerliche Suche, in deren Verlauf er von einer Sintflut erzählt bekommt. Am Ende wird er geläutert und muss erkennen, dass ihm nur die Chance bleibt, unsterblichen Ruhm zu erlangen. Den hat der Mesopotamier bekommen – als allererster Held der Weltgeschichte. Wie hieß er?

☐☐☐☐☐☐☐☐☐☐ 10

Frage 288
Er ist einer der großen französischen Romanciers des 19. Jh. und gilt als Mitbegründer des Naturalismus in der Literatur. Nach dem Vorbild seines

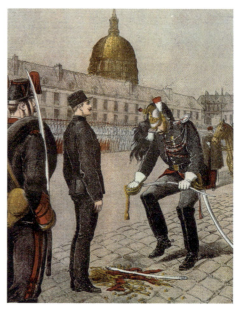

Dreyfuß-Affäre

Landsmannes Honoré de Balzac schrieb er mehrere Romanzyklen, die sich jedoch nicht mit dem Schicksal bürgerlicher Familien befassten, sondern mit dem der Armen. Sein berühmtester Roman *Germinal* spielt vor dem Hintergrund eines Bergarbeiterstreikes. Daneben arbeitete er auch noch als Journalist und deckte 1898 mit seinem Artikel *J'accuse* die Affäre um den zu Unrecht verurteilten Hauptmann Dreyfuß auf. Wie lautet sein Nachname?

☐☐☐☐ 11

Frage 289
Im 4. Jh. versetzten die Reiterhorden der Hunnen Europa in Aufruhr. Erst überfielen sie die Goten am Schwarzen Meer, dann machten sie sich den

ganzen Osten Europas untertan. Ihr König Attila residierte in Ungarn an der Theiß und germanische Fürsten bis hinauf nach Regensburg waren seine Vasallen. Welches berühmte mittelalterliche Epos erzählt von diesen Verhältnissen?

Frage 290
Dem römischen Dichter Ovid ist es u. a. zu verdanken, dass die griechischen Götter der Nachwelt als ein illustrer Kreis im Bewusstsein sind. Zwar setzte

Ovid

schon im 8. Jh. v. Chr. mit den Werken von Homer und Hesiod eine Vermenschlichung der griechischen Gottheiten ein, doch als Quelle für Nachdichtungen und künstlerische Darstellungen bis in die Neuzeit diente meist Ovids Hauptwerk, eine Zusammenstellung von erotisch eingefärbten Geschichten über Götter, Nymphen und andere Wesen der griechischen Mythologie. Wie lautet der Titel?

Frage 291
Günter Grass, Literaturnobelpreisträger des Jahres 2000, war von Anfang an ein ebenso politisch engagierter wie umstrittener Schriftsteller. In seinem ersten großen Werk *Die Blechtrommel* kommentierte er 1959 aus der skurrilen Sicht des kleinwüchsigen Oskar Matzerath die Nazizeit. Das zweite Werk *Katz und Maus* wäre wegen „unsittlicher Inhalte" fast indiziert worden. In *Die Rättin* beschäftigte er sich mit der Gefahr eines Atomkrieges. In welchem Buch geht es um die deutsch-deutsche Vergangenheit?

Frage 292
Die beiden großen Epen der indischen Sanskrit-Literatur sind *Mahabharata* und *Ramayana*. Sie stammen aus der Zeit zwischen dem 4. Jh. v. Chr. und dem

Indisches Liebespaar

4. Jh. n. Chr. Das *Mahabharata* schildert den Kampf zwischen zwei Familien, in den religiöse und philosophische Texte eingebettet sind. Das *Ramayana* erzählt die abenteuerliche Geschichte des Nationalhelden Rama auf der Suche nach seiner entführten Frau. Im Westen stehen die beiden Werke aber im Schatten eines erotischhöfischen Verhaltensratgebers aus der gleichen Zeit. Wie heißt der?

Literatur

Frage 293
Fjodor Dostojewski gilt neben Leo Tolstoi als einer der ganz großen russischen Schriftsteller. Er trug allerdings nicht unmaßgeblich dazu bei, der russischen Literatur den Ruf zu bescheren, düster, schwermütig und abgründig zu sein. Seine Themen waren Schuld und Sühne, Verbrechen, Nihilismus und Wahnsinn. Seine *Legende vom Großinquisitor*, der fanatisch religiös ist, gerade weil er nicht an Gott glaubt, rührt an den Grundlagen der Moralphilosophie. Die Erzählung ist eingebettet in ein Familiendrama, das 1958 mit Yul Brynner verfilmt wurde. Wie heißt es?

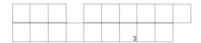

Frage 294
„Bedecke deinen Himmel, Zeus, mit Wolkendunst! Und übe, dem Knaben gleich, der Disteln köpft, an Eichen Dich und Bergeshöhn! Musst mir meine Erde doch lassen stehen, und meine Hütte, die du nicht gebaut, und meinen Herd, um dessen Glut du mich beneidest." Das Gedicht über den aufsässigen Prometheus, der den obersten Gott herausfordert, ist eines der bedeutendsten Werke des Sturm und Drang und sein Dichter einer der ganz Großen der Weltliteratur. Wie heißt er?

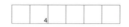

Der gesuchte Dichter

Frage 295
Eine Heirat mit Mr. Collins könnte die Zukunft der ganzen Familie Bennet sichern. Doch Elizabeth Bennet weigert sich – eine bodenlose Dummheit in einer Zeit, in der Frauen ihrer Klasse finanziell vollständig von den Männern abhängig waren. Da Lizzy Bennet eine Romanfigur ist, bekommt sie am Ende doch noch einen vermögenden Gatten. Ihre Schöpferin blieb unverheiratet, hatte jedoch das Glück, dass ihre Brüder sie und ihre Mutter zeitlebens unterstützten. Wie hieß sie?

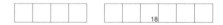

Frage 296
Die Schwedin Astrid Lindgren ist eine der beliebtesten und erfolgreichsten Kinderbuchautorinnen. Sie erfand starke wilde Mädchen wie Pippi Langstrumpf und Ronja Räubertochter, gewann die Herzen ihrer jungen Leserschaft aber auch mit alltäglichen, lustigen Kindergeschichten aus der ländlichen schwedischen Idylle, wie sie sie selbst als Kind in Småland erlebt hatte. Wie heißt das kleine Dorf, in dem Lisa, Inga, Britta, Lasse, Bosse und Ole wohnen?

Pippi Langstrumpf

					13				

Frage 297
Friedrich Schiller war ein Meister dieser Gedichtform. Nicht Gefühle oder Stimmungen werden da in Reimform vorgetragen, sondern eine spannende, dramatische Begebenheit. Zum Beispiel die Geschichte von Damon, der seinen Freund als Bürgen in der Gewalt eines Tyrannen lassen musste

Friedrich Schiller

und Schwierigkeiten hat, rechtzeitig zurückzukommen. Oder die des Fräuleins, das ihren Liebhaber auffordert, ihr ihren Handschuh aus dem Raubtiergehege zu holen. Er tut es – und wirft ihr das Textil anschließend verachtungsvoll ins Gesicht. Wie nennt man diese Art von Gedicht?

		21				

Frage 298
Bekannt geworden sind die beiden Brüder durch die von ihnen gesammelten – und teilweise auch relativ stark bearbeiteten – Märchen und Sagen. Daneben waren die beiden aber auch noch bedeutende Sprach-

Die beiden Brüder

wissenschaftler und gaben ein Deutsches Wörterbuch heraus. Bei so viel Gemeinsamkeit erscheinen die beiden Brüder selten als zwei Individuen. Selbst ihre Vornamen werden oft unterschlagen. Wie lauteten die?

		1				**U**	**N**	**D**

Lösungswort:

1	2	3	4		5	6	7	8	9	10
11	12	13	14	15	16	17	18	19	20	21

Klassische Musik

Frage 299

Johann Sebastian Bach aus Eisenach war nicht nur einer der größten Komponisten des Barock, sondern hat auch die nachfolgende Musik entscheidend beeinflusst. Zu Lebzeiten jedoch wurde er vor allem als Organist geschätzt. Nach fast sechs Jahren als Kapellmeister beim Fürsten von Anhalt-Köthen bewarb er sich 1722 als Kantor des berühmten Thomanerchores, wurde aber erst genommen, nachdem zwei andere Kandidaten abgesagt hatten. In welcher Stadt trat Bach sein neues Amt an?

Johann Sebastian Bach

Frage 300

Als 19-jähriger Student in Bonn begeisterte er sich für die Ideale der Französischen Revolution. 1804 widmete er Napoleon seine 3. Symphonie. Als er aber hörte, dass der sich zum Kaiser gekrönt hatte, strich er Napoleon aus dem Titel und nannte das Werk *Heroische Sinfonie* bzw. auf italienisch *Eroica*. Trotz seiner revolutionären Ideale, die sich auch in seiner einzigen Oper *Fidelio* wiederspiegelten, lebte er den Großteil seines Lebens als gefeierter Pianist und Komponist am Wiener Kaiserhof. Wer war es?

Der gesuchte Komponist

Frage 301

1882 stellte Richard Wagner seine letzte Oper fertig. Die Handlung des Stücks beruht auf einem Epos von Wolfram von Eschenbach aus dem 12. Jh. Es geht darin um die Lösung eines Fluchs, den der Zauberer Klingsor über die Ritter des Heiligen Grals geworfen hat. Wie heißt der „reine Narr", der diesen Fluch löst und Titelheld der Oper ist?

Richard Wagner

Frage 302

Als Akkord bezeichnet man in der Musiklehre das harmonische Erklingen von mehren Tönen zur gleichen Zeit. Einen besonderen Namen gibt es für Akkorde, die aus drei Tönen bestehen, die auf der Tonleiter jeweils eine Terz, also drei Stufen, voneinander entfernt sind. Wie lautet der Name?

Frage 303

1869 wünschte sich Ismail Pascha, der Vizekönig in Ägypten, für sein neu gebautes Opernhaus in Kairo eine ägyptische Oper. Der Ägyptologe Auguste Mariette skizzierte dafür nach einer pharaonischen Erzählung die Geschichte einer nubischen Prinzessin, die in Ägypten in Gefangenschaft gerät. Der Feldherr des Pharaos, Radames, verliebt sich in sie, wird jedoch von der Tochter des Pharaos begehrt. Als Radames auch noch, ohne es zu wissen, den Vater der Geliebten gefangen nimmt, kommt es zur Krise. Sie endet mit dem Tod des Feldherrn und der Titelheldin. Wie heißt diese?

Szene aus der gesuchten Oper

Frage 304

Es gibt Musikinstrumente, die so berühmt sind, dass sie sogar Namen tragen. Die gefeierte Geigerin Anne-Sophie Mutter besitzt zwei solcher Violinen. Der Vorname der älteren lautet Emiliani, der der jüngeren Lord Dunn Raven. Ihren Nachnamen haben sie von ihrem Schöpfer, einem italienischen Instrumentenmacher aus Cremona, der im Lauf seines Lebens wohl

Der gesuchte Geigenbauer

über 1000 Saiteninstrumente gebaut hat. Am berühmtesten sind jedoch seine Violinen. Wie hieß er?

Frage 305

Mozart spielte als kleines Kind vor der Kaiserin Maria Theresia, die gesuchte Musikerin immerhin vor Johann Wolfgang von Goethe. Auch ihr Vater Friedrich Wieck widmete sich unermüdlich der Karriere seines Wunderkindes. Und die Heiratspläne seiner Tochter gefielen ihm noch weniger als seinerzeit Vater Mozart die seines Sohnes. Die junge Pianistin und ihr Auserwählter mussten sogar vor Gericht gehen, um die Heirat gegen den Vater durchzusetzen. Die große Liebe war allerdings von Anfang an dadurch belastet, dass er aufgrund einer Lähmung nicht mehr spielen konnte und sie seine Kompositionen aufführen musste. Wie hieß sie?

Klassische Musik

Frage 306
Übersetzt heißt der Begriff „Tonstück" und im 16. Jh. wurde er auch noch für jedes reine Instrumentalwerk verwendet. Mit der Zeit entwickelte sich daraus ein Kammermusikstück in mehreren Sätzen, das entweder für ein Soloinstrument, gewöhnlich Klavier oder Violine, geschrieben wurde oder für bis zu vier Instrumente, z. B. ein Streichquartett. Wie lautet der Name für ein solches Stück?

Frage 307
Es war ein harter Weg, bis sich der begabte Junge aus einfachen Verhältnissen zum Kapellmeister der Grafen Esterhazy emporgearbeitet hatte. Dort aber hatte er alle Freiheiten und stets ein kleines Orchester zur Verfügung. Auch die Abgeschiedenheit auf den diversen Landsitzen der österreich-ungarischen Familie fand er ideal, denn so konnte er ohne Einfluss von außen seinen eigenen Stil entwickeln. Zu seinen bekanntesten Arbeiten zählen *Die Symphonie mit dem Paukenschlag*, die Oratorien *Die Schöpfung* und *Die vier Jahreszeiten* und die Melodie der deutschen Nationalhymne. Von wem ist die Rede?

Der Komponist der deutschen Nationalhymne

Frage 308
Eine Tonleiter besteht aus dem Intervall zwischen einem Grundton und dem Ton, der die doppelte Frequenz davon hat. Generell kann man beliebig viele verschiedene Töne dazwischen anordnen. Bei der klassischen europäischen Tonleiter geht man jedoch inklusive Anfang- und Endton von acht Tönen aus, die in festgelegten Abständen aufeinander folgen. Deshalb wird das Intervall, das eine Tonleiter umfasst, auch als Oktave bezeichnet. In der westlichen Musik gelten c – d – e – f – g – a – h – c als Stammtöne. Wie heißt die Tonart, die auf dieser Tonleiter beruht?

Frage 309
Sie war Griechin, wurde aber in New York geboren und später durch ihre Heirat italienische Staatsbürgerin. Der große Durchbruch als Sopranistin kam 1947 bei den Festspielen von Verona. Sie feierte sensationelle Erfolge, vor allem als Titelheldin der Puccini-Oper *Tosca*, als Violetta in Verdis *La Traviata* und in ihrer Lieblingsrolle *Norma*. Selbst als sie

Der gefeierte Star

bei einem Comeback 1970 Probleme mit der Stimme hatte, wurde sie noch wegen ihrer Bühnenpräsenz und Darstellungskraft gefeiert. Wie hieß sie?

Frage 310
Die Notenfolge eines Stücks legt noch nicht fest, in welchem Tempo und mit welchem Charakter es gespielt werden soll. Dafür haben sich Anweisungen in Form von italienischen Eigenschaftswörtern etabliert. So bedeutet „adagio", dass ein Stück ruhig und langsam gespielt werden soll, während „andante" ein etwas schnelleres, aber immer noch gemessenes Tempo ausdrückt. Mit welchem Wort bezeichnet man ein recht schnelles, munteres und lebenslustiges Spiel?

Frage 311
Er war der gefeierte Pianist seiner Zeit und ist einer der wichtigsten Klavierkomponisten. Viele seiner Stücke sind Tänze, die jedoch viel zu kunstvoll sind, als dass man wirklich dazu tanzen könnte wie etwa der rasend schnelle *Minutenwalzer*. Neben Walzern hat er auch viele Mazurken und Polonaisen geschrieben. Denn obwohl er seit seinem 21. Lebensjahr in Paris lebte, war er als Sohn eines Lothringers und einer Polin 1810 in der Nähe von Warschau auf die Welt gekommen. Wie lautet sein Nachname?

Frage 312
Jede Stimme hat nur einen bestimmten Tonumfang. Entsprechend werden die Stimmen von Sängern und Sängerinnen in den eher hohen Sopran und das eher tiefe Alt bei den Frauenstimmen sowie den hohen Tenor und den tiefen Bass bei den Männern eingeteilt. Dazwischen ist oft noch eine mittlere Stimmlage angesiedelt. Bei den Frauen heißt sie Mezzosopran. Und bei den Männern?

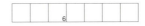

Frage 313
Ein einfaches Xylofon aus Kamerun soll den Musiker Carl Orff inspiriert haben, sein musikpädagogisches Werk zu erarbeiten, das vor allem auf der Verwendung einfacher Instrumente wie Rasseln, Trommeln, Glockenspielen, Xylofonen und Flöten beruht. Es wird nicht nur für die musikalische Früherziehung von Kindern ange-

Xylofonspieler in Afrika

Klassische Musik

wandt, sondern auch in der Sonder- und Heilpädagogik. Daneben hat er aber auch Bühnenwerke komponiert, vor allem eines, das auf mittelalterlichen Liedtexten beruht. Wie heißt es?

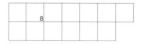

Frage 314
Wolfgang Amadé Mozart lebte seit 1781 als freischaffender Komponist in Wien. Anfangs hatte er großen Erfolg, doch 1786 fiel seine Oper *Die Hochzeit des Figaro* durch und es fiel Mozart schwer, seinen aufwändigen Lebensstil weiter zu finanzieren. 1791 bat ihn der Schauspieler und Theaterbesitzer Emanuel Schikaneder, die Musik zu einem Libretto zu schreiben, das Schikaneder selbst verfasst hatte. Es handelte sich um ein deutschsprachiges Zaubermärchen mit ernster Haupt- und komischer Nebenhandlung. Die Uraufführung wurde ein voller Erfolg, doch nur wenige Wochen später starb Mozart. Wie hieß die Oper?

Szene aus *Die Hochzeit des Figaro*

Frage 315
Das wohl älteste bürgerliche Orchester der Welt wurde 1743 als Konzertverein gegründet. Nach den ersten Erfolgen baute die Stadt für ihre Musiker in einem Messegebäude einen repräsentativen Saal. 1835 kam der Durchbruch, als Felix Mendelssohn Bartholdy Kapellmeister wurde. Heute ist es eines der größten Berufsorchester der Welt. Seine Spielstätte in Leipzig trägt immer noch den Namen des Gebäudes, in dem der erste Konzertsaal war. Wie heißt es?

Frage 316
Viele berühmte Komponisten haben nicht nur weltliche, sondern auch Kirchenmusik geschrieben. Neben feierlichen Messen war im 18. Jh. die Form des Oratoriums beliebt: ein religiöses Stück mit Handlung, die allerdings nur durch den Gesang, nicht durch szenisches Spiel ausgedrückt wird. Eines der bekanntesten Oratorien ist *Messias,* das 1741 in Dublin Premiere hatte. Sein Komponist stammte aus Halle, lebte aber seit seinem 28. Lebensjahr in England. Wie hieß er mit Nachnamen?

Frage 317
In den 1920er-Jahren war er DER Dirigent in Deutschland. Er leitete die Berliner Philharmoniker, das Gewandhausorchester und die Wiener Philharmoniker. 1933 ließ er sich von den Na-

zis zum Direktor der Berliner Staatsoper machen. Ein Jahr später kam es zum Eklat. Er begehrte gegen Aufführungsverbote und die Diskriminierung jüdischer Musiker auf und ließ Goebbels wissen, er akzeptiere nur eine Trennung zwischen guter und schlechter Kunst. Er legte all seine Ämter nieder. Doch als ein Versuch, in die USA zu emigrieren, scheiterte, diente er dem NS-Regime bis zuletzt als Aushängeschild. 2001 macht Istvan Szabó die Rolle des Dirigenten während der NS-Zeit zum Inhalt seines Films *Taking Sides*. Wie hieß der Mann?

DER Dirigent

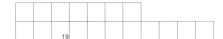

19

Frage 318

Tonleitern gab es auch schon im antiken Griechenland. Die C-Dur-Tonleiter hieß dort z. B. ionische, die mit dem Ton d beginnende dorische Tonleiter. Im Gegensatz zu D-Dur änderten sich dabei aber nicht die Töne, sondern die Reihenfolge der Intervalle. Weiter gab es die äolische Tonleiter, die ebenfalls nur aus Stammtönen besteht, aber die Halbtonintervalle (zwischen h und c, bzw. e und f) an zweiter und fünfter Stelle hat. Sie stellt heute die grundlegende Moll-Tonleiter dar. Mit welchem Ton beginnt sie?

20

Frage 319

Am 21. Oktober 1858 brachte der Komponist Jacques Offenbach in Paris sein erstes abendfüllendes Musikstück, *Orpheus in der Unterwelt*, auf die Bühne. Doch anstatt eine klassische Oper mit dramatischer Handlung erlebten die Zuschauer schmissige Rhythmen bis hin zum verruchten Cancan und eine Story, die den antiken Stoff gnadenlos persiflierte und mit tagesaktuellen Seitenhieben nicht sparte. Welche Musikform hatte Offenbach damit ins Leben gerufen?

Jacques Offenbach

15

Lösungswort:

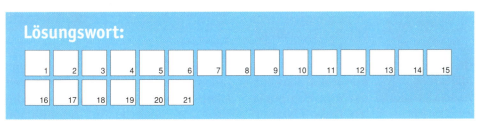

Popmusik

Frage 320
In den 1980er-Jahren war Michael Jackson der Musikstar schlechthin.

Michael Jackson

Sein 1982 veröffentlichtes Album *Thriller* ist mit geschätzten 60 Millionen verkauften Exemplaren das meistverkaufte weltweit. Zum Erfolg trugen auch die aufwändigen Videos bei, die damals neue Maßstäbe für dieses Genre setzten, u. a. durch ihre Tanzchoreografie. Berühmt wurde vor allem ein Tanzschritt, bei dem Jackson scheinbar Vorwärtsbewegungen machte, in Wahrheit aber rückwärts ging. Wie wird er genannt?

Frage 321
Der Jazz entstand Ende des 19. Jh. im Süden der USA. Er setzt sich aus Elementen afroamerikanischer Musik wie dem Blues und europäischen Einflüssen wie der Wiener Kaffeehausmusik zusammen. Charakteristisch sind ein swingender Rhythmus und die freie Improvisation beim Spielen. Populär gemacht wurde diese Musik vor allem durch den Bandleader und Komponisten Duke Ellington.

Duke Ellington

Wie heißt die Stadt, die als Wiege des Jazz gilt?

Frage 322
1955 gründete ein 15-jähriger Schüler an der Liverpooler Quarry Bank Grammar School eine Band namens *The Quarry Men*. Drei Jahre später wurde daraus *Johnny and the Moondogs*. 1960 nannte sich die radikal verkleinerte Band bei ihrem ersten Engagement in Deutschland im Hamburger Indra-Club *The Beatles*. Doch es war noch nicht die endgültige Besetzung. Stuart Sutcliffe und Pete Best verließen die Band wenig später, dafür stieß im August 1962 der „vierte Beatle" dazu. Wer war es?

Frage 323

Breakdance

Die Hip-Hop-Kultur hat sich Anfang der 1970er-Jahre in den schwarzen Ghettos von New York, vor allem in der Bronx entwickelt. Auf öffentlichen

Straßenpartys entstanden mehrere Trends, die häufig als Wettbewerbe zelebriert wurden. Das eine war das DJing, bei dem die Platten auf den Plattenspielern, z. B. durch rhythmisches Hin- und Herbewegen, so manipuliert wurden, dass ganz neue Klänge entstanden. Parallel dazu entwickelten sich der Breakdance und ein rhythmischer Sprechgesang. Wie wird letzterer genannt?

Frage 324

Sie wurde 1958 als Enkelin italienischer Einwanderer in den USA geboren und streng katholisch erzogen. Sie fiel durch gute Noten, tänzerische Begabung und einen ausgeprägten Hang zur Provokation auf. Nach der High School schlug sie sich in New York mit Gelegenheitsjobs durch, bis sie 1982 ihren ersten Plattenvertrag bekam. Zwei Jahre später erregte sie ihren ersten Skandal, als sie den Song *Like a Virgin* im Brautkleid sang. Wer ist sie?

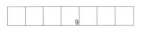

Frage 325

1968 hatte Andrew Lloyd Webber mit *Joseph and the Amazing Technicolor Dreamcoat* bereits ein Musical über ein alttestamentarisches Thema verfasst. 1970 machte ihm ein befreundeter Pfarrer den Vorschlag, doch eine Rockoper über Jesus zu schreiben. Trotz des Widerstands vieler religiöser Gruppen, denen nicht nur eine Verbindung zwischen Rockmusik und dem Leiden Christi als Lästerung erschien, sondern auch Jesu Beziehung zu Maria Magdalena in dem Stück viel zu eng war, wurde das Werk ein riesiger Erfolg und 1972 verfilmt. Wie heißt es?

Frage 326

In der Musik anderer Kulturen sind Töne üblich, die die klassische europäische Musik nicht verwendete. So entwickelten die afroamerikanischen Musiker um 1900 einen Musikstil, dem zwei traditionell afrikanische Töne eine charakteristische Melodik geben, die oft dunkel und schwermütig gerät. Die Texte dazu sind oft biografisch gefärbt und erzählen von Einsamkeit, Not, Untreue oder Verrat. Diese Musikrichtung wurde zur Wurzel der nahezu gesamten Popmusik. Wie heißt sie?

Ray Charles

Frage 327

Ende der 1950er-Jahre begannen amerikanische Musiker die traditionellen

Popmusik

Volkslieder wiederzuentdecken. Besonders beliebt waren Lieder, die die Probleme der kleinen Leute mit der Obrigkeit ausdrückten. Daraus entwickelte sich der Folk, der bald von alten zu neuen Protestsongs überging. Vorreiter waren Woody Guthrie und Pete Seeger. 1959 trat auf dem Newport Folk Festival auf Rhode Island ein 18-jähriges Mädchen mit einer beinahe schmerzhaft intensiven Sopranstimme auf. Später wurde sie als das „Gewissen der 1960er" bezeichnet. Wie heißt sie?

Frage 328

Die gesuchte Band

Die Gruppe wurde 1962 gegründet und gilt inzwischen als älteste Rockband der Welt. Obwohl sie mehrmals zerfallen schien, weil die Mitglieder Drogenprobleme hatten oder Solokarrieren versuchten, fand sie immer wieder zusammen. 1989 bis 1990 unternahmen sie die bisher größte Tournee der Rockgeschichte. Ihr bislang letztes Album war *A Bigger Bang* im Jahr 2005. Von wem ist die Rede?

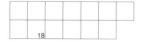

Frage 329

In der zweiten Hälfte des 20. Jh. ging der Trend zunehmend zu elektronisch erzeugten Klängen. In den 1980er-Jahren entstand dann Musik, die komplett nur noch mit Samplern und anderen elektronischen Geräten erstellt wurde. An die Stelle der Musiker traten DJs, die den aktuellen Sound am Mischpult zusammenmixten. Rund um die verwandten Stilrichtungen House und Techno entstand eine Szene, deren Markenzeichen das stundenlange Tanzen bis zur Erschöpfung war. 1989 initiierte der DJ Dr. Motte die größte Veranstaltung der Szene. Welche?

Frage 330

Nach den Beatles ist ABBA die erfolgreichste Popband aller Zeiten. Die beiden schwedischen Paare sorgten zwischen 1974 und 1982 für eine regelrechte „ABBAmania". Sie produzierten leicht eingängige, aber charakteristische Hits, von denen die meisten auch

ABBA

als Singles vermarktet wurden. Als erste Band erstellten sie standardmäßig Videos dazu. Begonnen hatte ihre Karriere 1974 mit dem Sieg beim Grand Prix Eurovision de la Chanson. Mit welchem Hit?

Frage 331

Angeblich begann 1954 alles mit einer Pausenspielerei in einem Studio in Memphis: Der Gitarrist spielte einige übertrieben akzentuierte Rhythmen. Der Sänger ging darauf ein und ließ dazu das Becken kreisen. Das Blues-Stück *That's all right Mama*, das mit dem neuen Sound aufgenommen wurde, musste nach der Erstausstrahlung im Radio am selben Abend noch 15-mal wiederholt werden. Bei der anschließenden Tournee sorgten die ekstatischen Bewegungen des Sängers für Verzückung bei der Jugend und Abscheu bei der älteren Generation. Wer war der Sänger?

Der gesuchte Sänger

Frage 332

Bob Marley wurde 1945 in einer jamaikanischen Kleinstadt geboren, ging aber mit 16 Jahren nach Kingston. 1972 gelang ihm mit dem Album *Catch a Fire* der internationale Durchbruch. Ein Jahr später wurde sein Song *I Shot the Sheriff* von Eric Clapton gecovert, was auch Marleys Ansehen steigen ließ. Das Album *Rastamans Vibration* machte ihn 1976 endgültig zum ersten Superstar aus einem Entwicklungsland. Mit welcher Musik wurde er berühmt?

Bob Marley

Frage 333

Seit 1998 hat er 15-mal den britischen Musikpreis Brit Award bekommen, dazu regelmäßig die Auszeichnung „Bester internationaler Künstler" in diversen anderen europäischen Ländern. Dabei gilt Robbie Williams weniger als herausragender Sänger denn als Phänomen, das sein Publikum mit Entertainerqualitäten auf der Bühne, gefälliger Musik aller Richtungen und stets neuen und sich widersprechenden Gerüchten aus dem Privatleben unterhält. Begonnen hat er seine Karriere als 15-Jähriger in einer Boygroup. Wie hieß sie?

Frage 334

Wie viele andere Interpreten der deutschen Liedermacherszene begann auch er seine Karriere auf den legen-

Popmusik

dären Internationalen Chanson Folklore Festivals, die von 1964 bis 1969 auf Burg Waldeck im Hunsrück stattfanden. Im Gegensatz zu seinem „Freund Hannes" (Wader) war er jedoch weniger politisch. Sein Erstling war ein ironisch-melancholisches Liebeslied mit dem Titel *Ich wollte wie Orpheus singen*. Danach besang er gerne die Absurdität des täglichen Lebens, griff über die Jahre aber auch vermehrt ernstere Themen auf. Wer ist es?

Frage 335
Für viele Rockmusiker gilt das Motto „Lebe wild, sterbe jung". Dazu gehörte z. B. Kurt Cobain, der Sänger und Songwriter der Band Nirwana, der sich 1994 im Alter von 27 Jahren das Leben nahm. Nirwana stand für den so genannten Grunge, der mit bösen Anklagen und wilden Auftritten gegen die etablierte Gesellschaft wütete. Sein Tod erschütterte viele Jugendliche, die sich mit dem Protest identifiziert hatten. Ebenfalls im Alter von 27 Jahren und ebenfalls heroinabhängig war 1970 ein begnadeter Gitarrist gestorben, der nach seinem Tod zum Idol der ganzen Hippiebewegung wurde. Wie hieß er?

Der gesuchte Gitarrist

Frage 336
In den 1970er-Jahren entstand zusammen mit der Punkbewegung auch die Punkmusik, die vor allem hart, schnell und laut war. Viele Bands zelebrierten in ihrer Musik und ihrem Auftreten die radikale Ablehnung der bürgerlichen Werte. Andere interpretierten Punk vor allem als Spaß, wie eine der bekanntesten deutschen Bands, die sich in der Vergangenheit genüssliche Duelle mit der Bundesprüfstelle für jugendgefährdende Schriften über Titel wie *Geschwisterliebe* lieferte. Wer?

Punk von oben

Frage 337
Das Guinnessbuch der Rekorde verzeichnet dieses Lied als den meistgespielten Song der Welt. Er wurde 1965 von Paul McCartney geschrieben und erschien im Beatles-Album *Help!*. Es ist die Klage eines Mannes, der von seiner Freundin verlassen

Paul McCartney

wurde, nicht weiß, was schief gelaufen ist und sich die Vergangenheit zurückwünscht. Wie heißt das Lied?

Frage 338
Von ihnen stammt die Musik zum Kultfilm *Paul und Paula*, aber auch die Hymne des Fußballvereins Union Berlin. Als einzige Rockband der DDR brachten sie es auf weltweit 20 Millionen verkaufte Tonträger und durften Tourneen in den Westen, sogar in die USA unternehmen. Inzwischen haben sie ihr 30. Album veröffentlicht. Wie heißt die Band?

Frage 339
Als in den 1960er-Jahren Diskotheken populär wurden, entstand auch eine eingängige, leicht tanzbare Diskomusik dazu. Daraus entwickelte sich in den 1980er-Jahren der Euro-Disco-Stil,

Keyboard

der sich durch den Einsatz von elektronischen Instrumenten wie Keyboards, Drumcomputern und Synthesizern auszeichnete. Die Musik war kommerziell sehr erfolgreich, wurde aber auch wegen ihrer Künstlichkeit und Oberflächlichkeit angefeindet. 1983 gründeten ein immer noch für Schlagzeilen sorgender Musikproduzent und ein Sänger die bis heute erfolgreichste deutsche Band. Wie hieß sie?

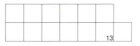

Frage 340
Die Gruppe wurde 1994 durch ein Casting zusammengestellt und feierte zwei Jahre später mit ihrer ersten Single *Wannabe* einen überwältigenden Erfolg. Die fünf Mädchen wurden in Videos und Presseauftritten als Powergirls vermarktet und jedes bekam eine Rolle wie die Sportliche, das Baby oder die Feine zugewiesen. 1996 und 1997 räumten sie zahlreiche Preise ab. Doch als bereits das dritte Album floppte, löste sich die Band 2000 auf. Trotzdem hält ihre Popularität immer noch an. Wie hieß sie?

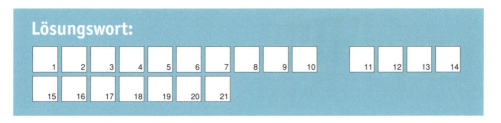

Architektur

Frage 341
Die Kirche heißt *Santa Maria Assunta*. Sie gilt als eines der schönsten Bauwerke der toskanischen Romanik. Von außen ist der Dom ganz mit weißem Carrara-Marmor überzogen. Die Fassade des mächtigen Bauwerks wird durch Blendarkaden mit eleganten Rundbögen und schmalen Säulen aufgelockert. Doch in den Schatten gestellt wird die Kirche von dem Gebäude, das sich neben ihr auf der Piazza dei Miracoli befindet. Wie wird es genannt?

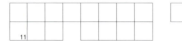

Frage 342
Griechische Tempel bestechen durch ihre Ausgewogenheit und Eleganz. Alle Bauteile stehen in ihren Maßen im Verhältnis zueinander. Als das vielleicht perfekteste Beispiel gilt der Parthenon, ein der Athene geweihter Tempel, der zwischen 448 und 438 v. Chr. entstand und die kraftvollen Elemente des dorischen Stils mit den eleganten des ionischen verbindet. Der Parthenon ist das Herzstück eines Gebäudeensembles. Wie heißt dieses?

Der Parthenon

Frage 343
Nirgendwo wird derzeit so spektakulär gebaut wie hier. 1999 wurde das *Burj al Arab* eröffnet, das mit 321 Metern höchste Hotel der Welt. Es steht auf einer künstlichen Insel im Meer und hat die Form eines Segels. Im Bau sind gigantische künstliche Inselanlagen in Form von drei Dattelpalmen und einer Weltkarte. Außerdem ist ein Wolkenkratzer in Planung, der mit mindestens 700 Metern das höchste Gebäude der Welt werden soll. Wie heißt der Ort?

Frage 344

Petersdom

Der Neubau des Petersdoms in Rom war ein Projekt, bei dem ziemlich viel schief lief. Nicht nur, dass seine Finanzierung über Ablassbriefe die Reformation auslöste, auch die Baupläne wurden immer wieder umgeworfen. Das Projekt begann 1503 und wurde erst 1624 von Gian Lorenzo Bernini vollendet. Er versah den Petersplatz mit Kolonnaden, die den Gläubigen „mütterlich empfangen" sollten, und setzte unter Michelangelos Kuppel einen pompösen Baldachin mit gedrehten Säulen. Wie heißt dieser geschwungene, bewegte Stil, der im 17. Jh. aufkam?

			12			

Frage 345

Guggenheim-Museum in New York

Mancher moderne Museumsbau ist mindestens so sehenswert wie das, was darin gezeigt wird. 1959 gestaltete der amerikanische Architekt Frank Lloyd Wright das Guggenheim-Museum in New York als weiße Spirale. 1997 ließ der Kanadier Frank Owen Gehry das Guggenheim-Museum in Bilbao wie einen malerisch anrangierten Haufen Blechstreifen aussehen. Dekonstruktion wird dieser Stil genannt, dessen Gebäude aus aufgebrochenen Elementen geformt werden. 2001 stellte Daniel Libeskind auch in der deutschen Hauptstadt ein Aufsehen erregendes Gebäude in diesem Stil fertig. Welches?

						18		

Frage 346

In der Gotik wurden nicht nur Kirchen gebaut, sondern auch Schlösser wie der Papstpalast in Avignon, dazu repräsentative Rathäuser und Gildehäuser wie die Tuchhalle von Ypern oder der Gürzenich in Köln. Stadtbefestigungen bekamen Toranlagen wie das Holstentor in Lübeck. In den Schatten gestellt wurden sie jedoch von den Kathedralen, die man immer größer und höher baute. Welche gotische Kirche hat den bis heute höchsten Kirchturm der Welt?

20									

Frage 347

Eigentlich war er Maler. Doch die moderne Architektur störte ihn gewaltig. Er nannte sie verbrecherisch, gottlos und von einer internationalen Mafia diktiert. Ab 1983 arbeitete er deshalb als „Architekturdoktor", wie er es nannte. Er gestaltete einfallslos gebaute Autobahnraststätten, öffentliche Toiletten, Müllverbrennungsanlagen, aber auch Kirchen, Schulen und Kran-

Ein Haus des Künstlers in Darmstadt

Architektur

kenhäuser zu farbigen, schillernden Kunstwerken um. Dabei bepflanzte er fast jedes Dach und manchmal auch einige Zimmer mit Bäumen. Wie hieß er mit Nachnamen?

Frage 348
Die antiken Römer waren nicht gerade Meister der Ästhetik, aber hervorragende Ingenieure. Zu ihren größten architektonischen Leistungen gehören ihr Straßennetz und ihre Be- und Entwässerungssysteme. Als erstes Volk überhaupt legten sie befestigte Straßen an und brachten es auf 80.000 Kilometer. Außerdem wurden alle größeren Städte mit Wasser versorgt. Der zentrale Abwasserkanal von Rom wurde sogar schon im 6. Jh. v. Chr. angelegt. Wie heißt er?

Frage 349
Im Jahr 313 legalisierte Kaiser Konstantin mit dem Mailänder Toleranzedikt den christlichen Glauben und begann selbst, den Bau der ersten großen Kirchen zu fördern. Die bislang verfolgten Christen hatten jedoch keine eigene Sakralarchitektur. Deshalb griff man auf die Form der antiken Versammlungs- und Gerichtshallen zurück: lang gestreckte, teilweise mehrschiffige Gebäude mit einer halbrunden Apsis an der Stirnseite. Wie nennt man diese Bauform?

Frage 350
Der Schweizer Charles Edouard Jeanneret, der sich Le Corbusier nannte, war einer der einflussreichsten und umstrittensten Architekten des 20. Jh. Wohnungen, meinte er, gehörten nicht an die Straße, sondern ins Grüne. Am liebsten hätte er Städte am Reißbrett entworfen. Seine Schüler Lucio Costa und Oscar Niemeyer durften dann tatsächlich an so einer Reißbrett-Stadt mitarbeiten. Wie heißt sie?

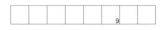

Frage 351
Mitte des 18. Jh. kam der Baustil der Antike wieder in Mode. 1764 bekam Paris ein *Pantheon* als Begräbnisstätte für berühmte Franzosen und 1806 einen *Arc de Triomphe*. 1793 wurde das *Kapitol* in Washington gebaut. Auch König Friedrich Wilhelm II. von Preußen fand Gefallen am Klassizismus. 1788 ließ er ein Gebäude errichten, das allen Besuchern, die von Westen nach Berlin kamen, gleich beim Empfang zeigen sollte, wie modern man in Preußen war. Wie heißt es?

Frage 352
Er wurde 1935 in Manchester geboren. 1979 bekam er den Auftrag, für die Hongkong & Shanghai Banking Corporation das „schönste Bankgebäude der Welt" zu bauen, obwohl er bis dahin noch kein Gebäude mit mehr als drei Stockwerken realisiert

Die Reichstagskuppel in Berlin

hatte. Er entwarf ein technisches Meisterwerk, in dem die Büroetagen paketweise an acht riesigen Stahlsäulen aufgehängt sind. Inzwischen ist er einer der bekanntesten Architekten der Gegenwart. Auch in Deutschland baute er mehrere Gebäude, unter anderem die neue Kuppel auf dem Reichstag. Wie heißt er?

Frage 353
Im Jahr 1030 begann der deutsche König Konrad II. aus dem neu an die Macht gekommenen Geschlecht der Salier in Speyer mit dem Bau eines Domes, der zur Grablege für ihn und seine Nachkommen werden sollte. Die 1061 geweihte Kirche ist eine der größten und schönsten ihrer Zeit. Der Stil, in dem sie gebaut ist, kam im 10. Jh. in Frankreich auf und breitete sich über ganz Europa aus. Sein Kennzeichen ist der Rundbogen. Wie heißt er?

Frage 354
Walter Gropius wurde in Berlin geboren. Nach dem Studium arbeitete er einige Jahre im Büro von Peter Behrens, dem damals modernsten Architekten in Deutschland, zu dessen Assistenten auch Ludwig Mies van der Rohe, Le Corbusier und Albert Speer zählten. 1919 wurde er Direktor der Großherzoglich-Sächsischen Hochschule für Bildende Kunst in Weimar. Er gab ihr einen neuen Namen, der zum Synonym für einen Stil wurde. Welchen?

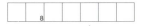

Frage 355
Gegen Ende des 2. Jh. v. Chr. zählte der griechisch-phönizische Dichter Antipatros von Sidon erstmals die sieben Weltwunder in einem Gedicht auf: die Stadtmauern und die Hängenden Gärten von Babylon, die Zeusstatue von Olympia, den Koloss von Rhodos, die Pyramiden von Gizeh, das Grabmal des Mausolos in Halikarnassos und den Artemis-Tempel in Ephesos, der ihm persönlich am besten gefallen hatte. Doch schon wenig später tauch-

Die Pyramiden von Gizeh

Architektur

te statt der Mauern von Babylon ein anderes Bauwerk in der Liste der Weltwunder auf. Welches?

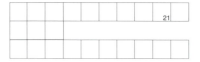

Frage 356
Nicht nur die Ägypter, sondern auch die mittelamerikanischen Indianer bauten Pyramiden. Die Aztekenpyramide in der mexikanischen Stadt Cholula ist mit über 120.000 Quadratmetern Grundfläche sogar die größte der Welt, wenn auch mit nur 54 Metern viel flacher als die Pyramiden von Gizeh. Spektakulär sind auch die steilen Stufenpyramiden in Ruinenstädten wie Tikal, Copan, Palenque, Uxmal oder Chichen-Itza, deren oberste Plattform von Tempeln geziert wird. Wer waren die Erbauer?

Frage 357
Während alle Völker zuvor nur einfach Bögen und kleine Wölbungen mauern konnten, entwickelten die Römer die Materialien und die Technik, riesige Gebäude wie z. B. die 25.000 Quadratmeter großen Caracalla-Thermen zu überwölben. Ihr großartigstes Werk jedoch befindet sich in einem eher unscheinbaren Bauwerk an der Piazza della Rotonda in Rom. Erst im Inneren realisiert man, dass sich über dem Rundtempel mit 43,4 Metern Durchmesser eine der größten Kuppeln der Welt befindet. Wie heißt der Tempel, der einmal der Gesamtheit der Götter geweiht war?

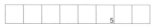

Frage 358
Der Dichter Francesco Petrarca war einer der Ersten, der Mitte des 14. Jh. das Gedankengut und die Kunst der Antike wiederentdeckte. Er fand in den selbstbewussten und reichen italienischen Stadtstaaten schnell Gehör. Die Gelehrten begannen nach den Gesetzmäßigkeiten hinter der göttlichen Schöpfung zu forschen. Dies führte auch zu einem neuen Stil in der Kunst und Architektur, der sich durch klare Formen und strenge Symmetrie auszeichnet. Wie heißt er?

Frage 359
Er ist das älteste erhaltene Bauwerk der islamischen Kultur und wurde von 687 bis 691 auf Befehl des Kalifen Abd Al-Malik gebaut. Die Muslime nennen ihn Haram Al-Sharif, „das große Heiligtum", denn von hier aus soll der Pro-

Die Klagemauer

phet Mohammed in den Himmel aufgefahren sein. Unter welchem Namen ist das Gebäude, dessen große, goldene Kuppel das Stadtbild von Jerusalem prägt, bekannt?

Frage 360
Der amerikanische Schriftsteller Mark Twain nannte das Gebäude respektlos eine aufsteigende Marmorblase. Für viele andere ist es eines der schönsten Bauwerke der Welt. Es wurde von einem Herrscher als Mausoleum für seine tote Frau gebaut. Der Architekt stammte vermutlich aus Persien oder der Türkei. Angeblich ließ der Herrscher ihn hinrichten, damit er kein vergleichbares Bauwerk mehr errichten könne. Wie heißt dieses Grabmal?

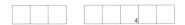

Frage 361
In Frankreich wird der Barock nach dem Sonnenkönig „Louis Quatorze" genannt. Sein Nachfolger Ludwig XV. ließ keine pompösen Paläste mehr bauen, sondern kleine, intime Lustschlösschen in einem zierlichen, verspielten Stil, der nach einem muschelförmigen Dekorelement, der Rocaille, Rokoko genannt wird. Auch der preußische König ließ sich 1744 ein Rokokoschloss bauen. Wie heißt es?

Frage 362
Der oströmische Kaiser Justinian war im 6. Jh. bestrebt, auch die westlichen Teile des einstigen Römischen Reiches wieder zu erobern. Das hinderte ihn jedoch nicht, sich in Konstantinopel eine prächtige Krönungskirche in einem neuen, „byzantinischen" Stil bauen zu lassen. Seine Kirche sollte

Mosaik des Kaisers Justinian

mit einem riesigen Innenraum, einer 56 Meter hohen Kuppel und Goldmosaiken an allen Wänden Macht und Pracht des Himmels darstellen. Wie hieß diese Kirche?

Lösungswort:

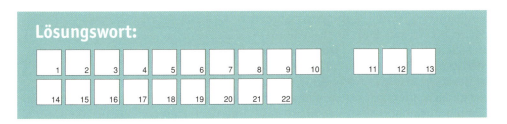

Philosophie

Frage 363

Die Schriften, die über Sokrates überliefert sind, zeigen, dass er seine Umgebung unbarmherzig mit Fragen quälte, bis die festgefügten Weltbilder in Scherben lagen. Sie zeigen aber auch den Spaß, mit dem der Grieche die Wahrheitssuche betrieb. Die Söhne der reichsten Athener Familien waren seine glühenden Verehrer. Sokrates war einer der Ersten, der sich nicht „Weiser", sondern „Freund der Weisheit" nannte. Wie lautet das Fachwort dafür?

Sokrates leert den Schierlingsbecher

Frage 364

Immanuel Kant soll privat ein äußerst amüsanter und liebenswürdiger Mensch gewesen sein, doch viele seiner Schriften gerieten ihm, wie er selbst meinte, „trocken, dunkel und äußerst weitschweifig". Aber Kant setzte sich auch mit einem schweren Thema auseinander: der Freiheit des Menschen und der Verantwortung, die sich daraus ergibt. Gerade weil es keine vollkommene Erkenntnis gäbe, dürfe man sich nicht an Autoritäten klammern, sondern müsse sich aus seiner „selbstverschuldeten Unmündigkeit" befreien und Wege finden, die Welt vernünftig und gerecht zu gestalten. In welcher Stadt lebte Kant?

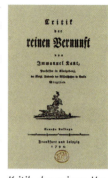

Kritik der reinen Vernunft

Frage 365

Irgendwann um das Jahr 1635 saß ein Philosoph in seinem Winterrock mit einem Papier zu Hause am Kamin. Aber ihm kamen Zweifel. Woher weiß er wirklich, dass es so ist? Es könnte doch alles nur eine Einbildung sein. Dass er hier sitzt, dass er ein Papier in Händen hält, ja, dass er überhaupt Hände hat. Vielleicht existiert er gar nicht und zwei plus drei sind auch nicht fünf. Er kam schließlich zu dem Schluss: „Das Denken ist's, es allein kann nicht von mir getrennt werden." Wer war es?

Frage 366

Es gibt einen Zweig der Philosophie, der nach Gesetzen sucht, die unter allen Umständen gültig sind und bei richtiger Anwendung zwangsläufig zu wahren Aussagen führen. Diese Gesetze sind so unabhängig von Interpretationen, dass sie auch mit Platzhaltern formuliert werden können. Etwa so: Für alle A trifft B zu. C ist ein A. Also gilt für C auch B. Wie nennt man diesen Bereich der Philosophie?

Frage 367
Im 6. Jh. v. Chr. befand sich China im Umbruch. Es gab zahllose Fehden zwischen verschiedenen Machthabern. Außerdem gewannen Wirtschaft und Handel gegenüber der Landwirtschaft an Bedeutung. In dieser Zeit suchten Philosophen nach einem Weg, wie die Harmonie in Staat, Gesellschaft und Familie wiederhergestellt werden könne. Jeder müsse auf seinem Platz im Leben tugendsam agieren, plädierte Kong Qiu. Seine Lehre wurde später zur Grundlage der chinesischen Gesellschaft. Wie wird er im Westen genannt?

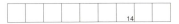

Frage 368
1944 verfassten die beiden in die USA emigrierten Philosophen Max Horkheimer und Theodor Adorno die *Dialektik der Aufklärung*. Darin entwickelten sie die These von einer Naturalisierung der gesellschaftlichen Verhältnisse. Die Menschen, so kritisierten sie, würden ihre Umwelt als Faktum akzeptieren und sich nicht mehr als Urheber ihrer Geschichte sehen. Das Buch wurde zum grundlegenden Werk einer philosophischen Gruppierung, die später die Studentenbewegung mitbeeinflusste. Wie hieß sie?

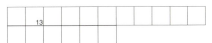

Porzellanstatue des Kong Qiu

Frage 369
Einer der wichtigsten Philosophen der Geschichte war Aristoteles. Als Erster unterschied er zwischen den verschiedenen Bereichen der Philosophie und versuchte, jede Teildisziplin systematisch zu ordnen. Eines seiner Bücher ist seinem Sohn Nikomachos gewidmet. Darin macht er sich Gedanken, was tugendhaftes Verhalten eigentlich ist. Wie nannte er den Zweig der Philo-

Philosophie

sophie, der sich mit dem richtigen menschlichen Handeln befasst?

☐☐☐☐☐☐ 1

Frage 370

John war einer der Philosophen, die ganz konkret Einfluss auf die Geschichte genommen haben. Nach der „Glorreichen Revolution" 1688 entwarf er die Grundlagen für eine konstitutionelle Verfassung, der sich der neue englische König, Wilhelm von Oranien, beugen musste. Von ihm stammen viele Ideen zur Volkssouveränität, zu den Menschenrechten und vor allem zur politischen Gewaltenteilung. Wie lautete sein Nachname?

Der gesuchte Philosoph

☐☐☐☐☐ 17

Frage 371

Grundlage der hinduistischen Philosophie sind die Veden. In diesen Schriften wird die Vorstellung entwickelt, dass die Welt, die der Mensch mit seinen Sinnen wahrnimmt, nur eine Illusion ist. Ziel des Lebens sei es, sich von allem Irdischen zu reinigen und die Wahrheit hinter der materiellen Welt zu erkennen. All die irdische Last, die man sich in einem Leben aufgeladen habe oder nicht losgeworden sei, nehme man nach dieser Lehre ins nächste mit. Wie lautet der Name für diese Bürde?

☐☐☐☐☐ 15

Frage 372

Der Politiker und Schriftsteller Seneca war einer, ebenso der römische Kaiser Mark Aurel. Dabei verachteten die Anhänger dieser philosophischen Richtung eigentlich Macht und Geld. Um frei und zufrieden zu sein, so lehrte einer der wichtigsten Denker Epiktet, dürfe der Mensch sein Herz an nichts hängen, worüber er keine volle Verfügungsgewalt habe, wie seinen Besitz, seinen Ruf, seine Gesundheit und sogar sein Leben. Die Gelassenheit dieser Philosophen gegenüber Schicksalsschlägen wurde legendär. Wie nennt man die Anhänger einer solchen Haltung?

Seneca

☐☐☐☐☐☐ 9

Frage 373

Die Frage über die Grenzen der menschlichen Erkenntnis hat viele Philosophen beschäftigt. Aristokles, um 427 v. Chr. in Athen geboren, meinte, der normale Mensch sei wie einer, der in einer Höhle Schattenbilder an der Wand für das wahre Wesen der Dinge halte. Nur wer sich von seinen Fesseln befreien lasse und den Weg aus der Höhle auf sich nehme, könne die

Wahrheit erkennen. Unter seinem Beinamen ist Aristokles als einer der größten Philosophen aller Zeiten bekannt. Wie lautet der?

Frage 374
Georg Wilhelm Friedrich Hegel interessierte eine Frage, die seit dem Mittelalter kaum ein Philosoph mehr gestellt hatte, nämlich die nach dem Fortschritt. Wie verlaufen geschichtliche und geistesgeschichtliche Prozesse? Auf der Suche nach Gesetzmäßigkeiten entwickelte er eine Theorie, die nach ihm vor allem Karl Marx aufgriff: Aus einer These und ihrer Antithese entwickelt sich immer etwas Neues, die Synthese. Wie nennt man diese Lehre?

Frage 375
Im 9. Jahrhundert entdeckten arabische, persische und jüdische Philosophen die Schriften des Aristoteles und entwickelten daraus die Vorstellung, dass der Verstand und nicht der Wortlaut des Koran oder der Thora das von Gott gegebene Werkzeug der Erkenntnis sei. Ihre Werke wiederum inspirierten einen italienischen Mönch. Der heilig

Der gesuchte Mönch

gesprochene Mann begründete mit seinen Werken die Scholastik, die auch im Christentum die Vernunft als Werkzeug der Erkenntnis salonfähig machte. Wie hieß er?

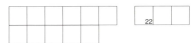

Frage 376
Als Philosoph und Schriftsteller war Jean-Paul Sartre der führende französische Intellektuelle in der zweiten Hälfte des 20. Jh. Er vertrat die Auffassung, dass der Mensch durch seine Geburt in eine an sich sinnlose Existenz geworfen wird. Diese könne er einfach triebgesteuert führen oder ihr selbst einen Sinn geben. Wie nennt man die philosophische Richtung, die er mitbegründet hat?

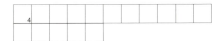

Frage 377
Eleanor war die Tochter eines Philosophen. Eigentlich wollte sie Schauspielerin werden, engagierte sich aber voll und ganz als Privatsekretärin des geliebten, aber strengen Vaters Karl. Der analysierte die gesellschaftlichen Probleme seiner Zeit scharfsichtig wie niemand vor ihm. Nach seinem Tod setzte sich Eleanor als politische Aktivistin dafür ein, dass aus seinen Erkenntnissen

Eleanors Vater

Philosophie

auch Konsequenzen gezogen wurden. Wie hieß sie mit Nachnamen?

Frage 378
Die Kyniker waren die Anarchisten unter den Philosophen der Antike. Sie lehnten alles ab, worauf schon damals die öffentliche Ordnung begründet war. Mein oder dein, öffentlich oder privat, bekleidet oder nackt, das seien alles nur unsinnige Konventionen, erklärte der berühmteste Kyniker. Er soll sogar Alexander dem Großen begegnet sein und den Eroberer ganz schön bloßgestellt haben. Wie hieß er?

Frage 379
In Goethes Faust macht sich Mephisto über diesen Teil der Philosophie lustig. Diesen müsse er unbedingt studieren, erklärt er dem Schüler, der ihn um Rat fragt, „dass ihr tiefsinnig fasst, was in des Menschen Hirn nicht passt". Hier geht es um die Dinge, die für den Menschen nicht greifbar oder unmittelbar erfahrbar sind, wie die Willensfreiheit, die Unsterblichkeit der Seele oder der Sinn des Seins. Wie nennt man diesen philosophischen Teilbereich?

Frage 380
Sein Geburtsname lautete Baruch, doch nachdem er wegen häretischer Ansichten aus der jüdischen Gemeinde ausgestoßen worden war, nannte er sich Benedikt. Aber auch von christlicher Seite kamen Atheismusvorwürfe. Dabei glaubte der Niederländer mit portugiesischen Wurzeln durchaus an das Göttliche. Er sah es jedoch nicht in einer Person, sondern in allem Bestehenden vertreten. Damit wurde er zum Begründer des Pantheismus. Wie lautete sein Nachname?

Frage 381
Die Lust erklärte der antike Denker Epikur zum höchsten Lebensziel des Menschen. Allerdings ging es ihm nicht um den materiellen Genuss, wie man oft meint, sondern um die „wahren Lüste". Seiner Meinung nach lebt jemand, der sich an Wasser und Brot erfreuen kann, viel lustvoller als einer, der geradezu süchtig nach Schlemmereien ist. Trotzdem wurde der Name für seine Philosophie zum Inbegriff für einen ungetrübten, aber oberflächlichen Lebensstil. Wie lautet die Bezeichnung?

Doktor Faustus mit Mephisto

Frage 382

Wahrscheinlich hat kein anderer Philosoph so wild gelebt wie er. Doch trotz aller Turbulenzen entwickelte er Ideen, die ihn zum Wegbereiter der Französischen Revolution machten und die grundlegend für die moderne Gesellschaft wurden. In seiner Schrift *Entstehung der Ungleichheit unter den Menschen* analysierte er, was schief gelaufen war, nachdem der Mensch den Naturzustand verlassen hatte. Zwar forderte er kein „Zurück zur Natur", wie ihm oft unterstellt wird, aber doch eine grundlegende Korrektur der gesellschaftlichen Verhältnisse. Wie lautet sein Nachname?

Der gesuchte Philosoph

Frage 383

In seinem Werk *Politeia* beschrieb Platon seine Vorstellung von einem idealen Staat. Da er der Vernunft der „Masse" nicht traute, sollte die Macht in den Händen von Philosophen liegen, die bis hin zur Fortpflanzung alles regelten. Ähnlich rigide gerieten auch die meisten anderen Fantasien über einen zukünftigen Idealstaat, z. B. die des britischen Kanzlers Thomas More im 16. Jh. Trotzdem wurde aus dem Namen von Mores Staat ein Begriff für positive Zukunftsvisionen. Wie lautet der?

Frage 384

Macht die moderne Gesellschaft den Menschen vom „homo faber", dem selbstbestimmten Arbeiter und Schöpfer von Dingen, zum „animal laborans", zum Arbeitstier, von dem nur noch automatisches Funktionieren verlangt wird? Mit diesem brisanten Thema beschäftigte sich die deutsch-amerikanische Philosophin 1960 in ihrem Werk *Vita Activa*. Bekannter aber ist sie für ihre Auseinandersetzung mit dem politischen Totalitarismus, speziell für das Werk *Eichmann in Jerusalem: Ein Bericht von der Banalität des Bösen*. Wie hieß sie?

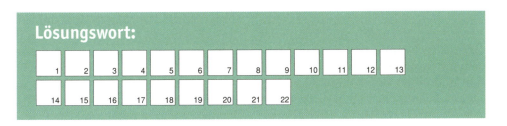

Lösungswort:

Theater

Frage 385

William Shakespeare gilt als einer der größten Dramatiker der Weltliteratur. Neben mehreren Gedichten hat er 34 bekannte Bühnenstücke geschrieben. Dazu gehören teils blutrünstige Tragödien wie *Macbeth* oder *König Lear*, Historienstücke um die englischen Herrscher zur Zeit der Rosenkriege, vor allem aber Komödien.

William Shakespeare

In einem Stück, von dem es zahlreiche Nachdichtungen gibt, geht es um zwei Schwestern. Die bissige ältere Katharina muss vor der sanften, jüngeren Bianca heiraten. Raubein Petrucchio nimmt den Kampf gegen Katharina auf. Wie heißt das Stück?

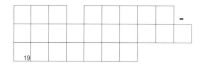

Frage 386

Er schrieb „Komödien", bei denen einem das Lachen im Hals stecken bleibt. Seine Helden leben meist irgendwo in Russland auf dem Lande, ausgeliefert sich selbst sowie der Familie und den Nachbarn, die sie bis zum Überdruss kennen. Gefangen zwischen Wünschen und Wirklichkeit, reden und leben sie aneinander vorbei. Zu den bekanntesten Stücken gehören *Die Möwe*, *Onkel Wanja*, *Drei Schwestern* und *Der Kirschgarten*. Wie hieß der Autor?

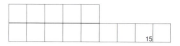

Frage 387

In der griechischen Mythologie werden die Musen als neun Töchter des höchsten Gottes Zeus und der Mnemosyne (Erinnerung) betrachtet. Für das Theater waren gleich zwei von ihnen zuständig: Melpomene galt als Beschützerin der Tragödiendichtung. Bekannter ist ihre Schwester, die die Komödiendichter inspirieren sollte. Ihren Namen tragen bedeutende Theater, aber auch viele Kinos. Wie hieß sie?

Relief der Musen

Frage 388

In einem seiner Stücke greift Bertolt Brecht eine Geschichte aus dem Alten Testament auf. In einem „salomonischen Urteil" spricht der georgische Dorfschreiber Azdak das Kind des Gouverneurs der Magd Grusche zu, die es bei einem Aufstand gerettet und aufopferungsvoll umsorgt hat. Die leibliche Mutter dagegen hat es nicht nur im Stich gelassen, sondern ist vor Gericht auch bereit, ihm große Schmerzen zu bereiten, um ihren Anspruch durchzusetzen. Wie heißt das Stück?

Frage 389
Lange Zeit galt für Theaterstücke die eiserne Regel: In Tragödien stehen Fürsten und Helden im Mittelpunkt, da nur deren Nöte interessant und bewegend genug erscheinen. Das Komödienpersonal dagegen rekrutiert sich aus den nicht-adeligen Ständen, da man sich über die Bessergestellten nicht lustig macht. Mit dieser Konvention brachen Mitte des 18. Jh. Stücke wie *Miss Sara Sampson* und *Emilia Galotti,* die eine neue Gattung des Bürgerlichen Trauerspiels eröffneten. Wer schrieb die genannten Stücke?

Der gesuchte Autor

Frage 390
Der Schweizer Pfarrerssohn schrieb mehrere Kriminalromane, in denen er sich mit der Frage beschäftigte, wie das Recht gegen das Böse bestehen kann und welche Mittel erlaubt sind. Seine Bühnenstücke sind bitterböse Grotesken, die die Heuchelei und Absurdität der Welt anprangern. Eines seiner bekanntesten Stücke spielt in einer Kleinstadt namens Güllen, das andere im Irrenhaus. Wie lautete sein Nachname?

Frage 391
Den Aufstand der schlesischen Weber, den Gerhart Hauptmann in seinem Stück *Die Weber* verarbeitete, hat es 1844 wirklich gegeben, und noch Jahrzehnte später konnte sich Hauptmann, selbst Enkel eines Webers, von dem himmelschreienden Elend überzeugen. Ab etwa 1880 hielt die schonungslos wirklichkeitsnahe Darstellung der Welt, vor allem der Lebensverhältnisse in der Unterschicht, Einzug in die Kunst. Wie heißt diese Stilrichtung?

Frage 392
Er war Bühnen- und Filmschauspieler, Regisseur und Intendant. Die Machtübernahme der Nationalsozialisten tat seiner Karriere keinen Abbruch. 1937 wurde er sogar Generalintendant des Preußischen Staatstheaters. Nach dem Ende der NS-Zeit entlastete ihn der kommunistische Schauspieler Ernst Busch, dem er das Leben gerettet hatte. Doch seine Persönlichkeit wird durch eine Romanfigur überlagert, die ihn zum Vorbild hatte. Daneben blieb er vor allem als legendärer „Mephisto"-Darsteller in Erinnerung. Wie heißt er?

Theater

Frage 393
Heinrich von Kleist schrieb meist über Menschen in extremen, seelisch belastenden Zuständen: über das *Käthchen von Heilbronn*, das wie behext ihrem Angebeteten folgt, über den *Prinzen Friedrich von Homburg*, der einsehen soll, dass er für eine eigenwillige Heldentat den Tod verdient hat, über die Amazone *Penthesilea*, die im Kampfeswahn ihren Geliebten zerfleischt. Im Gegensatz dazu steht ein Lustspiel um den Dorfrichter Adam, der nachts vergeblich der schönen Eve nachsteigt und dann alle Mühe hat, den drohenden Skandal zu vertuschen. Wie heißt das Stück?

Heinrich von Kleist

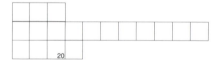

Frage 394
Die Kommunistenhetze während der McCarthy-Ära in den 1950er-Jahren in den USA prangerte er in seinem Stück *Hexenjagd* an. Für seine zweite Frau Marilyn Monroe schrieb er das Drehbuch für den Film *Misfits – Nicht gesellschaftsfähig*. Die Brüchigkeit des amerikanischen Traums nach Wohlstand und Glück zeigte er in *Tod eines Handlungsreisenden*. Wie hieß er?

Frage 395
Der Stoff blieb über die Jahrtausende beliebt. Der römische Komödiendichter Plautus, Molière, Heinrich von Kleist, Jean Giradoux, Georg Kaiser, Peter Hacks: Sie alle schrieben Stücke über den griechischen Feldherrn, dessen Frau Alkmene von Zeus verführt wird, der dazu die Gestalt eben dieses Gatten angenommen hat. Wie hieß er?

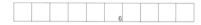

Frage 396
Aus dem Stegreiftheater der Gaukler und Narren des Mittelalters entstand im 16. Jh. eine komödiantische Kunstform. Wie beim Kasperltheater gab es dabei Rollen mit festgelegten Charakteren wie Arlecchino, den Spaßmacher, der sich alles herausnehmen darf, Pantalone, den ältlichen, geizigen „Helden in Strumpfhosen", der am Ende immer der Betrogene ist, oder die lebenslustige und durchsetzungsfähige Magd Colombina. Wie nennt man diese Art des Theaters?

Stegreiftheater

Frage 397
Der Ire George Bernard Shaw war einer dieser zornigen Moralisten, die in bissigen Komödien die Verlogenheit gesellschaftlicher Konventionen ins Visier nahmen. Die brillanten Dialoge, mit denen er die viktorianische Gesellschaft ebenso geißelte wie unterhielt, brachten ihm 1925 sogar den Nobelpreis ein. Happy Ends waren nicht seine Sache. Doch in den 1950er-Jahren wurde seine Komödie *Pygmalion* mit geändertem Schluss zum beliebten Musical. Wie hieß es?

Frage 398
Aischylos, Sophokles und Euripides waren die großen Tragödiendichter des antiken Griechenland. Dort war das Theater im 6. Jh. bei religiösen Festspielen entstanden. Die Dichter stellten in ihren Stücken dem Chor immer mehr Solisten gegenüber, bis schließlich eine dramatische Handlung entstand. Der Gott, dem zu Ehren die Feierlichkeiten stattfanden, war bei den Griechen auch für den Wein zuständig. Wie hieß er?

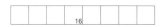

Frage 399
Als „Vergnügungsdirektor" machte Jean-Baptiste Poquelin, genannt Molière, die Komödie am Hof von Ludwig XIV. salonfähig. Der Adel amüsierte sich prächtig über die Schrullen der reichen Bürger in seinen Stücken. Weniger gut kamen allerdings gerade seine schärfsten Stücke an, die heute die bekanntesten sind, wie *Der Menschenfeind*, *Der Geizige* oder *Der eingebildete Kranke*. Zeitweilig verboten wegen seiner kirchenfeindlichen Tendenzen war das Stück um einen bigotten Heuchler. Wie heißt es?

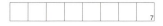

Frage 400
Seit 1920 wird alljährlich zu den Salzburger Festspielen auf dem Domplatz das in Versen gehaltene Mysterienspiel *Jedermann* aufgeführt. Angesichts des Todes erlebt der reiche „Jedermann", wie substanzlos sein Leben war und wie unzuverlässig seine menschlichen Beziehungen sind. Wer den „Jedermann" und seine „Buhlschaft" spielen darf, ist jedes Jahr ein Politikum. Wer schrieb das Stück?

Salzburger Dom

Theater

Frage 401
Im Fantasy-Roman *Der Herr der Ringe* und in Wagners *Ring des Nibelungen* verleihen zauberkräftige Ringe Macht. In einer anderen Ringgeschichte wird in einem Königshaus ein Ring vererbt, der die Fähigkeit hat, seinen Träger „vor Gott und den Menschen angenehm zu machen". Irgendwann jedoch kann sich ein König nicht entscheiden, welchem seiner drei Söhne er den Ring vererben soll und lässt zwei Kopien anfertigen. Die Titelfigur welches Dramas erzählt diese Parabel?

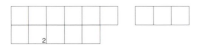

Nibelungenlied

Frage 402
Ein Lehrer hat Probleme, sich zu seinem unehelichen Sohn zu bekennen und gibt ihn als angenommenen jüdischen Jungen aus. Mit der Zeit führen die subtilen Vorurteile dazu, dass der Junge tatsächlich „anders" wird. Als sich herausstellt, dass der Außenseiter gar kein Fremder ist, treiben die Bewohner den Konflikt lieber zur Katastrophe, als sich ihr Selbstbild als rechtschaffene, tolerante Bürger zerstören zu lassen. Welcher Schweizer schrieb diese bitterböse Satire?

Frage 403
Der gebürtige Österreicher war der herausragende Theaterregisseur im ersten Drittel des 20. Jh. Im Gegensatz zu vielen seiner Kollegen interessierte sich Max Reinhardt auch brennend für den Film. Die Stücke des Naturalismus, die bis dato eher nüchtern inszeniert worden waren, stattete er so aus, dass die Zuschauer das Gefühl bekamen, in Zeit und Situation einzutauchen. Außerdem verstand er es, die Persönlichkeit großer Schauspieler wie Emil Jannings, Werner Krauss und Alexander Moissi perfekt in seine Inszenierungen zu integrieren. In welcher Stadt neben seiner Heimatstadt Wien feierte Reinhardt seine großen Erfolge?

Max Reinhardt

Frage 404
Der Existenzialismus ist eine philosophische Richtung, die von Künstlern, vor allem von Dramatikern in der Nachkriegszeit begeistert aufgenommen wurde. Eines der bekanntesten Stücke ist *Warten auf Godot*, in dem zwei Männer auf einer Landstraße auf

einen gewissen Godot warten, dessen Kommen ihrer Existenz, und damit auch dem Stück, Sinn bringen soll, der aber nie erscheint. Wie heißt der Verfasser mit Nachnamen?

Frage 405
Pierre Augustin Caron de Beaumarchais war Sohn eines Uhrmachers, fand aber als Harfenlehrer der Töchter Ludwigs XV. Zugang zum französischen Hof. Dort machte er durch Skandalprozesse, Duelle und Sympathien für revolutionäres Gedankengut von sich reden. Seine zwei berühmtesten Stücke drehen sich um den „Barbier von Sevilla". In einem wird dieser zum aufsässigen Kammerdiener des Grafen Almaviva. Das zweite, in dem Intrigen die Hochzeit des Dieners gefährden, hat Mozart zu einer seiner berühmten Opern verarbeitet. Wie heißt sie?

Frage 406
Um ihrem kranken Mann einen dringend benötigten Kuraufenthalt zu finanzieren, nimmt Nora einen Kredit auf und fälscht dafür die Unterschrift ihres Vaters. Jahre später versucht ein beteiligter Rechtsanwalt, sie zu erpressen und verrät Noras Gatten die Geschichte. Der verdammt zunächst seine Frau. Erst als der Rechtsanwalt verspricht, über die Angelegenheit zu schweigen, ist auch der Mann bereit, die alte Affäre auf sich beruhen zu lassen. Nora jedoch, tief enttäuscht von seiner Haltung, verlässt ihn. Wer schrieb dieses Drama?

Der gesuchte Autor

Szene aus der gesuchten Oper

Lösungswort:

| 1 | 2 | 3 | 4 | 5 | 6 | 7 | 8 | 9 | 10 | 11 | 12 | 13 |
| 14 | 15 | 16 | 17 | 18 | 19 | 20 | 21 | 22 |

Film

Frage 407
Der Amerikaner Steven Spielberg ist einer der erfolgreichsten Regisseure. Während er sich mit Filmen wie *Die Farbe Lila*, *Schindlers Liste* und *Amistad* später auch ernsten Themen zuwandte, machte er anfangs vor allem mit Horror- und Actionfilmen Furore. Sein *Jurassic Park* spielte über 900 Millionen Dollar ein und war damit jahrelang der erfolgreichste Film überhaupt. Der Durchbruch gelang ihm 1975 mit einem Film über ein im Wasser lebendes Untier. Wie hieß er?

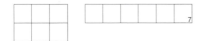

Frage 408
Eigentlich hat Tennessee Williams Theaterstücke geschrieben. Er gilt als einer der bedeutendsten Dramatiker der USA. Doch viele seiner Gesellschaftsstücke, in denen es meist um Neurosen, Alkoholismus und andere Probleme geht, lieferten auch gute Filmvorlagen. Berühmt wurden vor allem Elia Kazans *Endstation Sehnsucht* und Richards Brooks *Die Katze auf dem heißen Blechdach*. Welche Hollywood-Diva spielte in Letzterem an der Seite von Paul Newman die Hauptrolle?

Frage 409
Kann man Witze über das Naziregime machen? Zwei große Filmregisseure haben bewiesen, dass es geht. 1942

Adenoid Hynkel

brachte der in Berlin geborene Ernst Lubitsch *Sein oder Nichtsein* heraus, eine aberwitzige Verwechslungskomödie um eine als Nazis verkleidete Schauspielertruppe, die den Verrat polnischer Untergrundkämpfer an die Gestapo verhindern muss. Bereits zwei Jahre zuvor wurde Hitler als Diktator Adenoid Hynkel persifliert. Von wem?

Frage 410
Seit 1946 finden an der Côte d'Azur die Internationalen Filmfestspiele von Cannes statt. Auf diesem bedeutendsten Filmfestival wird der Sieger mit einer Goldenen Palme ausgezeichnet. Auf dem ältesten Filmfest in Venedig gibt es für den Preisträger dagegen einen Goldenen Löwen. In Locarno wird ein Goldener Leopard verliehen, in Moskau ein Goldener St. Georg. Und auf der Berlinale?

Frage 411
Als einer der gefragtesten Schauspieler in Hollywood gilt derzeit Tom Hanks, gerade weil er unscheinbar und durchschnittlich aussieht und sich vielen verschiedenen Rollen anpassen kann. Zu Beginn seiner Karriere drehte er vor allem Komödien wie *Schlaflos in Seattle*. 1994 bekam er dann für seine Rolle des AIDS-infizierten Anwalts Andrew Beckett in *Philadelphia* seinen ersten Oscar und im Jahr darauf gleich den zweiten. Für welche Rolle?

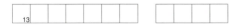

Frage 412
Sie wurde 1905 als Tochter eines Seemanns in Schweden geboren. Mit 14 Jahren war sie Verkäuferin in einem Warenhaus, das sie bald auch als Modell für Werbefilme benutzte. Sie machte schließlich eine Ausbildung an der Schauspielschule des Dramatischen Theaters in Stockholm und wurde bereits mit Anfang 20 Stummfilmstar in Hollywood. Ihre größten Erfolge feierte sie mit tragischen Rollen wie *Anna Karenina*, *Mata Hari* und der *Kameliendame*. Von wem ist die Rede?

Die gesuchte Schauspielerin

Frage 413
The Walt Disney Company, 1923 von den Brüdern Walt und Ron Disney als Cartoon-Studio gegründet, ist heute einer der größten Unterhaltungskonzerne der Welt, zu dem auch mehrere Fernsehsender gehören. Der erste abendfüllende Disney-Zeichentrickfilm kam 1937 in die Kinos. Die sieben männlichen Hauptfiguren hießen: Chef, Brummbär, Schlafmütz, Pimpel, Happy, Hatschi und Seppl. Und die weibliche?

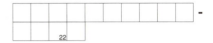

Frage 414
1995 stellten vier dänische Filmregisseure ein viel beachtetes Manifest vor. Sie erklärten darin, künftig in Filmen auf Spezialeffekte, künstliche Beleuchtung und Requisiten verzichten zu wollen und nur noch mit der Handkamera zu drehen. 1998 entstanden die ersten Filme nach diesen „Dogmaregeln". Es waren *Das Fest* von Thomas Vinterberg und *Die Idioten*. Von wem?

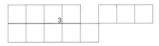

Frage 415
Der Kultfilm *Casablanca* wurde 1942 als so genanntes B-Movie realisiert. Zunächst fand er auch keine große Beachtung, erst nach der Casablanca-Konferenz 1943, in der Churchill und Roosevelt sich über die weitere Kriegsführung berieten, wurde der Film populär. Der politische Hintergrund wurde in Deutschland jedoch bis 1975 herausgeschnitten, sodass sich die Zuschauer vor allem für die tragische Lie-

Film

Szene aus *Casablanca*

besgeschichte zwischen Ingrid Bergman und Humphrey Bogart begeisterten. Wie war „Bogies" Filmvorname?

Frage 416
Der Taiwanese Ang Lee ist einer der vielseitigsten Regisseure der Gegenwart. Seine ersten drei Filme *Pushing Hands, Das Hochzeitsbankett* und *Eat Drink Man Woman* beschäftigten sich noch mit Generationenkonflikten in der modernen, taiwanesischen Gesellschaft. Seitdem jedoch verfilmte er Comics (*Hulk*), drehte asiatische Martial-Arts-Filme (*Tiger and Dragon*) und Western (*Brokeback Mountain*) und scheute auch vor der Geschichte der USA (*Ride with the Devil, Der Eissturm*) nicht zurück. Mit welchem Werk tauchte er in das England des 18. Jahrhunderts ein?

Frage 417
1938 machte er aus dem Sciene-Fiction-Roman *Krieg der Welten* von H. G. Wells eine derart realistische Hörspielreportage, dass in den USA eine Massenpanik ausbrach. 1941 drehte er mit *Citizen Kane* einen Film, der sowohl in der Bildführung neue Maßstäbe setzte wie auch in der Erzähltechnik, die sich in Rückblenden dem Leben des eben verstorbenen Charles Kane näherte. Seine größten Erfolge als Schauspieler hatte er in der Hauptrolle von *Citizen Kane* und 1949 als *Der dritte Mann*. Für Schlagzeilen sorgte zudem seine Ehe mit Rita Hayworth. Von wem ist die Rede?

Frage 418
Die tschechoslowakischen Kinderfilme genossen auch im westlichen Ausland einen großen Ruf. Dazu gehörten z. B. die Filme mit dem kleinen Maulwurf, den der Zeichentrickfilmer Zdenek Miler 1957 schuf. Oder die Fernsehserien *Pan Tau* und *Luzie, der Schrecken der Straße* von Jindrich Polak. Am bekanntesten aber sind immer noch die Märchenfilme. Wie heißt der 1973 von Vaclav Vorlicek gedrehte Film, der auch heute zur Weihnachtszeit nicht im Fernsehprogramm fehlen darf?

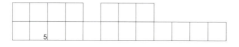

Frage 419
Marilyn Monroe ist vor allem als Sexsymbol in Erinnerung geblieben, dabei spielte sie in mehreren Filmklassikern

Marilyn Monroe

Szene aus *King Kong*

die tragende Rolle. Zu ihren größten Erfolgen zählen die beiden Komödien, die Billy Wilder mit ihr drehte. Sprichwörtlich wurde *Das verflixte siebte Jahr*. Dort stellte sie die Prinzipien eines Strohwitwers unter anderem im weißen Kleid über einem Abluftschacht der U-Bahn auf die Probe. Wie heißt der zweite Film, in dem sie die Ukulele zupfte?

Frage 420
Mit dem Stummfilm *Dr. Mabuse* erzielte der österreichische Regisseur Fritz Lang 1922 seinen Durchbruch. Aber auch sein erster Tonfilm *M – Eine Stadt sucht einen Mörder* wurde zum Klassiker. Nach der Machtergreifung der Nazis emigrierte Lang in die USA, kam aber während der McCarthy-Ära zurück und drehte *Der Tiger von Eschnapur*, *Das indische Grabmal* und *Die 1000 Augen des Dr. Mabuse*. Sein berühmtester Film jedoch war 1926 ein düsteres Science-Fiction-Werk. Wie heißt es?

Frage 421
Die Verfilmung von Tolkiens Fantasyroman *Der Herr der Ringe*, die zwischen 2001 und 2003 in die Kinos kam, gilt als das größte Filmprojekt aller Zeiten. Zusammengenommen erhielten die drei Teile 17 Oscars. Vor allem die digital erzeugten Welten und Wesen waren revolutionär. 2005 brachte der Regisseur eine Neuverfilmung des Klassikers *King Kong* in die Kinos. Wie heißt er?

Frage 422
Noch vor James Dean war Marlon Brando der wilde, zornige junge Mann in Hollywood. Einen seiner größten Skandale verursachte er allerdings im reiferen Alter von 48 Jahren. Als ihn die amerikanische Filmakademie für die Hauptrolle in Francis Ford Coppolas Mafia-Epos *Der Pate* auszeichnen wollte, schlug er den Preis aus und ließ statt dessen einen Protest gegen die Diskriminierung der Indianer vorlesen. Wel-

Marlon Brando als *Der Pate*

Film

che Trophäe hat Brando sich entgehen lassen?

Frage 423
In den 1970er-Jahren kamen mit dem *Weißen Hai* und *Krieg der Sterne* erstmals Filme in die Kinos, die dreistellige Millionenergebnisse einspielten und dafür sorgten, dass die Schlangen an den Kinokassen mehrere Häuserblocks weit reichten. Für derart erfolgreiche „Straßenfeger" kam eine Bezeichnung auf, die inzwischen als Marketingbegriff für jeden Film gebraucht wird, der auf Massengeschmack angelegt ist und zum Feger werden soll. Wie lautet er?

Frage 424
Als Western-Darsteller schlechthin gilt immer noch John Wayne. Doch die Hauptrolle in einem der berühmtesten Western *High Noon* lehnte er ab, weil sie ihm zu zynisch und unamerikanisch erschien.

John Wayne

Denn nach dem um zwölf Uhr mittags bestandenen Duell gegen den Schurken wirft Marshall Will Kane der jubelnden Menge, die ihn zuvor im Stich gelassen hat, seinen Sheriffstern vor die Füße. Wer spielte anstelle von Wayne die Rolle?

Frage 425
Als *Mr. & Mrs. Smith* spielen Brad Pitt und Angelina Jolie 2005 ein Ehepaar, bei dem keiner der Partner weiß, dass der andere als Auftragskiller auf ihn angesetzt ist. 1941 gab es schon einmal einen sehr erfolgreichen Film mit dem gleichen Titel. Robert Montgomery und Carole Lombard gaben darin ein Ehepaar, dass die Vereinbarung getroffen hatte, dass kein Partner während eines Streits den Raum verlassen darf und dass jeder einmal im Monat eine heikle Frage stellen darf, die der andere ehrlich beantworten muss. Regisseur war Hollywoods Großmeister des Nervenkitzels. Wie hieß er?

Frage 426
1960 sorgte Federico Fellinis Film *La dolce vita* für Aufsehen. Der Titel wurde ebenso sprichwörtlich wie der Na-

Anita Ekberg im Trevi-Brunnen

me des Klatschjournalisten Paparazzo. Anita Ekbergs Bad im Trevi-Brunnen gehört zu den bekanntesten Filmszenen. Berühmt wurde Fellini aber mit einem Film, der nicht vom hohlen Leben der Oberschicht, sondern der Tragik der Unterschicht erzählte. Seine Ehefrau Giulietta Masina spielte darin die Hauptrolle der stummen Gelsomina. Wie heißt der Film?

Frage 427
Als derzeit kommerziell erfolgreichster Film gilt James Camerons *Titanic* aus dem Jahr 1997 mit Leonardo diCaprio und Kate Winslet in den Hauptrollen. Er brachte es auf über 1,8 Milliarden

Die Titanic

Dollar. Auch die elf Oscars, die der Film erhielt, stellen einen Rekord dar. Den muss er sich allerdings teilen: zum einen mit dem dritten Teil des *Herrn der Ringe*, zum anderen mit einem 1959 gedrehten „Sandalenschinken". Höhepunkt dieses Monumentalepos ist ein Wagenrennen. Wie heißt der Film?

Frage 428
Hammett, einer von Wim Wenders frühen Filmen, ist eine Hommage an den amerikanischen Schriftsteller Dashiell Hammett. Mit Sam Spade in *Der Malteser Falke* erfand Hammett den harten, einsamen und zynischen Privatdetektiv und lieferte die Vorlage für einige Krimiklassiker. Wie werden die Filme genannt, die nach den Romanen von Hammett und seinem Kollegen Raymond Chandler, dem geistigen Vater von Philip Marlowe, gedreht wurden?

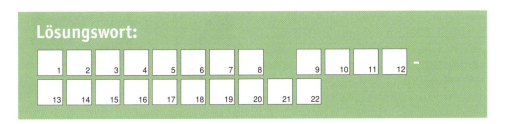

Bibelwissen

Frage 429
Er ist eine zwiespältige Figur. Bereits in jungen Jahren rettete er sein Volk durch eine große Heldentat. Als er später aber beim König in Ungnade fiel, lebte er als Räuber. Er verbündete sich mit den Feinden seines Volkes und verriet diese dann wieder. Später, als er selbst zum König geworden war, ließ er sich Ehebruch und Mord zuschulden kommen. Aber er war auch immer wieder bereit, für seine Verfehlungen Buße zu tun. Wer war es?

Kampf gegen den Philister

Frage 430
Die herausragende Stellung unter den zwölf Jüngern Jesu nahmen zwei Brüderpaare ein. Die Ersten, die Jesus berufen haben soll, ihm zu folgen, waren Simon, der später Petrus genannt wurde, und sein Bruder Andreas, die gerade am See Genezareth beim Fischen waren, als Jesus ihnen begegnete. Der Evangelist Matthäus berichtet weiter: „Als er von dort wegging, sah er zwei andere Brüder, Jakobus, den Sohn des Zebedäus, und …" Wie hieß der Bruder des Jakobus, der oft als Lieblingsjünger Jesu bezeichnet wurde?

Frage 431
Eine der großen Gestalten des Alten Testaments ist Mose, der das Volk Israel aus Ägypten geführt haben soll. Historiker halten es für möglich, dass sich tatsächlich israelitische Nomadenstämme aufgrund einer Hungersnot nach Ägypten geflüchtet hatten und das Land im 12. oder 13. Jh. v. Chr. wieder verließen. Die ersten fünf Bücher des Alten Testaments werden auch als die fünf Bücher Mose bezeichnet. In welchem ist die Geschichte über den Aufbruch aus Ägypten zu finden?

Mose von Michelangelo

Frage 432

„Eines Rufenden Stimme", heißt es beim Propheten Jesaja, „in der Wüste bahnt einen Weg für unseren Herrn." Als diesen „Rufer in der Wüste" identifizieren die Evangelisten einen Mann, von dem sie auch erzählen „Er trug ein Kleid von Kamelhaaren und einen ledernen Gürtel um seine Lenden und seine Nahrung waren Heuschrecken und wilder Honig." Von wem ist die Rede?

Die Geburt Jesu

Frage 433

In der Bibel gibt es zwei Schöpfungsgeschichten. Von der Erschaffung Adams aus Erde und der Evas aus Adams Rippe berichtet erst die zweite Geschichte. In der ersten Geschichte heißt es lapidar „So schuf Gott den Menschen nach seinem Abbild, nach Gottes Bild schuf er ihn, als Mann und Frau erschuf er sie." Wie viele Tage soll diese Schöpfung nach biblischem Bericht gedauert haben?

Frage 434

Die Geburt Jesu wird in nur zwei der vier Evangelien erwähnt. Matthäus erzählt in nur zwei Sätzen, dass Jesus als Sohn von Maria und Josef in den Tagen des Königs Herodes geboren wurde. Danach folgt ein ausführlicher Bericht über den Besuch der Magier und die Flucht vor Herodes nach Ägypten. Welcher Evangelist aber schrieb die Weihnachtsgeschichte, die beginnt „Es geschah in jenen Tagen, dass ein Befehl von Kaiser Augustus ausging ..." und dann von der vergeblichen Herbergssuche, der Geburt im Stall und der Anbetung der Hirten berichtet?

Frage 435

Er war ein wohlhabender frommer Mann mit sieben Söhnen und drei Töchtern. Doch dann brach das Unglück über ihn herein. Erst starb nach und nach sein Vieh, dann wurden seine Knechte erschlagen. Seine Kinder kamen bei einem Hauseinsturz um und schließlich wurde er selbst auch noch aussätzig. Seine Freunde, denen er sein Leid klagte, drängten ihn, Buße zu tun, da das Unglück Strafe für Verfehlungen sein müsse. Er aber weigerte sich und beschuldigte die Freunde, Gottes unerforschliche Wege mit

Bibelwissen

menschlichen Maßstäben zu messen. Von wem ist die Rede?

Frage 436
Das letzte Buch der Bibel ist die *Offenbarung des Johannes*. Darin berichtet ein Mann namens Johannes, der möglicherweise identisch ist mit dem Verfasser des vierten Evangeliums, den sieben christlichen Gemeinden Asiens von einer Endzeitvision, die ihm zuteil geworden sei. Nach vielen Schrecken, die von sieben Posaunen und vier unheimlichen Reitern ausgelöst werden, soll nach einem Endkampf ein neues Jerusalem entstehen, das vom „Lamm" regiert wird. Der griechische Name der *Offenbarung* steht heute allgemein für Endzeitvisionen. Wie lautet er?

Frage 437
Jakob, so erzählt die Bibel, hatte zwölf Söhne von seinen Frauen Lea und Rachel und deren beiden Mägden Bilha und Silpa. Weil er aber den älteren der beiden Rachelsöhne am meisten liebte, wurden dessen Brüder auf ihn eifersüchtig und verkauften ihn als Sklaven an Händler, die mit ihrer Karawane nach Ägypten unterwegs waren. Wie hieß der junge Mann?

Frage 438
Ins Neue Testament wurden auch 21 Briefe aufgenommen, die verschiedene Apostel an die ersten christlichen Gemeinden geschrieben haben. Eifrigster Autor mit 14 Briefen war Paulus. In einem seiner Briefe findet sich der bekannte Lobpreis auf die Liebe, der endet: „Jetzt bleiben Glaube, Hoffnung, Liebe, diese drei; doch am größten unter ihnen ist die Liebe." Dies schrieb er den Bewohnern einer bedeutenden griechischen Hafenstadt. Wie hieß die?

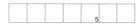

Frage 439
Im dritten Kapitel des Buches *Exodus* wird berichtet, wie Mose Gott in einem brennenden Dornbusch erkennt und von ihm den Auftrag bekommt, die Israeliten aus Ägypten herauszuführen. Mose fragt daraufhin, was er den Israeliten auf die Frage antworten solle, wie der Gott ihrer Väter heiße, der ihn gesandt habe. Gott nennt ihm einen Namen und erklärt: „Dies soll mein Name für immer sein und dies mein Rufname von Geschlecht zu Geschlecht." Wie lautet der Name?

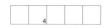

Frage 440
Jesus wurde von dem römischen Statthalter Pontius Pilatus zum Tod am Kreuz verurteilt. Ob sich der in anderen Quellen als sehr hart beschriebene Pilatus dazu wirklich von der aufgehetzten Volksmenge nötigen ließ, bezweifeln moderne Kirchenhistoriker. Gefangen genommen und zuerst verhört wurde Jesus jedoch nicht von den Römern, sondern von einem gewissen

Kaiaphas. Welche Funktion übte dieser aus?

							20		

Jesus auf dem Kreuzweg

Frage 441
Im Buch *Rut* wird die Geschichte von zwei Frauen erzählt. Nachdem Noemis Mann und Söhne in Moab gestorben sind, will sie in ihre Heimatstadt zurückkehren. Sie rät ihren moabitischen Schwiegertöchtern, zurückzubleiben und sich neue Männer zu suchen. Rut jedoch begleitet ihre Schwiegermutter. Zusammen schlagen sie sich mühsam durch, bis Rut zum Schluss einen reichen Mann heiraten kann und die Urgroßmutter von König David wird. Aus der Heimatstadt Davids aber, so verkündete der Prophet Micha, werde noch einmal ein Herrscher Israels vorgehen. Wie heißt die Stadt?

	17						

Frage 442
Unter den vier Evangelisten war Lukas der beste Geschichtenerzähler. Sein Werk ist eine „runde Sache", die mit der Verheißung von Jesu Geburt beginnt und mit der Himmelfahrt endet. Dabei ist es Lukas ein besonderes Anliegen, den liebenden Gott darzustellen. Einige der schönsten Geschichten und Gleichnisse finden sich nur bei ihm, wie etwa die *Geschichte vom verlorenen Sohn*, die vom *Barmherzigen Samariter* und vom Hirten, der seine 99 Schafe verlässt, um das eine verlorene zu suchen. Dem Evangelisten wird auch noch ein anderes Buch des Neuen Testaments zugeschrieben. Welches?

						-					
	16										

Frage 443
Das 19. und 20. Kapitel des Buches *Exodus* erzählen, wie Gott dem Volk

Mose empfängt die Zehn Gebote

Bibelwissen

der Israeliten auf dem Berg Sinai erscheint und die zehn Gebote verkündet. Im ersten Gebot wird den Israeliten verboten, andere Götter zu haben, im zweiten, den Namen Gottes unnütz auszusprechen. Das dritte befiehlt, den Sabbat heilig zu halten, das vierte, Vater und Mutter zu ehren. Das fünfte verbietet das Töten, das siebte das Stehlen, das achte den Meineid und das neunte und zehnte, den Besitz des Nächsten zu begehren. Was verbietet das sechste?

Frage 444
Die Kapitel fünf, sechs und sieben des Matthäus-Evangeliums werden von einer einzigen Rede Jesu eingenommen. Darin werden u. a. die Machtlosen und Friedfertigen selig gepriesen, Selbstlosigkeit, Feindesliebe, eheliche Treue und Ehrlichkeit gefordert. Als richtiges Gebet legt er seinen Zuhörern das *Vaterunser* ans Herz. Außerdem gebietet er ihnen, ihre guten Taten im Verborgenen zu tun, sich keine unnötigen Sorgen um materielle Dinge zu machen und nicht den Splitter im Auge des Bruders zu sehen, den Balken im eigenen aber zu ignorieren. Wie nennt man diese Rede?

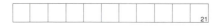

Frage 445
Die Bücher des Alten Testaments werden in die Geschichtsbücher, die Prophetenbücher und die Lehrbücher unterteilt. Außer dem Buch *Hiob* sind alle Lehrbücher Sammlungen kurzer Texte, wie *Das Buch der Sprüche*, *Das Buch der Weisheit* oder *Jesus Sirach*. Bekannt sind vor allem das *Hohelied*, eine Zusammenstellung von Liebesgedichten, sowie der Text „Alles hat seine Stunde" aus dem dritten Kapitel des *Buches Kohelet*. Außerdem gehört zu den Lehrbüchern eine Sammlung von 150 Bitt- und Lobliedern, von denen viele König David zugeschrieben werden. Wie werden sie genannt?

Frage 446
Sein Evangelium ist das kürzeste und vermutlich das älteste. Bei ihm finden sich noch keine legendenhaften Ausschmückungen über die Kindheit, keine Deutungen von Jesu Leben und wenig Verweise auf alttestamentarische Prophezeiungen. Dafür werden nicht nur Jesu Worte, sondern auch seine Emotionen sowie die Reaktionen seiner Umwelt geschildert. Traditionell vermutet man, dass der Evangelist als Jugendlicher die Kreuzigung miterlebte und später ein Schüler des Apostels Petrus wurde. Wer ist es?

Frage 447
Als Stammvater der Israeliten gilt Abraham, der – so das Buch *Genesis* – in Ur in Chaldäa lebte, bis Gott ihn aufforderte, mit seiner ganzen Verwandtschaft aufzubrechen „in ein Land, das ich dir zeigen werde". Über seine Söhne Ismael und Isaak, so verheißt ihm

Gott, werde er Abrahams Nachkommen zu einem großen Volk machen. Von Ismael wird berichtet, er habe eine Frau aus Ägypten genommen, während Isaak seine Cousine Rebekka heiratete. Wie heißen deren Zwillingssöhne, die sich später um die Erstgeburt streiten?

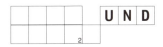

Frage 448
Über das Osterereignis berichten die vier Evangelien Verschiedenes. Bei Johannes geht nur eine einzige Frau zum Grab, bei Lukas eine größere Gruppe. Einmal wälzt ein Engel vor ihren Augen den Stein vom Grab und zeigt ihnen, dass es leer ist, ein andermal erscheinen die Engel erst später und erklären das leere Grab. Eine Frau wird jedoch immer namentlich genannt und sowohl Markus als auch Johannes berichten, dass ihr der auferstandene Jesus als Erste erschienen sei. Johannes erzählte, die Frau habe Jesus erst für den Friedhofsgärtner gehalten, ihn aber erkannt, als er ihren Namen aussprach. Wie lautet der?

Die gesuchte Frau

Frage 449
Im Matthäus-Evangelium wird besonders intensiv auf alttestamentarische Prophezeiungen verwiesen. Ständig liest man Wendungen wie „Denn es steht geschrieben" oder „So erfüllte sich das, was gesagt wurde durch die Propheten". Besonders ausführlich wird ein Prophet zitiert, der Ende des 8. Jh. v. Chr. als Erster das Kommen eines Messias oder „Gottesknechtes" verkündigt hatte. Dieser, so der Prophet, werde für Gerechtigkeit und Frieden sorgen. Wie heißt dieser Prophet?

Lösungswort:

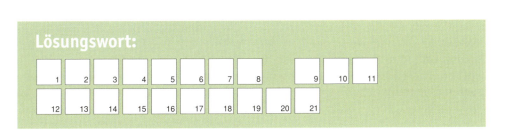

Weltreligionen

Frage 450
Die saudi-arabische Stadt Mekka ist für die Muslime der heiligste Ort, an dem sich alljährlich Millionen von Pilgern zur Wallfahrt, dem so genannten Hadsch, treffen. Mekka war die Geburtsstadt des Propheten Mohammed. Doch er machte sich dort viele Feinde, als er seine Lehre gegen den herrschenden Polytheismus setzte, und musste die Stadt 622 verlassen. Diese Hidschra stellt den Beginn der muslimischen Zeitrechnung dar. In welche Stadt sind Mohammed und seine Anhänger geflohen?

Frage 451
Der Hinduismus ist eine bunte Religion mit einem schier unüberschaubaren Götterhimmel.

„Der Gnädige"

Doch alle diese Götter gelten nur als Manifestationen des einen Göttlichen. Außerdem vereint jede Göttergestalt wieder verschiedene Aspekte in sich. So steht einer der wichtigsten Götter, dessen Name „der Gnädige" bedeutet, auch für das Prinzip der Zerstörung. Er ist gleichzeitig der Gott der Askese und der Ekstase. Dargestellt wird er oft als Tänzer mit vielen Armpaaren. Wie heißt er?

Frage 452
Agnes Gonxha Bojaxhio wurde 1910 in Skopje geboren. Sie kam aus einer wohlhabenden, katholischen Familie und beschloss angeblich schon mit zwölf Jahren, Nonne zu werden. Mit 18 Jahren trat sie in die Ordensgemeinschaft der Loreto-Schwestern ein und wurde zuerst nach Irland, dann nach Indien geschickt, wo sie als Lehrerin arbeitete. 1946 verspürte sie eine Berufung, die sie weltberühmt machen sollte. Unter welchem Namen?

Frage 453
Eines der drei wichtigsten jüdischen Feste ist das Pascha- oder Pessachfest im Frühling. Es beginnt mit einem gemeinsamen Mahl am Vorabend, dem Seder. Aus dieser Feier ist auch das christliche Abendmahl hervorgegangen. Diese Feier, bei der kein gesäuertes Brot gegessen werden darf, geht nach einem streng ritualisierten Ablauf vor, mit dem an ein wichtiges Ereignis der jüdischen Geschichte erinnert werden soll. An welches?

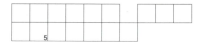

Frage 454
Die ersten Buddhisten in Tibet gab es schon im 7. Jh., doch erst im 11. Jh. begann sich der Buddhismus wirklich auszubreiten. Es entstanden mehrere Schulen. Ein wichtiger Lehrer war im 14. Jh. Tsongkhapa, der auf die klassischen indischen Lehren zurückgriff

Tibetische Buddhisten

und das Mönchtum reformierte. Sein Schüler und Nachfolger war Gendun Drub, der posthum einen Titel verliehen bekam, der heute noch in Gebrauch ist. Nach Vorstellung der tibetischen Buddhisten lebt er gerade in seiner vierzehnten Inkarnation. Wie lautet dieser Titel?

Frage 455
Nach dem Tod Mohammeds 632 kam es unter seinen Anhängern zu heftigen Auseinandersetzungen um die Nachfolge. Zum Kalifen gewählt wurde schließlich sein engster Weggefährte Abu Bakr, nicht aber sein Vetter und Schwiegersohn Ali. Die Auseinandersetzungen eskalierten 680 zwischen Alis Sohn Hussein und dem sechsten Kalifen Yazid. Nach Husseins Ermordung trennten sich seine Anhänger endgültig von denen Yazids. Wie werden sie genannt?

Frage 456
Er wurde 480 als Sohn einer wohlhabenden Familie in der Nähe von Perugia geboren. Während seines Studiums in Rom stießen ihn die dortigen Sitten so ab, dass er sich einer Gruppe von Einsiedlern anschloss und drei Jahre in einer Höhle lebte. Dann übernahm er die Leitung eines Klosters, stieß aber auf Widerstand, als er versuchte, feste Regeln einzuführen. Schließlich gründete er bei Cassino ein eigenes Kloster und entwarf die ersten festen Ordensregeln in der westeuropäischen Kirche. Dazu gehört eine ausgewogene Mischung aus Arbeit und Gebet, welches mehrmals täglich zu festen Zeiten stattzufinden hat. Wie heißen die nach ihm benannten Mönche seines Ordens?

Das Mutterkloster

Frage 457
Im Buddhismus gibt es weder Götter noch Priester. Jeder Mensch, so glaubt man, könne für seine eigene Erlösung sorgen und zum Buddha, zum Erleuchteten, werden. DER Buddha jedoch ist der Religionsgründer, ein Prinz, der um 563 v. Chr. im heutigen Nepal geboren wurde. Mit seiner Lehre von der Selbsterlösung wandte er sich

Weltreligionen

gegen das hinduistische Kastenwesen und die Macht der Brahmanen. Denn denen wurde es zuvor als Einzigen zugestanden, die heiligen Schriften zu interpretieren. Wie hieß dieser Prinz ursprünglich?

Frage 458
Die Bibel erzählt, dass die Israeliten für die Tafeln mit den Zehn Geboten einen kostbaren Schrein, die Bundeslade, anfertigten. Im 10. Jh. v. Chr. ließ dann König Salomo einen Tempel bauen, in dessen Allerheiligstem die Lade aufbewahrt wurde. Nur der Hohepriester durfte es am Jom-Kippur-Tag, dem Tag der rituellen Versöhnung mit Gott, betreten. Bei der Eroberung Jerusalems durch Nebukadnezar im Jahr 587 v. Chr. wurde der Tempel zerstört und die Bundeslade ging verloren. Den zweiten Tempel zerstörten die Römer im Jahr 70. Seitdem gibt es keinen jüdischen Tempel mehr, sondern nur noch Gebetshäuser. Wie nennt man ein solches Gebäude?

Frage 459
Das wichtigste muslimische Fest ist das Opferfest, das am zehnten Tag im zwölften Monat des islamischen Kalenders gefeiert wird und auch den Höhepunkt der Hadsch darstellt. An diesem Tag wird dem Opfer des Abraham gedacht, der nach muslimischer Überlieferung aber nicht Isaak, sondern seinen älteren Sohn Ismael op-

Abraham mit seinem Sohn

fern wollte, der als Stammvater der Araber gilt. Traditionell wird zum Opferfest ein Schaf geschlachtet und gemeinsam verzehrt. Das zweithöchste Fest ist das Zuckerfest am Ende des neunten Monats, der eine ganz spezielle religiöse Bedeutung hat. Wie heißt er?

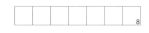

Frage 460
Moksha, die Erlösung, stellt im hinduistischen Glauben die Befreiung aus dem ewigen Kreislauf der Wiedergeburten dar und ist das Ziel des Daseins. Nach dem Abstreifen aller irdi-

schen Gefühle bleibt nur Athman, die Essenz der Persönlichkeit, zurück, die als identisch mit Brahman, dem Göttlichen oder der Weltseele gesehen wird. Für diese Erlösung und Verschmelzung mit Brahman wird auch im Hinduismus ein Wort gebraucht, das aber vor allem im Buddhismus das Ziel bezeichnet, das der Gläubige durch die Erleuchtung erlangt. Wie heißt es?

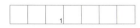

Thorarolle

Frage 461
1054 schickte Papst Leo IX. den Kardinal Humbert von Silva Candida zu einem anderen christlichen Kirchenoberhaupt, um aufgetretene Probleme zu klären. Die Sache eskalierte und am 16. Juli – der Papst war mittlerweile seit fast drei Monaten tot – überreichte Humbert seinem Gesprächspartner eine Bannbulle, die diesen unter wilden Verwünschungen exkommunizierte. Damit bewirkte er den Bruch zwischen der katholischen Kirche und welcher Kirche?

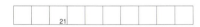

Frage 462
Die Heilige Schrift der Juden heißt Tanach. Sie besteht aus der Thora, die den fünf Büchern Mose entspricht, den Prophetenbüchern und weiteren „Ketuvim" (Schriften). Daneben spielt ein zweites wichtiges Buch eine Rolle, das fast 10.000 Seiten umfasst. Darin finden sich Kommentare, Deutungen und Analysen, aber auch erklärende Fabeln und Gleichnisse zu den Geboten Gottes aus der Heiligen Schrift. Wie heißt dieses Buch?

Frage 463
Nach muslimischer Überlieferung soll dieses Gebäude von Adam gebaut und von Abrahahm und Ismael wiederaufgerichtet worden sein. In vorislamischer Zeit diente es als Tempel. Die dort aufgestellten Götterstatuen wurden aber im Jahr 630 von Mohammed nach der Eroberung von Mekka zerstört. Seitdem gilt das Gebäude als größtes Heiligtum des Islam. Die große Moschee von Mekka ist darum herum gebaut. Wie heißt es?

Frage 464
Ostern wird in der christlichen Kirche immer am Sonntag nach dem ersten Vollmond im Frühling gefeiert. Aus

Weltreligionen

diesem Datum berechnen sich viele andere Termine. Dem Ostersonntag geht eine vierzigtägige Fastenzeit voraus, die mit dem Aschermittwoch beginnt. Davor ist Fasching, denn Fastnacht bedeutet die Nacht vor Fastenbeginn. Welches Fest aber findet immer 40 Tage nach Ostern statt?

Frage 465
Im Hinduismus und Buddhismus spielen kurze Gebetsformeln, die immer wieder wiederholt werden, eine große Rolle. Ursprünglich waren sie wohl als magische Formeln zur Beschwörung oder Abwehr von Dämonen gedacht. Durch das meditative Wiederholen sollen spirituelle Energien freigesetzt werden. Ähnliche Funktionen haben im Christentum z. B. der Rosenkranz oder Litaneien, bei den Muslimen Formeln wie „Allahu Akbar" oder bei den Juden „Schma Israel adonaj eloheinu". Wie lautet der indische Name für solche Formeln?

Frage 466
Im 8. Jh. wurde die traditionelle arabische Rechtssprechung in den muslimischen Gebieten nach und nach durch islamisches Recht ersetzt. Erste Quelle dafür ist der Koran. Findet sich dort keine Antwort, wird die Sunna, die Überlieferung über das Leben Mohammeds, herangezogen. Helfen beide nicht weiter, wird die Entscheidung durch einen Konsens islamischer Rechtsgelehrter getroffen. Wie nennt man die islamischen Gesetze?

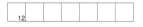

Frage 467
Immer wieder haben religiöse Reformer versucht, die Lehren der christlichen Kirche auf ihre Ursprünge zurückzuführen. Einer hat folgende Grundsätze aufgestellt: Nur die Schrift soll zählen (und nicht die Tradition). Nur Christus hat Autorität (und nicht die Kirche). Nur durch den Glauben besteht der Mensch vor Gott (und nicht durch gute Werke). Nur durch Gnade wird er errettet (und nicht durch eigenes Tun). Um welchen bedeutenden Reformator handelt es sich?

Der gesuchte Reformator

Frage 468
In der jüdischen Gesellschaft galten die Nabi als Menschen, die von Gott dazu ausersehen waren, seinen Willen zu verkünden und das Volk, aber auch die Herrscher, an die gegebenen Gebote zu erinnern. Die Nabi traten vor allem als Prediger und Mahner auf. Gelegentlich jedoch verkündeten sie auch Drohungen, die sich auf die Zukunft richteten. Sie waren jedoch keine

Weissager, wie ihr üblicher, griechischer Name suggeriert. Wie lautet der?

Frage 469
Viele Begriffe haben im Lauf der Religionsgeschichte eine Umdeutung erfahren. So bedeutete das griechische Wort „Häresie" ursprünglich „Wahl" und drückte aus, dass es in einer Sache mehrere Ansichten gab, sodass jeder seinen Standpunkt zu wählen hatte. Doch schon bald wurde „Häresie" nur noch für Meinungen gebraucht, die von der als „rechtgläubig" angesehenen Hauptmeinung abwichen. Ähnliches passierte mit dem griechischen Begriff für „Meinung". So wie er heute gebraucht wird, stellt er nämlich gerade keine Meinung dar, sondern bezeichnet Dinge, die eine Gruppe als absolute Wahrheit ansieht, sodass sie keine Diskussionen darüber zulässt. Wie lautet er?

Frage 470
Der Sufismus ist eine stark mystisch geprägte Richtung des Islam. Die Mitglieder versuchen durch Askese und Meditation ähnlich wie Hinduisten und Buddhisten alles Irdische abzustreifen und die spirituelle Einheit mit Gott zu erreichen. Dabei spielt das Mönchtum eine große Rolle. Im Westen sind Sufimönche traditionell unter einem persischen Begriff bekannt, der jedoch oft abwertend gebraucht wurde und eng mit dem auffälligen Auftreten eines Teils dieser Mönche verbunden war. Dazu gehörten z. B. ekstatische Tänze, „Heulen" und Selbstverletzung. Wie lautet der Name?

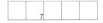

Sufimönche

Lösungswort:

Mythologie

Frage 471

Im 13. Jh. war Island bereits christlich. Doch die Dichter, die Skalden, verwendeten in ihren Liedern und Dichtungen immer noch zahlreiche Anspielungen auf die altgermanische Mythologie, die jedoch oftmals nicht mehr verstanden wurden. Der Skalde und Politiker Snorri Sturluson machte sich deshalb daran, die alten Götter- und Heldengeschichten aufzuschreiben. Er verfasste ein Werk, dem wir heute das Meiste von dem verdanken, was wir von der germanischen Mythologie wissen. Wie heißt es?

Snorri Sturluson

Frage 472

In der Bibel erschlägt Kain seinen Bruder Abel, weil dessen Opfer von Gott angenommen wird, das von Kain aber nicht. In einer anderen Sage wollen zwei Brüder eine Stadt gründen und opfern den Göttern, um herauszufinden, nach wem diese benannt werden soll. Über einem der beiden Altäre erscheinen sechs Geier, über dem anderen etwas später zwölf. Die Zwillinge geraten in Streit, welches Zeichen mächtiger ist, und der mit den zwölf Geiern erschlägt seinen Bruder und benennt die Stadt nach sich. Wie ist sein Name?

Charon bringt die Toten über den Styx

Frage 473

Zwischen der griechischen und germanischen Mythologie gibt es viele Parallelen, die wohl aus den gemeinsamen indoeuropäischen Wurzeln stammen. Bei den Griechen wohnen die zwölf wichtigsten Götter auf dem Olymp, bei den Germanen in der Burg Asgard. Die Donnergötter Zeus und Thor ähneln sich genauso wie die Schicksalsgöttinnen Moiren und Nornen. Die germanische Unterwelt Hel wird vom Höllenhund Garm bewacht. Wer bewacht den griechischen Hades?

Frage 474

Das Fest hat alte keltische Wurzeln. Vermutlich war es unter dem Namen „Beltane" ein Frühlingsfest. Nach der Christianisierung wurde es nach einer Heiligen benannt, einer aus Wessex stammenden und im Kloster Heidenheim wirkenden Missionarin. Trotzdem ist es bis heute mit Hexen und heidnischen Bräuchen verbunden. Wie heißt es?

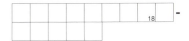

Frage 475
Der französische Dichter Chrétien de Troyes verfasste im 12. Jh. fünf Romane, die alle im Umfeld des britischen Königs Artus spielten. Wie viel davon auf alte Erzählungen zurückgeht und was Chrétien selbst erfunden hat, weiß man nicht. Die Helden seiner ersten Romane sind Erec, Alixander, Iwain und Lancelot. Im fünften taucht erstmals ein Stoff auf, der vermutlich aus frühchristlichen Quellen stammt. Es geht um eine heilige Schale, die von einem kranken Fischerkönig bewacht wird, der nur geheilt werden kann, wenn jemand ihm die richtige Frage stellt. Wie heißt diese magische Schale?

König Artus

Frage 476
Die Eiche gilt als typisch deutscher Baum. Diese Deutung stammt jedoch erst von den Dichtern der Romantik. Der Weltenbaum Yggdrasil in der germanischen Mythologie war keine Eiche, sondern eine andere Baumart. Aus dem Holz eines solchen Baumes soll Odin auch den ersten Mann geschnitzt haben, den er nach dem Material „Ask" nannte. Von welchem Baum ist die Rede?

Frage 477
Die *Odyssee* berichtet, dass Odysseus mit seinen Gefährten auf der Heimfahrt von Troja auf einer Insel landete und dort von einem gewissen Polyphem gefangen genommen wurde. Der Held konnte sich jedoch befreien, indem er Polyphem mit einem glühenden Pfahl blendete. Unglücklicherweise war Polyphem ein Sohn des Meergottes Poseidon, der Odysseus daraufhin auf eine zehnjährige Irrfahrt schickte. Zu welchen Fabelwesen gehörte Polyphem?

Odysseus blendet Polyphem

Frage 478
Die Kelten kannten ursprünglich keine personalisierten Gottheiten, sondern

Mythologie

glaubten an die göttliche Präsenz an heiligen Orten. Noch im 3. Jh. v. Chr. machten sie sich über die Römer und ihre menschenähnlichen Gottheiten lustig. Später setzte aber auch bei ihnen ein Trend zur Personalisierung ein. Einer, der wohl ursprünglich eine Stammesgottheit war, und von den Römern mit dem Kriegsgott Mars gleichgesetzt wurde, wird in den Asterix-Comics besonders gern beschworen. Wie heißt er?

Frage 479
Die mittelalterliche Nibelungensage hat ein skandinavisches Vorbild, in dem einiges anders ist. Dort wird dem Helden Sigurd von der Rheinkönigin Krimhild ein Zaubertrank gereicht, damit er seine Geliebte Brünhild vergisst und Krimhilds Tochter Gudrun heiratet. Die verlassene Brünhild stachelt Gudruns Brüder an, Sigurd zu töten. Sie war auch nicht Königin von Island wie im späteren Nibelungenepos, sondern gehörte einer Frauenschar an, die in Odins Diensten stand. Wie hießen diese Frauen?

Frage 480
Sie war die Tochter eines Königs. Ein Gott verliebte sich in sie und schenkte ihr deshalb eine ungewöhnliche Gabe. Sie wies ihn jedoch ab und der beleidigte Gott bewirkte, dass sich die Gabe in einen Fluch verwandelte. Obwohl sie allen erzählte, welches Schicksal ihrer Heimatstadt drohte, hörte niemand auf ihre Mahnungen. Das, was sie vorausgesehen hatte, trat dann auch ein. Heute steht ihr Name sprichwörtlich für vergebliche Mahnungen, aber auch für als zu düster empfundene Prophezeiungen. Wie lautet er?

Frage 481
Die alten Ägypter gingen mit Mythen sehr frei um. Man näherte sich dem Unerklärlichen, indem man es auf verschiedenste Weise erklärte. Erst Ende des 3. Jh. v. Chr. tauchte eine relativ stringent erzählte Geschichte auf, die zum zentralen Mythos Ägyptens wurde. Sie handelt von einem Fruchtbarkeitsgott, der von seinem Bruder ermordet, aber von seiner Schwestergemahlin Isis durch Einbalsamierung gerettet wird und fortan als Totenrichter fungiert. Wie heißt er?

Der Fruchtbarkeitsgott und Totenrichter

Frage 482
In der germanischen Mythologie waren die Götter keine unfehlbaren Wesen, sondern luden Schuld auf sich, z. B. indem sie Meineid begingen oder aus Habgier Kriege führten. Irgendwann, so stellte man sich vor, würden die Vergehen der Götter und Menschen zu groß geworden sein. Dann sollte es zu einem gewaltigen Endkampf zwischen Göttern und Ungeheuern kommen, in dem beide Parteien sich gegenseitig vernichten. Wie nennt man dieses Ende?

Frage 483
Ein Sohn des Zeus und der Alkmene ist der größte Held der griechischen Mythologie und der einzige Mensch, der dort die Unsterblichkeit der Götter erlangt. Seine Geschichte umfasst nicht nur ein Dutzend legendärer Heldentaten, sondern erzählt auch, dass der Held sich bewusst für den schweren Pfad der Tugend entschieden hat. Später erfreute er sich auch bei den Römern ungeheurer Beliebtheit. Sein römischer Name wurde zum Synonym für einen „Kraftmenschen". Wie lautet der?

„Kraftmensch"

Frage 484
In seinen Schriften *Timaios* und *Kritias* erzählt Platon von einem Inselreich „jenseits der Säulen des Herakles". Diese gewaltige Seemacht habe vor über 9000 Jahren große Teile Europas und Afrikas beherrscht. Nur die Athener hätten den Angriff auf ihre Stadt abwehren können. Anschließend sei das Inselreich durch ein Seebeben vernichtet worden. Platon behauptet, die Erinnerung hätte nur in Ägypten überlebt. Allgemein geht man aber davon aus, dass Platon sich diesen „alten Mythos" selbst ausgedacht hat. Wie nannte er das imaginäre Reich?

Frage 485
Bei den Indianern, in Afrika, aber auch in der Südsee kennt man die mythologische Gestalt des Tricksters, eine Art Till Eulenspiegel, der andere hereinlegt und Normen verletzt. Manchmal entlarvt er damit die Falschheit solcher Vorschriften, manchmal ist er am Ende selbst der Betrogene. Immer aber entziehen sich die Trickster einer Schwarz-Weiß-Malerei. Einer der beliebtesten bei den nordamerikanischen Indianern ist ein Verwandter des Hundes, der eigentlich als besonders feige gilt. Wie heißt er?

Mythologie

Frage 486
Eigentlich sollte man denken, dass die Erschaffung des Menschen in den Mythen eine große Rolle spielt. Doch das ist nicht immer so. Da wird den Fehden der Götter oft viel Raum eingeräumt und der Mensch nebenbei – meist aus Erde – geformt. In der griechischen Mythologie schienen Menschen gar nicht vorgesehen. Sie wurden von einem rebellischen Titanen als Affront gegen die Götter geschaffen. Wie hieß der Titan, der den Menschen später auch noch das Feuer beschaffte?

Feuerfackeln

Frage 487
Mythen müssen nicht aus grauer Vorzeit stammen. Der ganze Sagenkreis um den Keltenkönig Artus z. B. entstand im Mittelalter und wird bis in die Gegenwart neu interpretiert und ausgeschmückt. Ähnlich steht es um einen Räuberhauptmann, der in englischen Balladen aus dem 14. Jh. zum ersten Mal auftaucht und später mit konkreten Ereignissen in der britischen Geschichte in Verbindung gebracht wurde. Von wem ist die Rede?

Frage 488
Wie in vielen anderen Schöpfungsmythen entsteht auch hier die Welt aus dem Wasser. Am Anfang gibt es nur einen unendlichen Ozean, der in totaler Finsternis liegt und Nun heißt. Aus diesem steigt eines Tages ein Hügel empor. Danach kommt der Sonnengott Atum in Gestalt einer Schlange aus dem Meer gekrochen und lässt sich auf dem Hügel nieder. Dort erzeugt Atum, der auch Re heißt, aus seinem Samen Schu, die Luft, und Tefnut, die Feuchtigkeit. Woher stammt dieser Mythos?

Frage 489
Als Animismus wird die religiöse Vorstellung bezeichnet, die ganze Natur sei beseelt. Diese Vorstellung hat sich vor allem in Stammeskulturen, wie denen der Indianer, bis in die Neuzeit gehalten. Doch vermutlich gab es ihn in allen archaischen Religionen. So finden sich z. B. in der griechischen Mythologie Wesen, die eng mit Pflanzen oder Gewässern verbunden waren, aber in den späteren Erzählungen zu einer Art Gespielinnen der Götter verkommen sind. Wie heißen sie?

Frage 490
Königin Maeve will in einem Wettstreit ihren Gatten besiegen. Dazu jedoch braucht sie einen braunen Stier, der dem Nachbarkönig Chonchobor gehört. Aus dem Kampf um den Stier entwickelt sich ein gewaltiger, lang andauernder Krieg, der ähnlich wie der Trojanische Krieg zu einem Stelldichein der Helden wird. Der größte Heros ist Cu Chulainn, ein Sohn des Gottes Lug. Woher stammt diese Geschichte?

Frage 491
Über die Götter der germanischen Stämme auf deutschem Boden ist sehr wenig bekannt. Niemand kann sagen, inwieweit die Mythen, die aus den skandinavischen Sagen überliefert sind, geteilt wurden. Jedoch weiß man, dass die obersten Götter ähnlich waren. Der deutsche Donar entsprach dem skandinavischen Thor und der Kriegsgott Ziu dem Tyr. Wie hieß Odin bei den südgermanischen Stämmen?

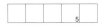

Sturmgott Odin

Frage 492
In vielen alten Kulturen gibt es Mythen um einen Gott, der nur dann auf der Erde lebt, wenn die Felder Frucht bringen, für den Rest des Jahres aber in die Unterwelt geht. Bei den Griechen z. B. wird Persephone, die Tochter der Fruchtbarkeitsgöttin Demeter, vom Totengott Hades geraubt und darf nur in den Sommermonaten auf die Erde zurückkehren. Eine andere Legende erzählt Ähnliches von einem jungen und schönen Geliebten der Liebesgöttin Aphrodite. Der Kult um ihn war in Griechenland ungeheuer populär und sein Name gilt immer noch als Synonym für einen schönen Mann. Wie lautet er?

Lösungswort:

Sport

Frage 493
Die ersten bekannten Olympischen Spiele fanden im Jahr 776 v. Chr. statt. Der eigentliche Ursprung des Festes ist aber wohl viel älter. Die letzten Spiele fanden im Jahr 393 n. Chr. statt. Ein Jahr später ließ der römische Kaiser Theodosius alle heidnischen Zeremonien verbieten. 1880 brachte die Ausgrabung der antiken Sportstätten in Olympia einen jungen französischen Adeligen auf die Idee, die Spiele wieder zu beleben. 1896 fanden in Athen die ersten Olympischen Spiele der Neuzeit statt. Wie hieß ihr Begründer mit Nachnamen?

Frage 494
Muhammad Ali gilt als einer der größten Boxer aller Zeiten. Zwar verlor er 1971 den „Kampf des Jahrhunderts" gegen Joe Frazier, besiegte seinen größten Gegner hinterher aber noch zweimal. Außerhalb des Ringes machte er als unterhaltsames „Großmaul" und durch politische Aktionen auf sich aufmerksam. Ali war der erste Prominente, der öffentlich gegen den Vietnamkrieg protestierte, und trat der „Nation of Islam" bei, einer radikal-religiösen Bewegung für die Rechte der Schwarzen. Wie hieß er zuvor?

Frage 495
1954 wurde Deutschland durch das so genannte „Wunder von Bern" sensationell zum ersten Mal Fußballweltmeister. Die Tore zum 3:2-Erfolg über Ungarn erzielten Helmut Rahn von Rot-Weiß Essen und Max Morlock vom 1. FC Nürnberg. Torwart Toni Turek von Fortuna Düsseldorf wurde von Reporter Herbert Zimmermann wegen seiner spektakulären Paraden zum „Fußballgott" erhoben. Der Verein aus welcher Stadt aber stellte im Endspiel gleich fünf Nationalspieler, darunter den Kapitän?

Muhammed Ali gegen Karl Mildenberger 1966

Frage 496
Kein deutscher Sportler war bei Olympischen Spielen erfolgreicher als sie. Bei sechs Spielen gewann sie im Einer-, Zweier- und Viererkajak insgesamt acht Goldmedaillen und vier Silbermedaillen. Die Sportlerin, die 1962 in Brandenburg an der Havel geboren

wurde, startete 1980 in Moskau und 1988 in Seoul noch für die DDR. Wie heißt sie?

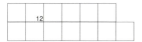

Frage 497
Als Nordische Wintersportarten werden die Disziplinen bezeichnet, die ihren Ursprung in Skandinavien haben. Dazu zählen der Skilanglauf, das Skispringen und die Kombination aus beidem. Die ersten größeren Wettkämpfe fanden Ende des 19. Jh. in der Nähe von Oslo statt. Nicht zu den Nordischen Wintersportarten aber zählt ein anderer Sport, obwohl er ebenfalls im 19. Jh. in Norwegen erfunden wurde. Wie heißt diese Disziplin, die durch die Kombination zweier Sportarten besonders spannend ist?

Langläufer

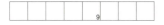

Frage 498
Unter Schwerathletik versteht man Kraftsportarten wie Gewichtheben und Ringen. Die Leichtathletik dagegen umfasst Lauf- und Sprungdisziplinen. Einen Sonderfall stellen die Wurfdisziplinen dar. Alle olympischen Wurfsportarten zählt man zur Leichtathletik, während andere wie das Steinstoßen oder das Gewichtwerfen als Schwerathletik gelten. Die leichtathletischen Disziplinen sind: Kugelstoßen, Diskuswerfen, Speerwerfen und ...?

Diskuswerfen

Frage 499
Bei der Fußballweltmeisterschaft in Schweden 1958 wurde er mit 17 Jahren der bis heute jüngste Weltmeister. Danach gewann er noch zwei Titel. Insgesamt absolvierte er 1363 Fußballspiele, in denen er 1281 Tore erzielte. Franz Beckenbauer nannte ihn den Größten der Fußballgeschichte und der Weltfußballverband FIFA wählte ihn zum Spieler des 20. Jh., das Internationale Olympische Komitee sogar zum Athleten des Jahrhunderts. Um wen handelt es sich?

Frage 500
Vom 19. bis 24. September 1960 fanden in Rom Sportwettkämpfe statt, an denen 400 querschnittsgelähmte Sportler aus 23 Ländern teilnahmen. Inzwi-

Sport

schen sind die Teilnehmerzahlen dieser Spiele etwa zehnmal so hoch. Außerdem stehen sie nicht nur querschnittsgelähmten Sportlern offen, sondern Menschen mit diversen körperlichen Handicaps. Wie heißen diese Wettkämpfe?

Frage 501
Unter Sport versteht man im Allgemeinen körperliche Bewegung. Doch das muss nicht sein. Der Begriff kommt von dem lateinischen Wort „disportare" und das bedeutet „sich zerstreuen". Auch im Englischen bzw. Französischen war „(de)sport" lange Zeit ein Begriff für Zerstreuungen und Vergnügungen aller Art. Heute gilt: Sport ist mit Training verbunden und kann wettkampfmäßig ausgeübt werden. Das umfasst auch Denksport. Allerdings ist nur eine rein intellektuelle Sportart Mitglied des Deutschen Sportbundes. Welche?

Frage 502
Bislang gibt es vier Sportler, die bei Olympischen Spielen neun Goldmedaillen erringen konnten. Einer ist der finnische Wunderläufer Paavo Nurmi, der seine Medaillen zwischen 1920 und 1928 auf

Der Sportler in Aktion

den Mittel- und Langstrecken gewann, die zweite ist die ukrainische Kunstturnerin Larissa Latynina, die von 1956 bis 1964 für die Sowjetunion an den verschiedensten Geräten erfolgreich war, der dritte der US-Schwimmer Mark Spitz zwischen 1968 und 1972. Der vierte ist ein US-amerikanischer Sprinter und Weitspringer. Wie heißt er?

Frage 503
Er wurde 1945 geboren. Mit 19 Jahren wurde er Jugendnationalspieler und 1966 schaltete er bei der Fußball-Europameisterschaft in England die britische Fußballlegende Bobby Charlton aus. Er absolvierte über 100 Länderspiele, wurde 1972 Europa- und 1974 Weltmeister. Nach seiner aktiven Laufbahn trainierte er sechs Jahre die deutsche Nationalmannschaft und wurde mit ihr 1990 Weltmeister. Wer ist es?

Frage 504
Sportwettkämpfe waren in der Antike weit mehr als Unterhaltung. Die Olympischen Spiele waren die wichtigste religiöse Feierlichkeit, die alle griechischen Stämme einte. Am Anfang gab es neben den Opfern, Prozessionen und anderen religiösen Zeremonien nur einen einzigen Wettkampf, den Stadionlauf über knapp 200 Meter. Später trat der Sport immer mehr in den Vordergrund, blieb aber Teil des

„Gottesdienstes". Welchem Gott zu Ehren fanden die Olympischen Spiele der Antike statt?

Frage 505
In dem kleinen Thüringer Ort Schnepfenthal entstand 1784 die erste Schule, in der Sport zum Unterrichtsplan gehörte. Initiator war der Lehrer Johann Christoph Friedrich GutsMuths. Seine Schriften inspirierten auch einen Hilfslehrer und notorischen Querulanten, der mit seinen Schülern in Berlin als „Vorbereitung auf einen Befreiungskrieg gegen Napoleon" ausgedehnte Ertüchtigungsmärsche durchführte. Im Volkspark Hasenheide errichtete er den ersten öffentlichen Turnplatz. Wie wurde er wegen seiner Begeisterung fürs Turnen genannt?

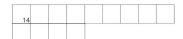

Frage 506
1985 gewann Boris Becker völlig überraschend die Internationalen Englischen Tennismeisterschaften gegen den US-Amerikaner Kevin Curren. Mit noch nicht einmal 18 Jahren ist er bis heute der jüngste Spieler, der dieses Turnier gewonnen hat. In

Boris Becker

den folgenden Jahren lief Tennis dem Fußball als Sportart Nummer Eins den Rang ab. 1988 gewann Steffi Graf alle vier Grand-Slam-Turniere in Australien, Frankreich, den USA und England und zusätzlich die Goldmedaille bei den Olympischen Spielen, wo zum ersten Mal Tennisprofis zugelassen wurden. Im Juli 1989 siegten Graf und Becker gemeinsam an legendärer Stätte. Wo?

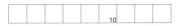

Frage 507
Bis 1962 war der deutsche Fußball in regionalen Oberligen organisiert. Am Ende jeder Saison spielten die Führenden der einzelnen Ligen die deutsche Meisterschaft unter sich aus. Mit der Spielsaison 1963/64 wurde die Bundesliga eingeführt. Erster Meister wurde der 1. FC Köln. Nicht unter den Gründungsmitgliedern war der Club, der heute deutscher Rekordmeister ist. Er stieg erst 1965 auf, wurde auf Anhieb Dritter und 1969 Meister. Welcher Verein ist es?

Frage 508
Michael Schumacher ist der erfolgreichste aller Formel-1-Fahrer. Bislang hat er sieben WM-Titel gewonnen. Seine erste Weltmeisterschaft gewann er 1994, damals noch für das Benetton-Team. Der Titel wurde aber überschattet von einem Unfall, der sich im dritten Rennen der Saison zugetragen hat-

Sport

te. Schumachers großes Vorbild, ein Brasilianer, verunglückte tödlich. Der Deutsche soll danach sogar überlegt haben, den Rennsport aufzugeben. Wie hieß der Mann, der in Imola starb, mit Nachnamen?

Formel-1-Bolide von Michael Schumacher

Frage 509
Wenn von Trendsportarten die Rede ist, dann bezieht sich das meist auf Spektakuläres wie Paragliding oder Bungee-Jumping. Die beliebtesten Sportarten kommen jedoch sehr unspektakulär daher: Radfahren und Wandern. Laut Umfragen wandern 40 Prozent aller Bundesbürger mehr oder weniger regelmäßig. Das sind etwa 34 Millionen Menschen. Ganz besonders im Trend aber liegt ein sehr schnelles, sportliches Wandern mit zwei Stöcken. Wie wird es genannt?

Frage 510
1903 wurde die Tour de France das erste Mal ausgetragen. Sie führte damals über knapp 2500 Kilometer von Paris nach Marseille und wieder zurück. Aufgeteilt war sie in sechs Etappen von jeweils gut 400 Kilometern, die am Stück zurückgelegt wurden. Heute fährt man über 1000 Kilometer mehr, aber in gut 20 Etappen, die bis zu 230 Kilometer lang sind. Doch die Tour de France gilt nicht nur wegen ihrer Länge und den extrem anspruchsvollen Bergetappen als außerordentlich schwer, sondern auch, weil jedes Teilstück besonders hart umkämpft ist. Wer holte die meisten Siege bei der „Tour der Leiden"?

Tour de France

Frage 511
Für die meisten US-Amerikaner ist der „Super Bowl" das Sportereignis des Jahres. Die Fernsehübertragung wird von etwa 250 Millionen Zuschauern verfolgt. Man hat sogar ermittelt, dass während der Übertragung die durchschnittliche Kriminalität um 70 Prozent und die Zahl der Verkehrsunfälle um die Hälfte sinkt. Der „Super Bowl" stellt das Finale einer Ballsportart dar. Um welche handelt es sich?

Frage 512
Er wurde 1936 in Hamburg geboren und spielte bereits mit 17 Jahren in der damaligen Fußball-Oberliga. Ein Jahr später gab er sein Debüt in der Nationalmannschaft. Er absolvierte insgesamt 72 Länderspiele, die meisten davon als Mannschaftskapitän, und schoss 43 Tore. Der Mittelstürmer wurde wegen seiner vielen spektakulären Treffer, aber auch wegen seiner Bodenständigkeit berühmt. Trotz lukrativer Angebote wechselte er nie den Verein. Wie heißt er?

Frage 513
Die Olympischen Spiele fanden schon in der Antike alle vier Jahre statt. In den übrigen Jahren gab es jedoch noch andere bedeutende Wettkämpfe in Korinth, Nemea und Delphi. Dieser Vierjahreszyklus mit seinen vier Festspielen war für die Griechen derart bedeutungsvoll, dass sie ihn zur Grundlage ihrer Zeitrechnung machten. Wie nannten sie den Zeitraum zwischen zwei Olympischen Spielen?

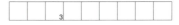

Frage 514
Die Olympischen Sommerspiele 1968 fanden in Mexiko-City in einer Höhe von rund 2300 Metern statt. Durch die dünne Luft herrschten besondere Bedingungen. Zum Beispiel wurden erstmals alle Langstreckenläufe von Afrikanern gewonnen, die diese Verhältnisse gewohnt waren. Der verminderte Luftwiderstand dürfte auch zum Fabel-Weltrekord des US-Amerikaners Bob Beamon beigetragen haben, der 23 Jahre lang Bestand hatte. In welcher Disziplin wurde er erzielt?

Lösungswort:

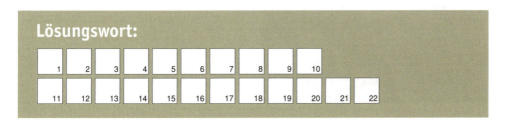

Medien

Frage 515
Die in der ARD zusammengeschlossenen Rundfunk- und Fernsehanstalten sowie das ZDF wurden per Gesetz gegründet. Im Gegensatz zum Staatsrundfunk werden sie nicht von staatlichen Stellen organisiert und finanziert. Als Aufsichtsgremium fungiert der Rundfunkrat, der sich aus Vertretern verschiedener gesellschaftlicher Organisationen wie Parteien, Kirchen, Gewerkschaften, Landesjugendring, Seniorenverband etc. zusammensetzt. Wie nennt man eine solche Organisationsform?

Frage 516
Zwischen 1958 und 1968 sendete die ARD unter dem Titel *Stahlnetz* 22 Krimis, die realen Fällen nachempfunden waren. 1970 ging der *Tatort* als Nachfolgeserie auf Sendung. Gleich die erste Folge *Taxi nach Leipzig* mit Walter Richter als Kommissar Trimmel wurde eine Kultsendung. In der DDR gab es seit 1971 den *Polizeiruf 110*. Seit der Wende ermitteln nun *Polizeiruf*-Teams auch in München, Frankfurt/Main oder Bad Homburg. Dafür sind in Leipzig zwei *Tatort*-Komissare tätig. Wie heißen sie?

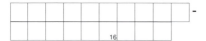

Frage 517
Er war im Verlag seines Vaters tätig, der Kalender und Unterhaltungsromane druckte. 1945 konnte er von der britischen Besatzungsbehörde eine Lizenz zum Druck der *Nordwestdeutschen Hefte* erlangen, die das Programm des damaligen Nordwestdeutschen Rundfunks (NWDR) ergänzten. Ein Jahr später erhielt er die Erlaubnis, daraus eine richtige Programmzeitschrift zu machen. Heute hat die *Hörzu* eine Auflage von mehr als 1,5 Millionen Exemplaren. Seinen größten Coup landete ihr Verleger aber 1952 mit der Herausgabe einer Zeitung, die dem britischen *Daily Mirror* nachempfunden war. Das von ihm gegründete Unternehmen ist heute Deutschlands größter Zeitungsverlag. Wie hieß er?

Fernsehturm Stuttgart

Frage 518
Zu Zeiten des Kalten Krieges gab es so manchen Wettlauf zwischen Ost und West. Ende 1952 ging es z. B. darum, wer das erste reguläre deutsche Fernsehprogramm ausstrahlen würde. Gewinner war die DDR. Am 21. Dezember ging der Deutsche Fernsehfunk (DFF) auf Sendung. Auf ein Grußwort des Intendanten folgte die erste *Aktuelle Kamera*. Vier Tage später zog im Westen der NWDR nach. Einen Tag später wurde auch das erste West-Pendant zur *Aktuellen Kamera* gesendet. Wie heißt es?

Frage 519
Einer der prominentesten deutschsprachigen Journalisten war Egon Erwin Kisch, der 1885 in Prag geboren wurde. „Nichts ist erregender als die Wahrheit", erklärte er einmal. Ersten Ruhm erntete er als Mitarbeiter der deutschsprachigen Prager Zeitung *Bohemia* durch packende Schilderungen aus dem Unterschicht-Millieu. Später lieferte er ebenso spannende Berichte vom spanischen Bürgerkrieg, an dem er teilnahm. Sein Markenzeichen: immer ganz nah dran am Geschehen, dabei aber objektiv und stilistisch brillant. Welches journalistische Genre entwickelte er zur Meisterschaft?

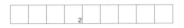

Frage 520
Seit 1990 ist mit dem Internet ein neues Massenmedium entstanden. Im Gegensatz zu Hörfunk, Fernsehen und Presse sind die Nutzer dort nicht nur Empfänger, sondern können relativ einfach Inhalte gestalten und Informationen anbieten. Im Jahr 2000 startete der US-amerikanische Internetunternehmer Jimmy Wales das Projekt einer Online-Enzyklopädie, an der jeder Nutzer mitschreiben darf. Inzwischen gibt es die Enzyklopädie in über 100 Sprachen. Wie heißt sie?

Frage 521
ARD ist die Abkürzung für „Arbeitsgemeinschaft der öffentlich-rechtlichen Rundfunkanstalten in Deutschland". Sie wurde 1950 gegründet. Neben dem Auslandsrundfunk Deutsche Welle gehören ihr die regionalen Rundfunkanstalten der Länder an. Derzeit sind es neun: Der Bayerische Rundfunk (BR), der Hessische Rundfunk (hr), der Mitteldeutsche Rundfunk (MDR), der Norddeutsche Rundfunk (NDR), Radio Bremen (RB), der Saarländische Rundfunk (SR), der Südwestrundfunk

Blick auf die Prager Karlsbrücke

Medien

(SWR), der Westdeutsche Rundfunk (WDR) und der …?

Frage 522
1962 berichtete ein deutsches Printmedium aus geheimen Bundeswehrpapieren über den schlechten Zustand der Streitkräfte. Daraufhin wurden die Redaktionsräume durchsucht und mehrere Redakteure sowie der Herausgeber unter dem Vorwurf des Landesverrates verhaftet. Die Sache verursachte großen Wirbel, Verteidigungsminister Franz Josef Strauß musste zurücktreten und die Journalisten wurden schließlich freigesprochen. Um welches Magazin drehte sich die Affäre?

Franz Josef Strauß

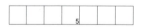

Frage 523
Vor dem Krieg hatte Henri Nannen Kunst studiert. Danach verschaffte ihm ein alter Freund eine Presselizenz für eine Tageszeitung. 1948 bot ihm der Pressecontroller der Militärregierung auch noch die Lizenz für eine Jugendzeitschrift namens *Zick-Zack* an. Eigentlich schwebte Nannen eine Illustrierte für Erwachsene vor, eine bunte Mischung aus Unterhaltung und Politik. Er akzeptierte jedoch die Lizenz und erklärte dem Controller als Erstes, dass man den „zackigen" Namen ändern müsse. Unter welchem Namen machte Nannen aus der *Zick-Zack* ein äußerst erfolgreiches Magazin?

Frage 524
In den 1930er-Jahren traten in den USA mehrere Waschmittelkonzerne als Sponsoren für billige Radioserien auf, die sie als ideales Werbeumfeld ansahen. Heute gilt „Seifenoper" teilweise als Synonym für minderwertige Fernsehserien, tatsächlich aber ist ihr Kennzeichen, dass sie keine abgeschlossene Geschichte erzählt, sondern grundsätzlich endlos angelegt ist. Nachdem in den 1980er-Jahren US-Seifenopern wie *Dallas* und *Denver Clan* hohe Einschaltquoten erzielten, startete 1985 auch die erste deutsche Soap-Opera. Wie heißt sie?

Frage 525
1972 wurden in den USA fünf Männer beim Einbruch in das Hauptquartier der demokratischen Partei festgenommen. Vor Gericht outete sich einer als ehemaliges Mitglied des Geheimdienstes CIA. Dies erregte den Verdacht von Carl Bernstein und Bob Woodward, zwei Journalisten der *Wa-*

Richard Nixon

shington Post. Ihre Recherchen brachten ans Licht, dass US-Präsident Nixon selbst das Abhören seines Konkurrenten veranlasst hatte. Am Ende der Watergate-Affäre musste Nixon zurücktreten. Wie nennt man das, was Bernstein und Woodward betreiben?

										-			
10													

Frage 526
1956 fuhr er nach Italien, um Federico Fellini die Fernsehrechte von *La Strada* für 130.000 Mark abzukaufen. Außer ihm schien damals niemand daran zu glauben, dass Kinofilme für das Fernsehen von Interesse sein würden. Doch bald konnte er den Sendern attraktive Pakete anbieten. In den 1980er-Jahren war sein Monopol so groß, dass er zu einem der mächtigsten Medienmoguln aufstieg. Mit SAT1, ProSieben, DSF und Premiere besaß er mehrere Fernsehsender und hielt Anteile an anderen Unternehmen wie dem Axel-Springer-Verlag. Um so überraschender kam der Zusammenbruch seines Imperiums 2002. Von wem ist die Rede?

		11					

Frage 527
Mit der Einführung des Satellitenfernsehens Ende der 1980er-Jahre standen plötzlich viel mehr Sendefrequenzen als früher zur Verfügung. In diesem Zusammenhang entstand auch ARTE, das 1992 auf Sendung ging. Das Fernsehprogramm mit dem Schwerpunkt Kultur wird zur einen Hälfte von ARD und ZDF und zur anderen vom Französischen Fernsehen betrieben. Welchen Fernsehsender betreiben ARD und ZDF gemeinsam mit dem öffentlich-rechtlichen Fernsehen von Österreich und der Schweiz?

			7

Satellitenschüssel

Frage 528
Nicht jede Tageszeitung und nicht jeder Runfunksender kann sich ein Netz an eigenen Auslandskorrespondenten leisten. Um trotzdem Nutzern einen umfassenden Überblick auf die Nachrichtenlage aus aller Welt zu bieten, haben sie Dienste bestimmter Unternehmen abonniert. In Deutschland ist dpa die größte. Wofür steht das Kürzel?

											12	

153

Medien

Die drei bisherigen Moderatoren der Show

Frage 529
Seit 1987 bedeutet *Wetten, dass …?* mit Thomas Gottschalk am Samstagabend stets gnadenlos überzogene Sendezeiten. Im März 2006 wurde Europas vermutlich größte und erfolgreichste Fernsehshow 25 Jahre alt. Im Gegensatz zu anderen Shows ist sie nicht von einem Vorbild abgekupfert, sondern wird stattdessen in mehreren Ländern nachgeahmt. Die Idee stammte vom ersten Moderator der Show. Wer war es?

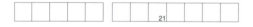

Frage 530
Medien sind im Grunde alle Dinge, die der Kommunikation dienen, auch Sprache und Schrift, Telefone, Rauchzeichen, Briefe, E-Mails, Musik, Bilder usw. Für Zeitung, Zeitschriften, Hörfunk und Fernsehen aber, die sich an ein sehr großes, unüberschaubares Publikum wenden, gibt es eine spezielle Bezeichnung. Wie lautet die?

Zeitung

Frage 531
1946 installierten die US-Amerikaner in Westberlin den „Rundfunk im amerikanischen Sektor". Erst 1954 wurde der öffentlich-rechtliche „Sender Freies Berlin" gegründet. Der US-Rundfunk blieb bestehen, konzentrierte sich aber mit dem Schlagwort „eine freie Stimme der freien Welt" auf die Hörer in der DDR. Dazu benutzte man z. B. eine besonders starke Sendeanlage und warb prominente DDR-Flüchtlinge als Sprecher. Wie wurde der Sender genannt?

Frage 532
Sie ist die auflagenstärkste überregionale Abonnement-Tageszeitung in

Deutschland. Eine wissenschaftliche Studie ermittelte 2005, dass sie von anderen Journalisten als wichtigstes deutsches Medium angesehen wird. Erschienen ist sie erstmals im Oktober 1945 als eine der ersten Lizenzzeitungen in der amerikanischen Besatzungszone. Charakteristisch sind die Glosse „Streiflicht" auf der Titelseite sowie „Die Seite Drei" mit großen Reportagen. Wie heißt sie?

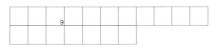

Frage 533
Die Serie lief von 1974 bis 1998 im ZDF. Sie wurde in mehr als 100 Länder verkauft und ist damit bis heute die erfolgreichste deutsche Fernsehserie. Insgesamt wurden 281 Folgen gesendet, deren Drehbücher alle von dem Journalisten Herbert Reinecker stammten, der auch die Drehbücher für die deutschen Edgar-Wallace-Verfilmungen, die Serie *Siska* oder das *Traumschiff* geschrieben hat. Dass er in der ersten Folge der gesuchten Serie den Mörder, wie bei *Columbo*, von Anfang an bekannt sein ließ, kam aber nicht gut an. Wie hieß die Serie?

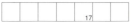

Frage 534
1954 gründeten TV- und Fernsehsender aus Europa, aber auch aus Nordafrika und dem Nahen Osten ein Netzwerk zum Austausch von Programmen und Programmmaterial. Ein Großteil davon, wie der Austausch von Bildmaterial zu aktuellen Ereignissen, geht im Stillen vor sich. Doch es gibt auch Sendungen des Netzwerkes, die mit eigenem Logo und einer Erkennungsmelodie eingeleitet werden. Der europäische Song Contest wurde sogar von dem Netzwerk ins Leben gerufen. Deutschland wird in diesem Netzwerk von den Sendern ARD und ZDF vertreten. Wie heißt es?

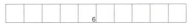

Frage 535
Übersetzt heißt das Wort „Blättchen". Vermutlich war es die französische Zeitung *Journal des débats*, die Ende des 18. Jh. begann, ihrem Blatt eine Extraseite mit Theaterkritiken und anderen kulturellen Nachrichten beizulegen. Auch nachdem die Nachrichten aus der Kunst längst in die Zeitungen integriert worden waren, hielt sich die Bezeichnung jedoch für den Kulturteil einer Zeitung. Wie lautet sie?

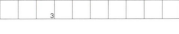

Lösungswort:

1	2	3	4	5	6	7	8	9	10	11	12	13	-

14	15	16	17	18	19	20	21

Medizin und Gesundheit

Frage 536
Robert Koch wurde 1843 als Sohn eines Bergmanns in Clausthal geboren. Er begann zunächst Philologie zu studieren, wechselte dann aber zu Medizin über und wurde einer der bedeutendsten Mikrobiologen. Unter anderem gewann er wichtige Erkenntnisse über den Milzbrand- und den Choleraerreger. Den Medizinnobelpreis erhielt er 1905 für die Entdeckung eines Bakteriums, das eine weit verbreitete Lungeninfektion verursacht, an der vor allem arme und geschwächte Personen in großer Zahl starben. Wie heißt diese Krankheit?

Robert Koch

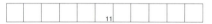

Frage 537
Landläufig versteht man unter Grippe eine Erkältung, die von Fieber begleitet wird. Für die Mediziner ist das – egal ob mit Fieber oder ohne – nur ein grippaler Infekt, der durch relativ harmlose Viren verursacht wird. Die echte Grippe dagegen wird von den Influenza-Viren verursacht. Sie tritt oft schlagartig auf, ist mit sehr hohem Fieber und starker Schwäche verbunden. Die Zahl der Todesfälle schwankt erheblich. In der Grippe-Saison 2003/04 starben in Deutschland etwa 6000 Personen, ein Jahr später waren es bis zu 20.000. Wie nennt man eine weltweite Grippeepidemie, wie die Spanische Grippe von 1918 bis 1920?

Frage 538

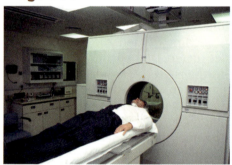
Computertomografie

Moderne Diagnoseverfahren erlauben es, in einer „Röhre" scheibchenweise Innenansichten des ganzen Körpers zu erstellen. Eines davon ist die Magnetresonanz- oder Kernspintomografie. Dabei wird der unterschiedliche Drehimpuls (Spin) der Protonen im Atomkern gemessen. Ein anderes Verfahren ist die Computertomografie. Diese arbeitet mit Strahlen, die in der medizinischen Diagnostik schon seit 1895

Typische Erkältung

eingesetzt werden, aber eine gewisse Belastung für den Körper mit sich bringen. Wie heißen sie?

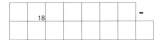

Frage 539
Informationen können im Körper durch Nervenreize oder mittels biochemischer Botenstoffe, den Hormonen, weitergegeben werden. Hormone werden in verschiedenen Drüsen des Körpers gebildet. Eine besonders wichtige hat die Form eines Schmetterlings. Sie bildet die Hormone Triodthyronin und Thyroxin, wozu sie unbedingt Jod benötigt. Beide Hormone sind für den Energiestoffwechsel wichtig. Wie heißt dieses Organ?

Frage 540
1718 erregte die Gattin des britischen Botschafters in Konstantinopel die Gemüter. Sie ließ ihre Kinder mit Pocken infizieren, in der Hoffnung, sie so vor der Krankheit zu bewahren. Das Verfahren, das in Asien schon lange angewandt wurde, war jedoch hoch riskant. Manchmal führte es zu einer Immunisierung, oft aber auch zum Ausbruch der Krankheit. Die Pockenimpfung, und damit die vorbeugende Impfung überhaupt, setzte sich erst durch, als 1796 ein englischer Landarzt entdeckte, dass man zur Immunisierung auch Erreger der harmlosen Kuhpocken benutzen konnte. Wie hieß der Arzt mit Nachnamen?

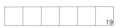

Frage 541
Der Ausdruck bedeutet medizinisch ein „Engegefühl" und steht für diverse Krankheiten, wird aber umgangssprachlich vor allem für die so genannte Tonsillitis verwendet, eine Entzündung der Gaumenmandeln, die zu einem Engegefühl im Rachen und starken Schluckbeschwerden führt. Ebenfalls relativ bekannt ist der Begriff als Synonym für die Stenokardie, eine Verengung der Herzkranzgefäße, die starke Schmerzen in der Herzgegend oder hinter dem Brustbein hervorruft und einen Herzinfarkt nach sich ziehen kann. Von welcher Bezeichnung ist die Rede?

Frage 542
Samuel Hahnemann wurde 1755 in Meißen als Sohn eines Porzellanmalers geboren und startete zunächst eine recht erfolgreiche Karriere als Arzt. Besonders interessierte ihn die Malaria, an der er um 1778 selbst erkrankt war. 1790 stellte er fest, dass das gängige Heilmittel Chinarinde malariaähnliche Symptome hervorrief, wenn es ein Gesunder einnahm. Hahnemann kam daraufhin zu der Überzeugung, dass sich Krankheiten

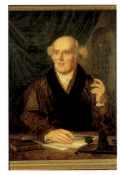

Samuel Hahnemann

Medizin und Gesundheit

am besten mit Mitteln heilen lassen, die möglichst gleichartige Symptome wie die Krankheit selbst hervorrufen. Welche Heilmethode begründete er damit?

Frage 543
Leukozyten sind im Körper für die Abwehr von Krankheitserregern zuständig. Sie werden im Knochenmark von Brustbein und Becken gebildet und gelangen von dort ins Blut. Einige davon, die so genannten Lymphozyten, erhalten im Lymphsystem noch eine Differenzierung, die sie in die Lage versetzt, Eindringlinge zu erkennen und spezielle Antikörper dagegen zu entwickeln. Wie nennt man die Leukozyten umgangssprachlich?

Frage 544
Bei dieser Krankheit ist der Körper nicht mehr in der Lage, stabile, dichte Knochenmasse aufzubauen. Bei Unfällen kommt es so sehr leicht zu Knochenbrüchen, auch an sehr prekären Stellen wie den Wirbeln oder dem Oberschenkelhals. Sie tritt vor allem bei Frauen nach dem

Wirbelsäule

Klimakterium und bei Männern ab 70 Jahren auf. Als Risikofaktoren werden Tabak, Alkohol, Cortison und eine mangelnde Aufnahme von Calcium und Vitamin D gesehen. Wie heißt die Krankheit?

Frage 545
Er brachte die Chirurgie voran. Seine wohl wichtigste Erfindung war eine Unterdruckkammer, die relativ risikoarme Operationen im Brustraum erlaubte. Außerdem entwickelte er zahlreiche verbesserte Operationsverfahren im Bereich Lunge, Herz, Magen und Speiseröhre. Von ihm stammte auch die erste Armprothese, die noch vorhandene Bewegungsreflexe des Stumpfes nutzte. Wie hieß er mit Nachnamen?

Der gesuchte Chirurg

Frage 546
Die Ständige Impfkommission ist eine Expertenrunde, die in Deutschland zweimal jährlich aktuelle Impfempfehlungen erarbeitet. Nach diesen Empfehlungen sollen Kleinkinder gegen Masern, Mumps, Windpocken, Röteln, Keuchhusten, Kinderlähmung, Hirnhautentzündung und Hepatitis B geimpft werden. Außerdem werden zwei Impfungen empfohlen, die dann

bei Erwachsenen alle zehn Jahre aufgefrischt werden sollen. Die eine ist gegen Diphtherie. Und wovor soll die andere schützen?

Frage 547
Die Krankheit besteht in einer Verhärtung und Verdickung der Blutgefäße. Dies geschieht durch die Ablagerung von Kalk, Cholesterin und anderen Fettsäuren an der Innenwand der Adern, aber auch in den Zellen. Dazu können andere krankhafte Veränderungen des Bindegewebes kommen. Unter den Krankheitsfolgen sind Herzinfarkt, Schlaganfall und Thrombosen die schlimmsten. Wie heißt sie?

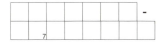

Schmerzen in der Brust

Frage 548
In der Bauchspeicheldrüse entsteht ein Sekret, dass für die Verdauung benötigt wird. Jeden Tag werden etwa 1,5 Liter dieses Saftes produziert, dessen Zusammensetzung an die aufgenommene Nahrung angepasst wird. Außerdem stellen die so genannten Langerhans'schen Zellen Hormone her, die zur Aufnahme der Nährstoffe gebraucht werden. Wie lautet die Fachbezeichnung für die Bauchspeicheldrüse?

Frage 549
Das Wichtigste bei der Ersten Hilfe sind die so genannten lebensrettenden Sofortmaßnahmen. Dazu gehört vor allem die Herz-Lungen-Wiederbelebung, wenn das Unfallopfer nicht mehr selbstständig atmet. Sie ist eine Kombination aus Mund-zu-Mund-Beatmung und Herzmassage. Ist der Patient bewusstlos, atmet aber noch, dann muss er in eine besondere Lage gebracht werden, damit seine Atemwege nicht durch die eigene Zunge blockiert werden können. Wie nennt man diese Stellung?

Frage 550
Er gilt als Begründer der modernen Pathologie, die sich mit krankhaften Gewebeveränderungen beschäftigt. Daneben aber war Rudolf ein leidenschaftlicher Sozialmediziner. 1848 musste er Berlin verlassen, weil er sich an den Märzaufständen beteiligt hatte und zudem noch das soziale Elend für eine Typhusepide-

Der Begründer der Pathologie

Medizin und Gesundheit

mie in Oberschlesien verantwortlich gemacht hatte. 1856 durfte er zurückkehren und sorgte dafür, dass Berlin eine Kanalisation, eine zentrale Trinkwasserversorgung, öffentliche Krankenhäuser, hygienische Schlachthöfe, aber auch Parks und Kinderspielplätze erhielt. Wie hieß Rudolf mit Nachnamen?

Frage 551
Bei einem Herzinfarkt kommt es durch einen Verschluss der Herzkranzgefäße zu einer Unterversorgung des Herzens mit Sauerstoff. Dadurch wird ein Teil des Gewebes unrettbar zerstört. Aber auch andere Organe wie Leber, Lunge oder Milz können von einem Infarkt betroffen sein. Wie nennt man einen Infarkt, bei dem wegen Durchblutungsstörungen ein Teil des Hirns irreversibel geschädigt wird?

Frage 552
Sinnvoller als Krankheiten zu heilen ist es, sie erst gar nicht entstehen zu lassen. Zur Vorbeugung oder Prävention zählen Maßnahmen, Unfälle zu vermeiden und das Allgemeinbefinden zu verbessern, z. B. durch richtige Ernährung, gesundheitsförderndes Training oder Hygienemaßnahmen. Außerdem gehören Untersuchungen zur Früherkennung von Krankheiten dazu. Wie lautet der Fachausdruck für diese vorbeugenden Maßnahmen?

Wichtiger Termin

Frage 553
Medikamente, die gegen Virenerkrankungen helfen, werden als Virostatika bezeichnet. Solche, die helfen, wenn Pilze der Krankheitsauslöser sind, heißen Antimykotika. Wie aber nennt man die Medikamente, die gegen Krankheiten helfen, die von Bakterien ausgelöst worden sind?

Medikamente

Frage 554
Eine Entzündung der Leber kann durch Alkoholmissbrauch oder durch Viren verursacht werden. Wird die Entzündung nicht geheilt, dann entsteht eine Leberzirrhose, bei der Leberzellen

absterben. Die Leber wird knotig, schrumpft und kann ihre Aufgaben nicht mehr erfüllen. Unter den Viren, die eine Leberentzündung auslösen, ist besonders das C-Virus gefürchtet. Wie lautet der wissenschaftliche Name einer Leberentzündung?

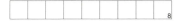

Frage 555

Das Krankenhaus entstand 1710 als Quarantänehaus für Pestkranke vor den nördlichen Toren Berlins. Später wurde es ein Hospiz, in dem Bedürftige kostenlos behandelt wurden. Im 19. Jh. wurde das Hospital zum Berliner Universitätsklinikum und genoss bald einen hervorragenden Ruf. Unter anderem waren Robert Koch, Ferdinand Sauerbruch und Rudolf Virchow hier tätig. Das hohe Bettenhaus mit dem bekannten Namensschriftzug gehört heute zu den markanten Punkten des Berliner Zentrums. Wie heißt das Krankenhaus?

Frage 556

Das Wort Tumor bedeutet Geschwulst. In der Regel wird es aber nicht auf normale Schwellungen angewendet, sondern nur für Fehlbildungen des Gewebes. Ein Tumor bedeutet nicht zwangsläufig Krebs. Es gibt auch gutartige Tumore, die langsam wachsen und nicht auf andere Organe übergreifen. Als Krebs werden die semimalignen und malignen, also bösartigen Tumore bezeichnet, die umliegendes Gewebe zerstören. Die malignen können zudem noch gefährliche Tochtergeschwulste bilden, die sich an anderen Stellen im Körper ansiedeln. Wie nennt man die?

Frage 557

Den Namen Diabetes haben in der Medizin mehrere Erkrankungen, die relativ wenig miteinander zu tun haben. Gewöhnlich versteht man darunter die so genannte Zuckerkrankheit, bei der es aufgrund eines Insulinmangels oder einer Insulinresistenz des Körpers zu einem stark erhöhten Blutzuckerspiegel kommt. Wie lautet der Zusatz, mit dem diese Art der Diabetes von anderen Erkrankungen unterschieden wird?

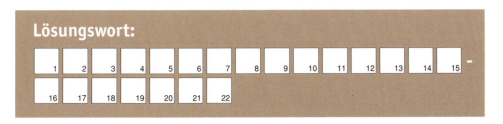

Ernährung

Frage 558
Auflauf wird in Deutschland jede homogene oder geschichtete Masse genannt, die für längere Zeit im Backofen erhitzt wird. Ein Gratin ist ein Auflauf, auf dessen Oberfläche sich aus Proteinen und Kohlenhydraten eine geschmacksintensive Kruste bildet. Wie heißt ein Auflauf, dem Eier, vor allem Eischnee, eine besonders leichte und lockere Konsistenz geben?

Kartoffel-Apfel-Auflauf

Frage 559
Vegetarier sind Menschen, die bei der Ernährung auf Fleisch und Fisch verzichten. Darüber hinaus gibt es völlig unterschiedliche Formen von Vegetarismus. Manche Vegetarier haben auch Milchprodukte oder Eier vom Speisezettel gestrichen. Wie nennt man die Vegetarier, die keinerlei tierische Produkte nutzen, also auch Honig, Gelatine und Kleidung aus Wolle oder Leder ablehnen?

Frage 560
Chemisch gesehen sind Fette Verbindungen, die aus dem Alkohol Glycerin und verschiedenen Fettsäuren bestehen. Fettsäuren wiederum sind mehr oder minder lange Kohlenwasserstoffketten. Für die Ernährung besonders wertvoll sind Fettsäuren, die über eine oder mehrere Doppelbindungen zwischen den Kohlenstoffen verfügen, wie Linol- und Linolensäure. Sie können im Organismus leichter mit anderen Stoffen reagieren. Wie bezeichnet man diese Fettsäuren?

Frage 561
Entstanden ist das Rezept vermutlich im 17. Jh. in der Ukraine. Es handelt sich um eine säuerliche Suppe, in die unbedingt eingelegte Gurken und im Originalrezept auch deren Sud gehören. Ansonsten existieren die verschiedensten Rezepte mit Fleisch, Fisch, Pilzen und diversen Gemüsen. Neben der säuerlichen Note wird das Gericht auch gerne deftig bis scharf gewürzt. Wie heißt dieser Eintopf?

Frage 562
Um die Wende vom 19. zum 20. Jh. waren alternative Lebensformen in einigen Gesellschaftskreisen sehr po-

Fruchtig-frisches Melonenmüsli

pulär. Zu den Anhängern eines gesunden und natürlichen Lebens gehörte auch ein Schweizer Arzt, der von der Heilkraft pflanzlicher Rohkost überzeugt war, vor allem dann, wenn die Pflanzen viel „lebendige Sonnenenergie" gespeichert hatten. Seine Philosophie mag heute abseitig klingen, seine Erkenntnisse zu einer gesunden Ernährung sind es nicht. Populär ist der Reformarzt immer noch durch die Erfindung des Müslis. Wie hieß er?

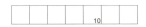

Frage 563
Chrom und Eisen sind nicht gerade das, was man sich als Bestandteil einer leckeren Mahlzeit vorstellt. Trotzdem braucht der Organismus kleine Mengen davon, um richtig funktionieren zu können. Eisen wird z. B. beim Sauerstofftransport benötigt. Chrom spielt eine noch nicht ganz geklärte Rolle im Zuckerstoffwechsel. Dafür sind jedoch nur winzigste Mengen notwendig. Wie werden diese für die Ernährung wichtigen Grundstoffe genannt?

Frage 564
In Italien versteht man darunter eine ungekochte Würzsauce für Nudeln. Die Zutaten werden möglichst fein zerkleinert und mit Öl zu einer homogenen Masse verrührt. Am bekanntesten ist das Rezept „alla genovese" aus Basilikum, Pinienkernen, Knoblauch, Parmesan und Pecorinokäse. Doch es werden auch andere Nüsse oder Kräuter verwendet. Wie heißt die Sauce?

Frage 565
1942 veröffentlichte der Bakteriologe Werner Kollath ein Buch mit dem Titel *Die Ordnung unserer Nahrung*. Er vertrat darin die These, dass Nahrungsmittel umso wertvoller sind, je weniger sie verarbeitet sind. Inzwischen hat man seine Lehre modifiziert, da manche Lebensmittel zerkleinert, erhitzt oder fermentiert besser bekömmlich sind. Der Grundsatz aber blieb bestehen, viel frische Nahrung zu essen, die möglichst wenig bzw. schonend bearbeitet ist. Wie nennt man solche Kost?

Frage 566
In Spanien versteht man darunter ein deftiges Omelett aus Eiern und Kartoffeln, das in Öl gebraten wird und mit

Ernährung

beliebigen Zutaten wie Zwiebeln, Gemüse und Wurst ergänzt werden kann. Es wird meist wie eine Torte in Stücke geschnitten. In Mexiko dagegen kennt man unter demselben Wort dünne Brotfladen, die meist aus Maismehl, im Norden gelegentlich auch aus Weizen hergestellt werden. In warmem Zustand sind sie biegsam und können gut gefüllt werden. Wovon ist die Rede?

Omelett mit Brie

Frage 567
Als Energielieferanten dienen uns die Kohlenhydrate, die vor allem in Getreide und Zucker enthalten sind. Chemisch gesehen sind sie alle miteinander Zucker. Getreide- oder Kartoffelstärke ist ein so genanntes Polysaccharid, das aus mehreren einfachen Zuckermolekülen zusammengesetzt ist. Der normale Haushaltszucker heißt wissenschaftlich Saccharose und ist ein Zweifachzucker, der aus den Einfachzuckern Fructose (Fruchtzucker) und Glucose (auch Dextrose genannt) zusammengesetzt ist. Wie nennt man Glucose umgangssprachlich?

Frage 568
Das Getränk Punsch stammt aus dem Indischen und bedeutet eigentlich „fünf". Denn traditionell wurde dieses Heißgetränk aus den fünf Zutaten Zucker, Zitrone, Arrak, Tee und Wasser zubereitet. Hierzulande besteht es meist aus Rotwein, Rum, Zitrusfrüchten und Gewürzen. Der heiße Alkohol wirkt besonders schnell, vorausgesetzt, er wird nicht gekocht. Wie nennt man die Punschvariante, bei der ein Zuckerhut über den Punschtopf gelegt, mit Rum begossen und angezündet wird?

Weihnachtspunsch

Frage 569
In Europa versteht man darunter meist ein Gewürz, obwohl es sich eigentlich um eine pulverförmige Gewürzmischung handelt. In der tamilischen Sprache bedeutet das Wort jedoch Soße und so wird es in Indien entweder für Würzpasten benutzt oder für Gerichte mit würzigen Saucen. Dabei gibt es vielerlei Varianten, meist ist aber das gelb färbende Kurkuma enthalten. Auch in Thailand wird der Name für eine gelbe Würzmischung verwendet, was dazu führt, dass man ihn in Deutschland auch für scharfe grüne und rote Gewürzsaucen benutzt. Wie lautet der Begriff?

Frage 570
Der menschliche Stoffwechsel ist ein schwer überschaubarer Prozess, bei dem sich der Organismus aus der Nahrung die Stoffe herstellt, die er benötigt. So werden komplizierte Kohlenhydrate geknackt und in Zucker umgewandelt. Doch viele Stoffe, die der Körper braucht, kann er nicht selbst herstellen. Sie müssen deshalb unbedingt in ausreichender Form in der Nahrung vorhanden sein. Wie bezeichnet man solche Stoffe?

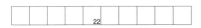

Frage 571
Julius kam 1846 als Sohn italienischer Einwanderer in der Schweiz zur Welt. Erst versuchte er sich als Mühlenbetreiber, dann kam der umtriebige Unternehmer auf die Idee, für die Ernährung armer Fabrikarbeiter ein billiges, aber eiweißreiches Suppenmehl aus Hülsenfrüchten herzustellen. 1886 lernte er in Japan die Sojasauce kennen und beschloss, in Europa ein ähnliches Produkt aus Weizenkleber und Sojaschrot auf den Markt zu bringen. Es hatte schnell enormen Erfolg. Benannt wurde es nach Julius' Nachnamen. Wie lautete der?

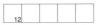

Frage 572
Ursprünglich war das Gericht ein Gemenge aus Pökelfleisch und Kartoffeln – was es auf Schiffen eben für die Besatzung zu essen gab. Nach und nach wurden auch Salzheringe, Rote Beete und Gewürzgurken mit durch den Fleischwolf gedreht, um den Brei zu verfeinern. Bestellt man die norddeutsche Spezialität in einem Restaurant, dann wird sie zudem meist mit Spiegelei, Gurken und manchmal auch mit Hering serviert. Wie nennt man dieses Gericht?

Frage 573
Von diesen Nährstoffen braucht der Organismus täglich etwa ein Gramm pro Kilogramm Körpergewicht. Sie dienen vor allem dem Aufbau von Körperzellen. Ihre Bestandteile werden aber auch als Enzyme und Botenstoffe verwendet. Besonders reichlich sind sie in Fleisch, Fisch, Eiern, Milchprodukten, Hülsenfrüchten und Nüssen

Ernährung

enthalten. Wie nennt man diese Nährstoffe zusammengefasst in der Umgangssprache?

Frage 574
Das Neujahrsfest ist in China das bedeutendste aller Feste. Dazu gehören auch spezielle Speisen, z. B. Niangao, ein Reiskuchen mit 100 Früchten, die chinesischen Ravioli (Jiaozi) und ein Gericht, das die Seidenraupen symbolisieren soll, die im Frühling schlüpfen. Dafür wird eine Füllung aus klein gehacktem Fleisch und Gemüse in Reispapier eingeschlagen und dann im Wok frittiert. Unter welchem Namen findet es sich auf der Vorspeisenkarte fast aller China-Restaurants?

Die gesuchte Speise

Frage 575
Dieser Stoff wird meist negativ erwähnt. Dabei ist er lebensnotwendig. Er ist Bestandteil der Zellmembran und außerdem zum Aufbau von Gallensäure und verschiedenen Hormonen wichtig. Wahrscheinlich ist ein zu hoher Gehalt davon im Blut ungesund. Andererseits werden etwa 90 Prozent dieser Substanz im Körper selbst hergestellt und es gibt Hinweise, dass diese Eigenproduktion erhöht wird, wenn die Nahrung sehr wenig von diesem Stoff enthält. Reichlich vorhanden ist er vor allem in Butter und Eiern. Wovon ist die Rede?

Frage 576
Percy Spencer wurde 1894 in Massachusetts geboren und verließ die Schule nach der siebten Klasse. Er begann eine Lehre als Maschinist, arbeitete dann als Funker und anschließend in einer Firma, die Verstärkerröhren produzierte. Die technischen Kenntnisse dafür brachte er sich selbst bei. Im Lauf seines Lebens reichte er 3000 Patente ein, aber seine wichtigste Erfindung machte er 1945. Durch Zufall fand er heraus, dass eine bestimmte Art von Strahlung Wassermoleküle in Schwingung versetzt und dadurch wasserhaltige Substanzen erhitzt. Was entstand aus dieser Entdeckung?

Frage 577
Vitamine sind organische Verbindungen, die für den Stoffwechsel eine wichtige Rolle spielen. Ursprünglich fasste man unter diesem Namen Substanzen zusammen, von denen man

Orangen sind gute Vitamin-C-Lieferanten

annahm, dass sie vom Körper nicht selbst hergestellt werden können. Inzwischen weiß man, dass einige, wie z. B. Vitamin D oder K, doch vom Organismus gebildet werden. Chemisch gesehen können Vitamine völlig unterschiedliche Strukturen haben. Vitamin A z. B. ist ein Alkohol, Vitamin C eine Säure. Wie lautet der Name dieser Säure?

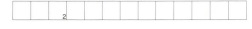

Frage 578
Eigentlich bedeutet dieses aus dem Griechischen stammende Wort „Lebensweise". Gebraucht wird es jedoch für eine Ernährung, die den speziellen Bedürfnissen eines Menschen angepasst ist. Das kann eine kalorienreduzierte Ernährung sein, aber auch Schonkost mit leicht verdaulichen Speisen oder eine spezielle Ernährung bei verschiedensten Krankheiten und Leiden. Aber auch eine energieintensive Ernährung für Hochleistungssportler oder Schwerarbeiter gehört dazu. Wie lautet der Begriff?

Frage 579
Nach wie vor gibt es viele offene Fragen, was den menschlichen Stoffwechsel betrifft. Deshalb ist es kein Wunder, dass immer neue Substanzen in den Blickpunkt der Öffentlichkeit geraten. In den letzten Jahren sehr populär geworden sind einige Inhaltsstoffe von Pflanzen, denen man bislang wenig Beachtung geschenkt hatte. Es handelt sich z. B. um Biophenole, Carotinoide, Sulfide und pflanzliche Hormone, denen äußerst positive Effekte für die menschliche Gesundheit zugeschrieben werden. Wissenschaftlich sind sie allerdings noch nicht ausreichend belegt. Wie werden diese Substanzen genannt?

Lösungswort:

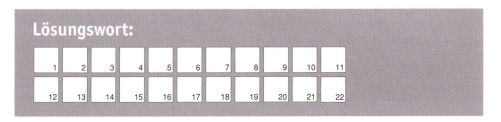

Alltagsleben

Frage 580
Der Begriff „blaumachen" stammt schon aus dem Mittelalter und bezog sich damals auf den Arbeitsrhythmus der Färber. Denn die Pflanze Färberwaid färbt im Farbbad zunächst gelblich-grün. Erst durch die Oxidation beim Trocknen wird Blau daraus. Während also die Stoffe trockneten und langsam die gewünschte Farbe bekamen, gab es für die Färbergesellen nichts zu tun. Sie hatten frei, während rund herum alle anderen Handwerker an der Arbeit waren. Das war immer an einem bestimmten Tag in der Woche der Fall. An welchem?

Frage 581
Alle zwei Jahre ist bei Autos eine Hauptuntersuchung fällig, umgangssprachlich TÜV genannt, weil sie in der Regel bei den Niederlassungen des Technischen Überwachungsvereins durchgeführt wird. Es gibt aber auch andere staatlich kontrollierte Überwachungsorganisationen, die überprüfen, ob alle technischen Komponenten eines Fahrzeugs den Anforderungen entsprechen. Neben der begehrten TÜV-Plakette müssen die Autobesitzer zusätzlich regelmäßig eine zweite Plakette erwerben, um ihr Fahrzeug nutzen zu dürfen. Was wird da untersucht?

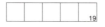

Frage 582
Seit 1992 ist es möglich, von Handy zu Handy kurze Nachrichten zu verschicken, die so genannten SMS. Seit 1997 lassen sie sich auch per Internet versenden. In der Regel sind sie erheblich billiger als ein Telefongespräch im Mobilfunknetz. Trotzdem sind sie ein gutes Geschäft für die Netzbetreiber, da die kurzen Nachrichten kaum Übertragungskapazitäten brauchen und allein in Deutschland monatlich etwa 2,5 Milliarden SMS verschickt werden. Aber was heißt SMS eigentlich?

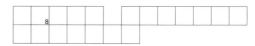

Frage 583
1977 beschlossen der Bundesinnenminister und die Umweltminister der Bundesländer, besonders umweltfreundliche Dinge auszuzeichnen. Sie entwarfen ein Siegel für Produkte und Dienstleistungen, die in diesem Punkt deutlich besser sind als die Konkurrenz. Es geht also nicht darum, zu beurteilen, ob etwa ein Handy oder ein Kopiergerät an sich umweltfreundlich ist, sondern ob es ökologischer als andere Handys oder Kopiergeräte in Her-

Sportwagen

stellung und Nutzung ist. Wie heißt das Zeichen, das solche Produkte schmückt?

Frage 584
Seit Ende 2005 wird ein neues Zahlenrätsel in Deutschland immer beliebter. Trotz seines japanisch klingenden Namens stammt es eigentlich aus den USA. Diese Rätsel bestehen aus neun mal neun Feldern, die wiederum in neun quadratische Unterfelder unterteilt sind. Die Aufgabe besteht darin, die vorgegebenen Zahlen so zu ergänzen, dass in jeder waagrechten Zeile, in jeder senkrechten und in jedem Unterfeld die Zahlen 1 bis 9 jeweils nur einmal vorkommen. Wie heißen diese Rätsel?

Frage 585
Wer heiratet, kann mit seinem Ehepartner einen Vertrag schließen, in dem die Vermögensverhältnisse geregelt werden. Das kann zum Beispiel eine volle Gütergemeinschaft, aber auch eine strikte Trennung sein. Wenn Ehepartner keinen Vertrag abschließen, wird automatisch eine bestimmte rechtliche Regelung gültig. Sie besagt, dass bei einer Scheidung jeder das behalten darf, was er vor der Ehe besessen hat, der Vermögenszuwachs während der Ehe aber gerecht auf beide aufgeteilt wird. Wie nennt man diese Art des Güterstandes?

Frage 586
Im üblichen Haushaltsgebrauch hat ein elektrisches Kabel in seinem Inneren drei Adern. Über den Außen- oder Phasenleiter, der meist in schwarze Isolierung gepackt ist, wird der Strom transportiert. Über den Neutral- oder Nullleiter, der in der Regel in einer blauen oder grauen Hülle steckt, wird der Strom bei geschlossenem Stromkreis zurückgeleitet. Die dritte Ader, meist gelbgrün oder rot, heißt Schutzleiter. Wozu dient sie?

Frage 587
Es handelt sich um ein Privatunternehmen, das schon 1927 gegründet worden ist. Fast alle Banken sowie viele Kreditkartenunternehmen, Leasingstellen, Telekommunikationsunternehmen und Versandhandelshäuser haben mit ihm Verträge. Sie liefern Daten über finanziell unzuverlässige

Brautpaar

Alltagsleben

Kunde am Geldautomaten

Kunden, die z. B. mit Zahlungen in Rückstand bleiben, Missbrauch mit Scheckkarten und Konten betrieben haben oder insolvent sind. Die Vertragspartner haben dafür vor einem Geschäftsabschluss ein Zugriffsrecht auf die Datenbank des Unternehmens und können sich über das Finanzverhalten des Kunden informieren. Wie heißt das Unternehmen?

Frage 588
Man weiß nicht, welche Bedeutung dieses Wort zuerst gehabt hat. Vermutlich bedeutete es ursprünglich in etwa „übermütig" und „ausgelassen". Im Mittelalter wurde es meist ganz harmlos im Sinn von „lustig", „fröhlich" und „kraftvoll" gebraucht, aber etwa ab dem 15. Jh. zunehmend auch als Ausdruck heftiger sexueller Begierde. Auch Pflanzen, die allzu üppig ins Kraut schossen, wurden gerne damit bedacht. Mit der Zeit setzte sich die anzügliche Bedeutung durch, und so waren nicht wenige Erwachsene heftig schockiert, als das Wort in den 1980er-Jahren Eingang in die Jugendsprache fand. Inzwischen ist es fast schon wieder zu einem geläufigen Lob für besonders erfreuliche Dinge geworden. Von welchem Wort ist die Rede?

Frage 589
2002 wurde das deutsche Recht an eine Richtlinie der Europäischen Union angeglichen, die den Verkauf von Verbrauchsgütern regelt. Das bedeutet: Sie betrifft den Verkauf jedes beliebigen beweglichen Gutes an einen Endverbraucher. In dieser Richtlinie ist vor allem eine viel längere Gewährleistungsfrist als früher festgelegt. Wie viele Monate hat man nach diesem neuen Recht mindestens einen Anspruch darauf, dass Mängel bei Neuware beseitigt werden bzw. der Kauf rückgängig gemacht werden kann?

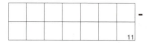

Frage 590
Auf der Rückseite der deutschen Zwei-Euro-Münze befindet sich der Bundesadler. Doch ab 2006 wird jedes Jahr eine neue Münze herausgegeben, deren Rückseite mit einem typischen Symbol eines Bundeslandes gestaltet wird. Welches Bundesland hat den Anfang gemacht?

Bundesadler auf der Zwei-Euro-Münze

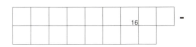

Frage 591
Ein Verbandskasten muss in jedem Auto vorhanden sein. Auch der Inhalt ist genau vorgeschrieben: Das sind fünf Meter Heftpflaster, acht Wundschnellverbände, sechs Kompressen, vier Verbandspäckchen verschiedener Größe, drei verschiedene Verbandstücher, fünf verschiedene Fixierbinden, zwei Dreieckstücher, eine Rettungsdecke, eine Schere und eine Erste-Hilfe-Broschüre. Was fehlt noch?

Frage 592
Kartenspiele werden in Westdeutschland meist mit einem Blatt gespielt, in dem die Figuren König, Dame und Bube heißen und die Spielfarben Kreuz, Pik, Herz und Karo. Dieses Spielblatt stammt aus Frankreich. Beim so genannten deutschen Blatt dagegen, das in Ostdeutschland und Bayern verbreiteter ist, heißen die Bildkarten König, Ober und Unter. Bei den Spielfarben entspricht Schelle dem Karo. Das Herzsymbol gibt es in beiden Blättern, wird im Deutschen aber teils Rot genannt. Dem Pik entspricht Grün oder Blatt. Was steht für Kreuz?

Pik-König

Frage 593
Gewisse Artikel des täglichen Bedarfs werden vom Gesetzgeber als so essenziell angesehen, dass sie steuerlich gefördert werden. Das gilt z. B. für Lebensmittel, Leitungswasser, Bücher und Zeitungen sowie für den öffentlichen Personennahverkehr. Diese Dinge sollen auch für Ärmere erschwinglich bleiben. Deshalb wird auf sie nur der reduzierte Satz einer bestimmten Steuer erhoben. Welcher?

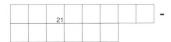

Frage 594
1917 wurde in Berlin ein Verein gegründet, dessen Arbeit von großer Bedeutung für die Wirtschaft ist, aber auch unser tägliches Leben beeinflusst. Jedes elektrische Gerät, das wir kaufen, aber auch jede Packung Schreibpapier ist nach Regeln hergestellt, die dieser Verein aufgestellt hat. Vor allem in der Industrie und auf dem Bau schreibt das Gesetz meistens vor,

Alltagsleben

dass nach diesen Regeln verfahren werden muss. Im Augenblick gibt es fast 30.000 davon. Zu viele, wie manche Kritiker meinen. Von welchen Regeln ist die Rede?

☐☐☐☐-☐☐☐☐☐☐
　　　　　　3

Frage 595
Ein Mensch wird erst mit 18 Jahren volljährig. Rechtsfähig jedoch ist er schon vom Augenblick seiner Geburt an. Das heißt, dass er zum Beispiel ein Vermögen erben kann. Für Straftaten belangt werden kann ein Kind jedoch noch nicht, da man glaubt, dass es noch nicht genügend Unrechtsbewusstsein hat. Das ändert sich mit dem 14. Geburtstag. Was wird man an diesem Tag?

Geburtstagskuchen

☐☐☐☐☐☐☐☐☐☐☐☐
　　　　　　　13

Frage 596
Wie alt dieses Spiel ist, weiß niemand. Vermutlich gehört es zu den ältesten der Welt. Jedenfalls wurden Spielbretter als Grabbeigaben in Gräbern aus der Bronzezeit gefunden. Gespielt wird es von zwei Spielern, von denen jeder neun schwarze oder weiße Spielsteine besitzt. In der ersten Phase des Spiels werden die Steine gesetzt, in der zwei-ten gezogen. Ziel des Spieles ist es, drei Steine in eine Reihe zu bekommen. Wie heißt das Spiel?

☐☐☐☐☐☐
　1

Frage 597
Seit dem 1. November 2005 enthalten alle neu ausgestellten Reisepässe in Deutschland einen Chip, in dem das Bild des Inhabers elektronisch abgespeichert ist. Damit können so genannte Gesichtsdaten, die bei jedem Menschen einmalig sind, elektronisch überprüft werden. Später sollen auch noch Abdrücke der beiden Zeigefinger und das Muster der Iris dazukommen. Wie bezeichnet man solche Daten, wie sie auf diesem Chip gespeichert werden?

☐☐☐☐☐☐☐☐☐☐☐☐
　　　　　　　　　　20

Frage 598
Zur Standardbewaffnung der deutschen Soldaten in den Schützengräben des Ersten Weltkriegs gehörte ein Maschinengewehr, das nur bedingt tauglich für diesen Zweck war. 1954 machte der Autor Hans Hellmut Kirst den

Maschinengewehr

Namen des Gewehrs zum Titel einer Romantrilogie. Er schilderte darin, wie die einfachen Soldaten zu Beginn des Zweiten Weltkriegs zur Nummer gemacht, schikaniert und verheizt wurden. Wesentlicher Teil des stupiden Drills war dabei die Beschäftigung mit der immer noch in Gebrauch befindlichen Waffe. Heute steht die Bezeichnung für dieses Gewehr abwertend für durchschnittliche Serienware. Wie heißt der Begriff in Worten?

Frage 599
Bei allen Geschäften, die nicht direkt zwischen Verkäufer und Käufer abgewickelt werden, besteht das Risiko, dass eine Rechnung nicht bezahlt wird oder dass trotz Zahlung keine Ware ankommt. Viele Paketlieferdienste bieten deshalb den Service an, den Kaufbetrag bei Übergabe des Paketes für den Verkäufer zu kassieren. Wie nennt man diese Versandart?

Frage 600
„Wir sehen die witzigsten, hellsten Köpfe in Gesellschaften, wo aller Augen auf sie gerichtet waren und jedermann begierig auf jedes Wort lauerte, das aus ihrem Munde kommen würde, eine nicht vorteilhafte Rolle spielen, sehen, wie sie verstummen oder lauter gemeine Dinge sagen, indes ein andrer äußerst leerer Mensch seine dreiundzwanzig Begriffe, die er hie und da aufgeschnappt hat, so durcheinander zu werfen und aufzustutzen versteht, daß er Aufmerksamkeit erregt und selbst bei Männern von Kenntnissen für etwas gilt." Wer hat das nicht schon erlebt? 1788 hat deshalb ein deutscher Adeliger einen Ratgeber mit dem Titel *Über den Umgang mit Menschen* geschrieben. Wie hieß er?

Päckchen

Lösungswort:

Lösungen

WELTGESCHICHTE

Lösung 1
CAESAR
Auch wenn sich seine Nachfolger Caesaren nannten und das deutsche Wort „Kaiser" auf seinen Namen zurückgeht, war Caesar (100–44 v. Chr.) noch kein Kaiser. Als Beginn der römischen Kaiserzeit gilt die Ernennung von Caesars Großneffen Gaius Octavius (63 v. Chr.–14 n. Chr.) zum „Augustus" im Jahr 27 v. Chr.

Lösung 2
NAPOLEON
Napoleon Bonaparte (1769–1821) brachte halb Europa unter seine Herrschaft. Doch in vielen Ländern begrüßten die liberalen Kräfte die neue Regierung. Denn der französische Kaiser zwang den rückständigen Staaten Reformen auf, die sie längst gefordert hatten – wie z. B. die moderne Rechtsauffassung des Code Civil, der erstmals bürgerliche Rechte garantierte.

Lösung 3
ATHEN
Die großen Reformer waren Drakon (geb. um 650 v. Chr.), Solon (um 640–um 560 v. Chr.), Kleisthenes (um 570–um 507 v. Chr.), Themistokles (um 525–um 459 v. Chr.) und schließlich Perikles (493–um 429 v. Chr.). Doch die Demokratie hatte nicht nur Anhänger. Der Philosoph Aristoteles (384–322 v. Chr.) z. B. bezeichnete sie als „Herrschaft des Pöbels" und forderte Vorrechte für die Gebildeten, sprich Wohlhabenden.

Lösung 4
VIKTORIA
Die „Großmutter Europas" (1819–1901) regierte 64 Jahre lang. Diese Zeit war neben allem Erfolg auch durch Zeiten der Depression, verheerende militärische Niederlagen, kulturelle Stagnation und viel Elend bei den unteren Bevölkerungsschichten geprägt. Doch die privat ziemlich konservative Königin war immer flexibel genug, alle Herausforderungen zu meistern.

Lösung 5
BABYLON
Um 1728 v. Chr. begründete König Hammurapi (reg. bis 1686 v. Chr.) das Altbabylonische Reich. Ihre größte Blütezeit hatte die Stadt unter Nebukadnezar II. (reg. 605–562 v. Chr.). Die von ihm verschleppten Juden empfanden die multikulturelle Handelsmetropole mit mindestens einer Viertelmillion Einwohner als „Sündenbabel".

Lösung 6
DREISSIGJÄHRIGER KRIEG
Bereits ein Jahr vor dieser Absetzung waren die beiden kaiserlichen Statthalter aus dem Fenster der Prager Burg geworfen worden. Doch die Böhmen wurden von Ferdinand (1578–1637) besiegt. Als die katholischen Armeen danach aber gegen weitere protestantische Länder marschierten, kam es zum großen Konflikt.

Lösung 7
BRONZE
Wann genau die Menschen entdeckt haben, dass man aus zwei weichen Er-

zen wie Kupfer und Zinn eines von bis dahin nicht gekannter Härte schmieden kann, ist unbekannt. Im Nahen Osten begann die Bronzezeit um 2500 v. Chr. Die neuen Werkzeuge revolutionierten Landwirtschaft, Technik und Bergbau. Aber vor allem Zinn war selten. Reiche Gruben gab es z. B. im entlegenen Cornwall.

Lösung 8
KUBA

Die Entdeckung der Raketen durch US-Spionageflugzeuge am 15. Oktober 1962 löste die Kubakrise aus. Die USA reagierten mit einer Seeblockade der Insel und der Forderung nach einem Abzug der Raketen. Zwei Wochen lang schien ein dritter Weltkrieg im Bereich des Möglichen zu liegen. Aber schließlich vereinbarten beide Seiten, ihre nuklearen Mittelstreckenraketen abzuziehen.

Lösung 9
HELLENISMUS

Die Kultur des Hellenismus war nicht die klassisch-griechische. Hellenistische Elemente mischten sich mit orientalischen. Es gab eine Tendenz zur Prachtentfaltung, die in Griechenland unbekannt war. Zu den bedeutendsten hellenistischen Metropolen zählten Alexandria mit seiner Universität und der legendären Bibliothek sowie Pergamon.

Lösung 10
ROBESPIERRE

Ohne Terror, so erklärte Maximilien de Robespierre (1758–94), wäre die Tugend schwach. Doch die „Säuberungen" wurden immer willkürlicher. Am 28. Juli 1794 wurde er von ehemaligen Mitstreitern, die befürchteten, selber Opfer zu werden, auf die Guillotine geschickt. Damit brach der Terror in sich zusammen. Die Macht geriet in die Hände eines korrupten „Direktoriums", das 1799 von Napoleon gestürzt wurde.

Lösung 11
GEORGE WASHINGTON

Als Delegierter von Virginia nahm Washington (1732–99) nach dem Sieg am Verfassungskonvent teil, wurde sofort einstimmig zum Vorsitzenden gewählt und 1797 ebenso einstimmig zum Präsidenten der USA. Vor allem wurde die Fähigkeit des parteilosen Politikers geschätzt, Ausgleiche zwischen den Interessensgruppen zu schaffen.

Lösung 12
RICHELIEU

Armand Jean du Plessis, Herzog von Richelieu (1585–1642), betrieb auch eine aggressive Außenpolitik, um die Vormacht der Habsburger in Europa zu brechen. Er starb ein Jahr bevor Ludwig XIV. als Vierjähriger den Thron bestieg. Doch sein Schüler, Kardinal Jules Mazarin, lehrte den künftigen Sonnenkönig Richelieus Machtpolitik.

Lösung 13
TROTZKI

Lew Dawidowitsch Bronstein, genannt Trotzki (1879–1940), wurde 1929 von Stalin nach Sibirien verbannt und

Lösungen

schließlich in die Türkei ausgewiesen. Aus dem westlichen Ausland führte er einen erbitterten Propagandakampf gegen Stalin, bevor ihn 1940 ein Sowjetagent in Mexiko ermordete.

Lösung 14
SCHLIEFFENPLAN

Die deutsche Regierung stellte die russische Mobilmachung in der Öffentlichkeit als Kriegserklärung dar, erklärte am 1. August Russland den Krieg und am 2. August Frankreich. Der Bevölkerung wurden Angriffe beider Mächte vorgelogen. Außerdem verletzte man – getreu dem Schlieffenplan – beim Aufmarsch gegen Frankreich die holländische und belgische Neutralität.

Lösung 15
KLEOPATRA

Die Königin, die wohl als Erste der Ptolemäer überhaupt ägyptisch sprach, war gebildet und politisch alles andere als dumm. Doch ihre Vorfahren hatten ihr ein schweres Erbe hinterlassen. Ägypten war wirtschaftlich vollständig von Rom abhängig. Kleopatras (69–30 v. Chr.) Verhältnis zu Caesar sollte ihre Herrschaft sichern.

Lösung 16
FRIEDRICH BARBAROSSA

Barbarossas (1122–90) Enkel Friedrich II. (1194–1250) dagegen gewann Jerusalem allein durch Verhandlungen mit Sultan Al-Kamil (1180–1238) zurück. Doch da der freidenkende Friedrich zu diesem Zeitpunkt von der Kirche gebannt war, hätten ihn große Teile des christlichen Abendlandes lieber scheitern sehen.

Lösung 17
SPANIEN

Der frühere Gatte von Elisabeths Halbschwester Maria (1516–58) unterstützte alle Bestrebungen, England wieder katholisch zu machen. Umgekehrt stand Elizabeth (1533–1603) aufseiten der protestantischen Staaten. 1588 schickte Philipp II. (1527–98) seine Armada nicht nur gegen England, um das Kaperunwesen zu unterbinden, sondern auch, um zu verhindern, dass die Briten den aufständischen Niederländern beistanden.

Lösung 18
RUSSLAND

Der Herrscher, der Russland zur europäischen Macht machte, war Peter der Große (1672–1725). Seine Reisen in der Jugend sind legendär. Der Komponist Albert Lortzing (1801–51) gestaltete daraus seine Oper *Zar und Zimmermann*.

Lösung 19
KONSTANTINOPEL

Der Fall von Konstantinopel im Jahr 1453 wird oft als Wendepunkt zwischen Mittelalter und Neuzeit gesehen. Allerdings hatte das prächtige byzantinische Reich, das damit endgültig vernichtet war, schon vorher keine große politische Bedeutung mehr gehabt.

Lösung 20
WINSTON CHURCHILL

„Nichts als Blut, Mühsal, Tränen und Schweiß" könne er ihnen versprechen, sagte Churchill (1874–1965) seinen Landsleuten im Mai 1940. Nach den unglaublichen militärischen Erfolgen Hitlers gab es auch im britischen Parlament eine starke Partei, die für Verhandlungen plädierte. Doch Churchill setzte sich durch.

Lösung 21
FRANKEN

Der Name bedeutet „die Frechen" oder „Dreisten" und wurde ihnen von den Römern verliehen. Die waren durch die Wirren der Völkerwanderung so gebunden, dass sie nicht imstande waren, an der Rheingrenze im Norden ihre Interessen zu vertreten. So konnte dort relativ ungestört ein mächtiges Reich entstehen.

Lösung 22
MONGOLEN

Um 1200 vereinigte Dschingis Khan (um 1162–1227) die mongolischen Stämme. Obwohl die Zahl der Mongolen für diese Zeit nur auf 200.000 geschätzt wurde, konnten die schnellen Reitertruppen große, aber morsche Reiche wie China oder Russland erobern. Die größte Ausdehnung hatte das Mongolenreich unter Kublai Khan (1215–94), der in Peking die Yuan-Dynastie gründete.

ATOMWAFFEN-
SPERRVERTRAG

DEUTSCHE GESCHICHTE

Lösung 23
DOLCHSTOSSLEGENDE

Die Matrosenaufstände, die zur Abschaffung der Monarchie in Deutschland führten, brachen erst am 3. November aus. Doch da wurde längst über die Kapitulation verhandelt. Im Nachhinein drehten die Militärs den Sachverhalt um.

Lösung 24
KELTEN

Der keltische Siedlungsraum reichte damals von Burgund bis zu den Karpaten. Um 450 v. Chr. breitete sich die keltische Kultur dann nach Westen aus.

Lösung 25
ERHARD UND KIESINGER

Der frühere Wirtschaftsminister Ludwig Erhard (1897–1977) wurde nach Adenauers Rücktritt 1963 dessen Nachfolger. 1965 konnte er die Bundestagswahl gewinnen, doch bereits ein Jahr später zerbrach die Koalition mit der FDP. Neuer Kanzler einer großen Koalition wurde Kurt Georg Kiesinger (1904–88), der jedoch nach den Wahlen von 1969 keinen Koalitionspartner mehr fand.

Lösung 26
MARTIN LUTHER

Weil er Geld für den Bau des neuen Petersdoms brauchte, lockerte Papst Leo X. (1475–1521) den vorher streng geregelten Ablasshandel. Nun konnte man sich gegen Geld auch von schweren Sünden loskaufen und brauchte kei-

Lösungen

nerlei Reue zu zeigen. Fürsten wie Albrecht (1490–1545) gewann der Papst, indem er mit ihnen die Einnahmen teilte.

Lösung 27
MÄRZ
Die Aufstände brachen am 1. März in Baden los und erfassten bald das ganze Land. Am 18. März gab es schwere Barrikadenkämpfe in Berlin. Die erschrockenen Fürsten stimmten Reformen zu. Ein Parlament sollte in der Paulskirche eine neue, liberale Verfassung ausarbeiten. Deren Umsetzung scheiterte 1849 am Veto der Fürsten von Bayern, Preußen und Hannover.

Lösung 28
WESTFÄLISCHER FRIEDE
Bereits seit 1643 hatte in Münster und Osnabrück ein Friedenskongress getagt, der eine für beide Seiten tragbare Lösung finden sollte. Ziel war ein allgemeiner Friede in ganz Europa. Während sich die Teilnehmer um Formalia stritten, ging der Krieg jedoch mit unveränderter Härte weiter.

Lösung 29
HEINRICH DER LÖWE
1176 verweigerte Heinrich (1129–95) Kaiser Friedrich Barbarossa (1122–90) die militärische Unterstützung für dessen Italien-Feldzug. 1180 begann Barbarossa den Reichskrieg gegen ihn. Heinrich verlor seine Herzogtümer Bayern und Sachsen. Nur die Gegend um Braunschweig-Lüneburg bekam er nach dreijähriger Verbannung wieder zurück.

Lösung 30
STATTHALTER
Eigentlich hatten alle germanischen Stämme mit Rom Frieden geschlossen. Aber was die Römer als Unterwerfung ansahen, war für die Germanen ein Bündnis, das jederzeit wieder aufgekündigt werden konnte. Die Ursache für den Aufstand gegen Varus waren vermutlich Steuerforderungen und entehrende Strafen.

Lösung 31
GÖTZ VON BERLICHINGEN
Der fehdenerprobte Reichsritter „mit der eisernen Hand" (um 1480–1562) leitete den Zug der Bauern nach Würzburg und die Belagerung des Frauenbergs, setzte sich danach aber so schnell wie möglich ab.

Lösung 32
GUSTAV STRESEMANN
Es ist unter anderem die Politik von Gustav Stresemann (1878–1929) als Außenminister, die die „Goldenen Jahre" der Weimarer Republik ermöglichte. Im Jahr seines Todes jedoch machten die Weltwirtschaftskrise und die zunehmende Agitation von Nationalsozialisten dem ein Ende.

Lösung 33
HEINRICH IV.
Neben der persönlichen Antipathie ging es um die Macht. Für Gregor (um 1021–1085) war der Papst Herr über alle irdischen Königreiche: Heinrich (1050–1106) dagegen beanspruchte in seinem Herrschaftsgebiet auch die Kontrolle über die kirchlichen Dinge.

Lösung 34
ERICH HONECKER
Mithilfe des sowjetischen Staats- und Parteichefs Leonid Breschnew (1906–82) verdrängte Honecker (1912–94) Walter Ulbricht (1893–1973) 1971 aus dem Amt des Ersten Sekretärs des Zentralkomitees der SED. 1975 wurde er auch Staatsratsvorsitzender der DDR.

Lösung 35
LÜBECK
Die Stadt war etwa um 700 als slawische Siedlung gegründet worden und stieg dank ihrer günstigen Lage zu einem wichtigen Handelsdrehpunkt auf. 1159 sicherte sich Heinrich der Löwe (1129–95) die Herrschaft über die Stadt und begann, ihre Kaufmannschaft nach Kräften zu fördern.

Lösung 36
SCHLESIEN
Schlesien gehörte damals zu Österreich. Friedrich (1712–86) nutzte aus, dass Maria Theresias (1717–80) Thronanspruch nach dem Tod ihres Vaters nicht unumstritten war. Formell berief er sich auf eine zweifelhafte Urkunde aus dem 15. Jh.

Lösung 37
SPD
Bereits zuvor waren alle 81 Abgeordneten der KPD ermordet oder verhaftet worden. Auch 26 der 120 Abgeordneten der SPD saßen in Haft oder waren geflohen.

Lösung 38
PEST
Die erste große Pestepidemie von 1347–52 kostete etwa 30 % der europäischen Bevölkerung das Leben. Außerdem ging die Seuche mit Pogromen und anderen brutalen Exzessen einher, die oft in einer hysterisch gewordenen Religiosität wurzelten.

Lösung 39
BRUNHILDE
Die Regentin von Austrien (um 545–613) wurde schließlich von Chlothar II. (584–629), dem König von Neustrien, zu Tode gefoltert. Er war der Sohn ihrer einstigen Rivalin Fredegunde (um 550–597).

Lösung 40
KÖNIGSBERG
Als Herrscher von Brandenburg blieben die Hohenzollern bis zur Auflösung des Kaiserreiches im Jahr 1806 Kurfürsten. Der Name Preußen aber wurde im Lauf der Zeit für alle Ländereien der Hohenzollern verwendet.

Lösung 41
MAGDEBURG
Sowohl Otto (912–973) wie Editha (910–946) liegen im Magdeburger Dom begraben. Otto sah in den kirchlichen Strukturen einen wichtigen Beitrag zur Stabilität im Reich.

Lösung 42
GOTEN
Der Überfall der Hunnen auf die Goten löste die Völkerwanderung aus. Die Ostgoten gründeten schließlich in Italien ein Reich, die Westgoten in Spanien.

Lösungen

Lösung 43
ZWEI-PLUS-VIER-VERTRAG
Im Gegenzug für die volle Souveränität und das Recht als gesamtdeutscher Staat der NATO beitreten zu dürfen, verzichtete Deutschland auf atomare, biologische und chemische Waffen und erkannte endgültig die Nachkriegsgrenzen als verbindlich an.

Lösung 44
LUDWIG DER FROMME
Der Sohn Karls des Großen (um 747–814) trug seinen Beinamen nicht zu Unrecht. 816 duldete Ludwig (778–840), dass ihn der Papst in Rom erneut krönte. Von da an bis ins 16. Jh. nahmen die Päpste für sich in Anspruch, über die Erwählung und Krönung der Kaiser zu entscheiden.

SCHLACHT AUF DEM LECHFELD

EUROPA

Lösung 45
ISLAND
In Umfragen zeigt sich die Mehrheit der Isländer einem EU-Beitritt nicht abgeneigt, doch es gibt keine politischen Initiativen in diese Richtung. Die anderen westeuropäischen Ausnahmen sind: Norwegen, Schweiz, Liechtenstein, Monaco, Andorra, San Marino und der Vatikan.

Lösung 46
MAASTRICHT
Der „Vertrag über die Europäische Union", wie er korrekt heißt, wurde am 7. Februar 1992 in der niederländischen Stadt Maastricht unterzeichnet und trat am 1. November 1993 in Kraft, nachdem er von allen Mitgliedsstaaten ratifiziert worden war.

Lösung 47
PAPST
Karl der Große (um 747–814) behauptete später, er habe nicht gewusst, welche Pläne Papst Leo III. (um 750–816) gehabt habe, als der ihn zum „Imperator des Römischen Reiches" krönte. Moderne Historiker glauben, dass Karl und seine Berater durchaus ihren Anteil an der Idee hatten, das römische Kaiserreich im Westen wiederzubeleben.

Lösung 48
STRASSBURG
Es gibt keine Hauptstadt der EU. Die einzelnen Organe sind auf verschiedene Städte aufgeteilt. So kommen z. B. die Ausschüsse des Europäischen Parlaments nicht in Straßburg, sondern in Brüssel zusammen.

Lösung 49
KRETA
Europa soll dort u. a. Minos zur Welt gebracht haben, nach dem die minoische Kultur benannt ist, die erste nachweisbare Hochkultur Europas (etwa 3000 bis 1100 v. Chr.). Was ihr Name bedeutet, ist unklar. Möglicherweise stammt er von dem phönizischen Wort „erebos", was für Dunkelheit, Sonnenuntergang und Totenreich steht.

Lösung 50
KONFERENZ FÜR SICHERHEIT UND ZUSAMMENARBEIT IN EUROPA

Es folgten fünf weitere Konferenzen, bevor 1995 die OSZE, die Organisation für Sicherheit und Zusammenarbeit in Europa, gegründet wurde, der alle Beteiligten von damals, also auch alle Nachfolgestaaten der Sowjetunion, angehören.

Lösung 51
INDOEUROPÄER (INDOGERMANEN)

Der immer noch geläufigere Begriff Indogermanen wird von der Wissenschaft zusehends weniger verwendet, da er eine zu enge Beziehung zu den Germanen suggeriert. In Europa stammen nur die samischen Sprachen, Baskisch, Finnisch, Estnisch, Ungarisch, Maltesisch und Türkisch nicht von der Sprache der Indoeuropäer ab. International gehören auch die indoiranischen dazu.

Lösung 52
BULGARIEN UND RUMÄNIEN

Der Beitrittsvertrag für die beiden Länder ist unterschrieben. Er enthält jedoch einige Klauseln, die den Beitritt um ein Jahr verschieben, falls es noch Defizite in der Anpassung von EU-Recht gibt.

Lösung 53
SCHENGEN

Noch sind aber nicht zwischen allen 33 Staaten die Grenzkontrollen wirklich weggefallen. Voraussetzung dafür sind u. a. eine effektive Kontrolle der Außengrenzen zu Nicht-Schengen-Staaten und eine Teilnahme am Schengener Informationssystem, das Informationen über im Schengen-Raum zur Fahndung ausgeschriebene Personen speichert.

Lösung 54
LUDWIG VAN BEETHOVEN

Beethoven (1770–1827) war gebürtiger Bonner, lebte zeitweise in Wien und begeisterte sich für die Ideale der Französischen Revolution. Seine Vorfahren stammten aber aus dem flämischen Mechelen. Die Melodie der Europahymne entspricht dem letzten Satz in seiner *9. Symphonie*.

Lösung 55
BISMARCK

Letztendlich hatte der Kongress jedoch keinen Erfolg. Nicht nur, weil Russland sich benachteiligt fühlte, sondern vor allem, weil über die Balkanvölker hinweg bestimmt wurde. Die Besetzung von Bosnien-Herzegowina durch Österreich-Ungarn führte 1914 in Sarajewo zum Attentat bosnischer Nationalisten auf den österreichischen Thronfolger und wurde Auslöser des Ersten Weltkrieges.

Lösung 56
MONTANUNION

Die Gemeinschaft wurde am 18. April 1951 gegründet. Außer Deutschland und Frankreich gehörten die Niederlande, Belgien, Luxemburg und Italien zu den Gründungsmitgliedern. 1957 kamen die Europäische Atomgemein-

Lösungen

schaft und die Europäische Wirtschaftsgemeinschaft hinzu. Zusammen bildeten sie die drei Europäischen Gemeinschaften.

Lösung 57
FRANZÖSISCH-GUYANA

Das Gebiet ist auch auf den Euroscheinen als EU-Territorium abgebildet, genauso wie die anderen französischen Überseedepartements Réunion, Guadeloupe und Martinique.

Lösung 58
EXEKUTIVE

Sie sind die ausführende Gewalt und entsprechen damit einer nationalen Regierung. Die Legislative, also die gesetzgebende Gewalt, wird gemeinsam vom Ministerrat (Rat der Europäischen Union) und dem Europaparlament gebildet, die Judikative, also die rechtsprechende Gewalt, vom Europäischen Gerichtshof.

Lösung 59
URAL

Während der 2500 km lange Gebirgszug des Ural, der das Nordrussische vom Westsibirischen Tiefland trennt, als Grenze recht unumstritten ist, gehen die Ansichten auseinander, ob die Südostgrenze in der Tiefebene nördlich des Kaukasus oder entlang des Gebirgsrückens gezogen werden sollte.

Lösung 60
LUXEMBURG

1986 wurde der Internationale Karlspreis an die Bevölkerung von Luxemburg als „Vorbild der Beharrlichkeit auf dem Weg zur Einheit Europas" vergeben.

Lösung 61
KONSTANTIN

Da Konstantin der Große (um 280–337) den neuen Glauben auch kräftig förderte, wurde er sehr schnell zur beherrschenden Religion im Römischen Reich. Schon 391 machte Kaiser Theodosius (347–395) das Christentum zur Staatsreligion.

Lösung 62
WIM DUISENBERG

Mit seiner Unterschrift auf allen Euroscheinen wurde der Wirtschaftswissenschaftler Duisenberg (1935–2005) als „Mr. Euro" populär. Seit dem 1. November 2003 ist der Franzose Jean-Claude Trichet (geb. 1942) Präsident der EZB.

Lösung 63
WIENER KONGRESS

Für die Restauration der alten politischen, wirtschaftlichen und sozialen Verhältnisse war besonders der österreichische Staatskanzler Klemens Fürst von Metternich (1773–1859) verantwortlich. Der Kongress wurde nebenbei auch durch die Vergnügungssucht seiner Mitglieder („Der Kongress tanzt") legendär.

Lösung 64
KARLSPREIS

Der Preis ist nach Karl dem Großen (um 747–814) benannt, dessen Lieblingspfalz Aachen war. Das Gremium, das die Preisträger wählt, setzt sich aus dem Oberbürgermeister, dem Domprobst, dem Rektor der Technischen Hochschule und acht Aachener Bürgern zusammen.

Lösung 65
BRÜSSEL
Brüssel wurde 1958 Standort der neu gegründeten Europäischen Wirtschaftsgemeinschaft. Das Wahrzeichen Brüssels, das Atomium, hat jedoch nichts mit der EU zu tun, sondern ist Relikt einer Weltausstellung, die ebenfalls 1958 in der belgischen Hauptstadt stattfand.

E U R O P Ä I S C H E
V E R F A S S U N G

WELTWIRTSCHAFT

Lösung 66
ALAN GREENSPAN
Greenspan (geb. 1926) war 18 Jahre lang Chef der US-Notenbank und vertrat unter vier US-Präsidenten (Reagan, Bush sen., Clinton, Bush jun.) – teils gegen deren Widerstand – immer strikt den Kurs, den er für wirtschaftspolitisch sinnvoll hielt. Dazu gehörten z. B. Stützungskäufe für den damals schwachen Euro im Herbst 2000.

Lösung 67
BRUTTOSOZIALPRODUKT
Seit 1999 wird der Begriff offiziell allerdings nicht mehr verwendet, sondern ist durch „Bruttonationaleinkommen" ersetzt worden. Eine andere wichtige Vergleichsgröße ist das Bruttoinlandsprodukt. Dabei wird auch das Einkommen mitgezählt, das ausländische Pendler im fraglichen Land erwirtschaftet haben, nicht aber das, das Bewohner des Landes im Ausland bezogen haben.

Lösung 68
IWF
Der Internationale Währungsfonds hat derzeit 184 Mitglieder, deren Stimmengewicht sich nach dem Kapitaleinsatz richtet. Ursprünglich nahmen auch reiche Länder IWF-Kredite in Anspruch. Seit in den 1970er-Jahren die Kreditvergaben mit wirtschaftspolitischen Auflagen verknüpft wurden, sind es ausschließlich bedürftige Länder. Sinn und Nutzen dieser Auflagen sind immer wieder heftig umstritten. Die ebenfalls als Folge der Bretton-Woods-Konferenz gegründete Weltbank hatte von Anfang an den Zweck, die Entwicklung wirtschaftlich schwacher Länder zu fördern.

Lösung 69
RUSSLAND
Allerdings war das Land nur wegen seiner politischen Bedeutung aufgenommen worden und bis Ende 2005 von Währungs- und Finanzdiskussionen ausgeschlossen. Würde man am ursprünglichen Konzept, einer Versammlung der wirtschaftlich stärksten Länder, festhalten, müsste China Mitglied werden.

Lösungen

Lösung 70
SCHILLER
Karl Schiller (1911–94) war von 1966 bis 1972 Bundeswirtschaftsminister. Seine enge Zusammenarbeit mit dem Finanzminister der Großen Koalition, Franz Josef Strauß (1915–88), brachte den beiden die Spitznamen „Plisch und Plum" ein.

Lösung 71
INFLATION
Noch gefürchteter als die Inflation ist die Deflation, wenn zu wenig Geld oder Kaufzurückhaltung zu einem ständigen Preisverfall der Produkte führen und die Produktion schließlich unrentabel machen. Eine leichte Inflation dagegen kann die Wirtschaft beleben, da die ständige Geldentwertung das Sparen wenig attraktiv macht.

Lösung 72
WALL STREET
Die Straße ist nach einem Wall benannt, den die Niederländer 1652 errichteten, um sich gegen Indianer und britische Truppen zu schützen.

Lösung 73
SCHWELLENLÄNDER
Der Begriff wurde in den 1970er-Jahren für die so genannten asiatischen „Tigerstaaten" Südkorea, Hongkong, Taiwan und Singapur verwendet, die damals eine rasante wirtschaftliche Entwicklung durchmachten.

Lösung 74
DOW-JONES-INDEX
Der korrekte Name lautet Dow Jones Industrial Average. Der von Charles Dow (1851–1902) und Edward Jones (1856–1920) gegründete Verlag veröffentlicht nämlich noch mehrere Aktienindizes, z. B. den Dow Jones Euro Stoxx 50, dem die 50 größten Unternehmen der Euro-Zone angehören.

Lösung 75
TARIFVERTRAG
Das Wort „Tarif" kommt aus dem Arabischen und bedeutet eigentlich „Bekanntmachung", aber auch Preis- oder Angebotsliste.

Lösung 76
FONDS
Das Wort bezieht sich jedoch nicht allein auf Aktien- und andere Investmentfonds, sondern generell auf Geldmittel, die für einen bestimmten Zweck gesammelt worden sind, z. B. Wohltätigkeitsfonds.

Lösung 77
NETTO
Im Gegensatz dazu ist „Brutto" der nichtbereinigte Preis bzw. das nichtbereinigte Gewicht. Manchen Leuten fällt es schwer, beides auseinander zu halten. Da hilft die Eselsbrücke: Netto ist immer der niedrigere Wert.

Lösung 78
EMBARGO
Embargos werden teils von einzelnen Staaten, wie z. B. von den USA gegenüber Kuba, oft aber auch auf Beschluss der Vereinten Nationen als Sanktion für Rechtsverstöße verhängt. Totalembargos sind jedoch sehr sel-

ten, Waffenembargos dagegen recht häufig.

Lösung 79
DEVISEN
Der Devisenkurs jedoch bezeichnet den Wechselkurs für jegliche Geschäfte zwischen der Inlands- und einer bestimmten Auslandswährung, also auch den für den Kauf von Bargeld.

Lösung 80
ADAM SMITH
Smith (1723–90) propagierte eine freie Marktwirtschaft als Quelle des Wohlstandes. Allerdings muss man sein ökonomisches Werk in Zusammenhang mit seiner *Theorie der ethischen Gefühle* lesen, die ethisches Verhalten, vor allem Selbstbeherrschung und Empathie für andere Menschen, fordert. Ab 1778 arbeitete Smith als schottischer Zollkommissar, ging rigoros gegen Schmuggler vor und sanierte die maroden schottischen Staatsfinanzen.

Lösung 81
BUNDESBANK
Mit der Einführung des Euro hat die Deutsche Bundesbank jedoch einen Teil ihrer Kompetenzen, v. a. in der Währungspolitik, an die Europäische Zentralbank übergeben.

Lösung 82
SCHUTZZÖLLE
Die von List (1789–1846) geforderten kurzfristigen Schutzzölle werden auch Erziehungszölle genannt. In internationalen Verhandlungsrunden wird immer wieder der Abbau von Schutzzöllen gefordert. Davon zu unterscheiden sind z. B. Strafzölle, die auf Importwaren erhoben werden, die zum Dumpingpreis verkauft werden sollen.

Lösung 83
AUSSPERRUNG
Man unterscheidet zwischen der „heißen Aussperrung" von Mitarbeitern bestreikter Betriebe und der sehr umstrittenen „kalten Aussperrung" von nicht streikenden Arbeitern von Zulieferbetrieben, für die im Augenblick aufgrund des Arbeitskampfes nicht ausreichend Arbeit vorhanden ist.

Lösung 84
GENOSSENSCHAFT
Die Betriebsform wird häufig von kleinen Gruppen gewählt, in denen sich alle Mitglieder untereinander gut kennen. Doch das Prinzip funktioniert auch im großen Rahmen. So sind z. B. die Supermarktketten Edeka und Rewe oder die Volks- und Raiffeisenbanken Genossenschaften.

Lösung 85
WTO
Die World Trade Organisation wurde 1994 in Marrakesch gegründet und hat ihren Sitz in Genf. Sie hat 149 Mitglieder, darunter nicht nur Staaten, sondern auch Organisationen wie die Europäischen Gemeinschaften. Bedeutende Nicht-Mitglieder sind Russland und Saudi-Arabien. Auch die WTO vertritt das erklärte Ziel einer Liberalisierung des Handels.

Lösungen

Lösung 86
BÜCHER

Zur Buchführung sind Unternehmen, umsatzstarke Freiberufler, aber auch Vereine oder öffentliche Einrichtungen verpflichtet. Die Bücher müssen chronologisch und lückenlos jeden Geschäftsvorgang festhalten. Große Unternehmen haben tatsächlich mehrere Bücher, wie Lohn- und Gehaltsbuch, Rechungseingangs- und Rechnungsausgangsbuch, Inventarbuch usw.

ÜBERFLUSSGESELL-SCHAFT

MATHEMATIK

Lösung 87
ADAM RIES

Der fälschlich meist Adam Riese genannte Ries (1492–1559) gilt als Vater des modernen Rechnens. Sein Werk *Rechnung auff der linihen und federn* erreichte über 100 Auflagen. Ries leitete erst eine Rechenschule in Erfurt. Später wurde er sächsischer Hofarithmeticus.

Lösung 88
SUBTRAHIEREN

Außerdem wird die Zahl, von der abgezogen wird, als Minuend, die, die abgezogen wird, als Subtrahend, und das Ergebnis als Differenz bezeichnet.

Lösung 89
GEOMETRIE

Die Geometrie, die im Schulunterricht gelehrt wird, befindet sich noch ganz in der Tradition Euklids (um 365–300 v. Chr.). Die Wissenschaft hat inzwischen jedoch Bereiche der Geometrie erschlossen, die weit über Euklid hinausgehen, sodass sie inzwischen nicht mehr von der Geometrie, sondern von verschiedenen Geometrien sprechen.

Lösung 90
PRIMZAHLEN

Alle anderen Zahlen werden als zusammengesetzte Zahlen bezeichnet, da sie sich aus mehreren Primzahlen zusammensetzen lassen. Die kleinste ist die 4, die zweimal aus der Primzahl 2 besteht. Die 1, die nur einen Teiler hat, wird bei diesen Überlegungen ausgeklammert und gehört keiner der beiden Gruppen an.

Lösung 91
WAHRSCHEINLICHKEITS-RECHNUNG

Sie gehört zum mathematischen Teilgebiet der Stochastik, das sich mit Häufungen und Zufällen befasst. Beim Lotto „6 aus 49" beträgt die Zahl der möglichen Zahlenkombinationen, die gezogen werden können, übrigens 13.983.816. Oder anders ausgedrückt: Von einer Milliarde Tipps sind im Schnitt 71 richtig.

Lösung 92
VEKTOR

Vektoren (lat. Träger, Fahrer) werden z. B. gebraucht, um Geschwindigkeit, Beschleunigung oder Kraft auszudrücken, die sich ja nicht nur mit einem bestimmten Wert, sondern auch in eine bestimmte Richtung bewegen.

Lösung 93
QUOTIENT
Der Intelligenzquotient allerdings stellt zwar auch einen Verhältniswert dar, jedoch nicht das Ergebnis einer Division. Hier wird die durchschnittliche Intelligenz mit dem Wert 100 gleichgesetzt. Das Verhältnis der gemessenen Intelligenz zum Durchschnitt spiegelt sich dann im Verhältnis der erreichten Zahl zur Bezugsgröße 100 wider.

Lösung 94
PYTHAGORAS
Der aus Samos stammende Pythagoras (um 570–um 500 v. Chr.) fand um 532 in Milon von Kroton, einem mehrfachen Olympiasieger, einen wohlhabenden Mäzen. Es gibt jedoch auch antike Berichte, dass der Bund der Pythagoräer stark angefeindet wurde.

Lösung 95
DREISATZ
Die drei Sätze dieser Rechnung können beispielsweise wie folgt aussehen: 1. Fünf Äpfel wiegen 1000 g. 2. Ein Apfel wiegt 200 g. 3. Drei Äpfel wiegen 600 g.

Lösung 96
DEZIMALSYSTEM
Es wird auch als Stellenwertsystem mit der Grundzahl Zehn bezeichnet, stammt aus Indien und kam über die arabische Welt nach Europa. Die früher gebräuchlichen römischen Ziffern dagegen waren kein Stellenwert-, sondern ein Additionssystem. X z. B. stand immer für 10, wurde aber je nach Stellung zur vorhergehenden Zahl hinzugezählt oder von der folgenden abgezogen.

Lösung 97
DURCHMESSER
Pi wird benötigt, um Kreisflächen errechnen zu können. Da dies im praktischen Leben eine wichtige Größe ist, finden sich schon in Schriften aus dem 2. Jt. v. Chr. die ersten Versuche, Werte für Pi zu finden. Archimedes von Syrakus (um 287–212 v. Chr.) kam in seinen Rechnungen auf die Annäherung 3,141635.

Lösung 98
ALGORITHMUS
Nicht nur jedes Computerprogramm stellt einen Algorithmus dar, sondern im Grunde ist jede festgelegte Vorgehensweise, wie z. B. eine Bedienungsanleitung, ein Algorithmus.

Lösung 99
KLEINSTER GEMEINSAMER NENNER
Da die Suche nach dem kleinsten gemeinsamen Nenner – in Verhandlungen, wie in der Mathematik – oft mühsam ist, kann man natürlich die beiden Zahlen unter dem Strich auch einfach multiplizieren. Im genannten Beispiel wäre der gemeinsame Nenner dann 108 und das Ergebnis $\frac{87}{108}$, was natürlich sperriger als $\frac{29}{36}$ ist.

Lösungen

Lösung 100
RENÉ DESCARTES
Er wurde auch latinisiert Renatus Cartesius genannt, was die Bezeichnung „kartesisch" für seine Entdeckungen zur Folge hatte. Als Philosoph gilt Descartes (1596–1650) als Begründer des Rationalismus und damit der modernen Philosophie.

Lösung 101
WURZEL ZIEHEN
Wissenschaftlicher klingt der Begriff „Radizieren", der von dem lateinischen Wort „Radix" für Wurzel stammt.

Lösung 102
EXPONENTIELL
Im Gegensatz dazu steht ein lineares Wachstum, d. h. eine Steigerung um einen festen Wert. Ein exponentieller Vorgang kann auch negativ sein. Beispiele sind nicht getilgte Schulden oder ein radioaktiver Zerfall.

Lösung 103
PUNKT VOR STRICH
Punktrechenarten sind Multiplizieren und Dividieren, Strichrechenarten Addieren und Subtrahieren. Sind Klammern vorhanden, dann müssen diese als Erstes ausgerechnet werden.

Lösung 104
PARALLELOGRAMM
Beim Parallelogramm sind die gegenüberliegenden Seiten parallel und die gegenüberliegenden Winkel jeweils gleich groß, benachbarte Winkel ergeben zusammen 180° und die Diagonalen halbieren sich im Schnittpunkt. Das alles gilt natürlich auch für das Rechteck, das eine Sonderform des Parallelogramms ist.

Lösung 105
ALGEBRA
Das Wort leitet sich von dem arabischen Begriff „al-jabr" ab, was „Zusammenfügen (zerbrochener Teile)" bedeutet. Genauso wie in der Geometrie gibt es auch im Bereich der Algebra in der Wissenschaft inzwischen „höhere Formen" wie abstrakte Algebra oder multilineare Algebra, die sich sehr weit von den in der Schule gelehrten algebraischen Gleichungen wegbewegt haben.

Lösung 106
HUNDERTACHTZIG
Die Summe der Außenwinkel ist doppelt so groß. Sie beträgt immer 360°. Auch andere Vielecke haben konstante Winkelsummen. Die Formel dafür lautet: (Zahl der Ecken minus 2) mal 180°. Ein Viereck hat also eine Innenwinkelsumme von 360°, ein Fünfeck eine von 540°.

Lösung 107
BINOMISCHE FORMELN
Die anderen beiden binomischen Formeln lauten:
$(a - b)^2 = a^2 - 2ab + b^2$
$(a + b)(a - b) = a^2 - b^2$
Als Binom wird die Zusammenfassung von zwei Gliedern, also a und b, in einer Klammer bezeichnet.

INFINITESIMAL-RECHNUNG

TECHNIK

Lösung 108
PFERDESTÄRKE
Watt (1736–1819) errechnete dafür, welche Strecke ein Arbeitspferd beim Drehen eines 180 Pfund schweren Mühlsteins zurücklegt, und kam hochgerechnet auf 33.000 Fuß pro Pfund pro Minute. Die deutsche DIN-PS wurde als die Kraft definiert, die man braucht, um 75 Kilo um einen Meter pro Sekunde zu heben. Pferde können übrigens Spitzenleistungen im zweistelligen PS-Bereich erbringen.

Lösung 109
GALILEO GALILEI
Sein Konflikt mit der Kirche wurde im Nachhinein allerdings dramatischer gemacht, als er war. Galileo (1564–1642) wurde anfangs sogar von der Kirche gefördert. Erst als er alle anderen Weltbilder außer seinem für Unsinn erklärte, wurde er 1633 von einem Inquisitionsgericht zum Widerruf gezwungen und mit Hausarrest und Publikationsverbot belegt.

Lösung 110
HYDRAULIK
Allerdings verwendet man heute kaum mehr Wasser, sondern spezielle Öle in hydraulischen Antrieben.

Lösung 111
INDUSTRIELLE REVOLUTION
Natürlich war Watts Erfindung nicht der alleinige Auslöser. Bereits vorher hatte es einen steigenden internationalen Wettbewerb und einen verstärkten Druck zu effizienterer Arbeit gegeben. Die neue maschinelle Produktion jedoch konnte nur von kapitalkräftigen Unternehmern in großem Stil geleistet werden. Dadurch wurden die sozialen Verhältnisse vollkommen umgewälzt.

Lösung 112
RAKETE
Nicht nur Weltraumraketen oder Silvesterraketen, auch Flugzeuge und Handfeuerwaffen können einen Raketenantrieb haben.

Lösung 113
TÖPFERSCHEIBE
Die Töpferei ist jedoch viel älter. Die frühesten keramischen Produkte der Menschheit sind etwa 30.000 Jahre alt. Die ältesten gebrannten Tongefäße wurden in Japan gefunden und sind über 12.000 Jahre alt.

Lösung 114
GUTENBERG
Bereits im 13. Jh. kamen berufsmäßige Buchkopisten auf. Für Schriftstücke mit großen Auflagen fertigten Holzschnitzer und Kupferstecher Druckplatten an. Vermutlich 1445 druckte Johannes Gensfleisch zum Gutenberg (um 1397–1468) das erste Mal mit beweglichen Lettern.

Lösung 115
SATELLITEN
Satelliten sind künstliche Flugobjekte, die die Erde oder einen anderen Himmelskörper umkreisen. Satelliten dienen der Übertragung von Nach-

Lösungen

richten, dem Zweck der Erdbeobachtung (Spionage, Wetterprognosen etc.) oder der Beobachtung des Weltraums.

Lösung 116
ELEKTRISCHE SPANNUNG

Angeregt wurde Volta (1745–1827) durch die Experimente seines Landsmannes Luigi Galvani (1737–98), der mit elektrisiertem Metall Froschnerven zum Zucken brachte. Galvani glaubte allerdings, tierische Elektrizität entdeckt zu haben.

Lösung 117
NANOMETER

In einem Stück Metall entspricht ein Nanometer etwa der Breite von vier Atomen. In der Nanotechnologie werden heute vor allem noch kleinere Elemente für Computerprozessoren oder neuartige Oberflächenbeschichtungen entwickelt.

Lösung 118
OTTOMOTOR

Das Patent für die Erfindung erhielt Nikolaus August Otto (1832–91) allerdings nicht, das ging an Alphonse Beau de Rochas (1815–93), einen Eisenbahningenieur, der das Prinzip des Viertaktmotors schon 1862 theoretisch beschrieben hatte, den Bau eines solchen Motors jedoch nicht in die Tat umsetzte.

Lösung 119
NABE

Eine Nabe muss über ein Lager oder ein Mitnahmeelement fest mit der Achse verbunden sein, aber trotzdem eine möglichst reibungslose Drehung des Rades erlauben.

Lösung 120
HERTZ

Die Entdeckung der elektromagnetischen Wellen durch Heinrich Hertz (1857–94) inspirierte auch den Italiener Guglielmo Marconi (1874–1937), der im Wettstreit mit Popow (1859–1905) drahtlose Radioinformationen über immer größere Strecken übertrug.

Lösung 121
SIEMENS

Werner von Siemens (1816–92) gründete das Unternehmen gemeinsam mit dem Mechaniker Johann Georg Halske (1814–90) als Telegrafenbau-Anstalt von Siemens & Halske. Halske schied 1867 aus und widmete sich der Berliner Kommunalpolitik.

Lösung 122
STAHL

Generell ist Stahl eine metallische Legierung, die haupsächlich aus Eisen besteht und plastisch verformbar ist. Nach der DIN-Norm spricht man von Stahl, wenn die Eisenlegierung weniger als 2,06 % Kohlenstoff enthält. Bei höherem Kohlenstoffgehalt handelt es sich um Gusseisen.

Lösung 123
BENZ UND DAIMLER

Carl Benz (1844–1929) baute 1885 ein dreirädriges Fahrzeug mit Viertaktmotor, das er 1886 in Mannheim zum ersten Mal vorführte. Gottlieb Daimler (1834–1900) rüstete im selben Jahr einen vierrädrigen Kutschwagen mit einem Ottomotor aus. Vorher hatte er schon erfolgreich das jeweils erste Motorrad und Motorboot konstruiert.

Lösung 124
GENTECHNIK
Man unterscheidet dabei drei Felder: die „grüne Gentechnik", bei der Pflanzen genetisch verändert werden, die „rote", die den Einsatz von gentechnischen Verfahren in der Medizin umfasst, und die „graue", die sich mit der Herstellung von Enzymen mithilfe gentechnisch veränderter Mikroorganismen beschäftigt.

Lösung 125
NOBEL
Wie manch anderer Erfinder und erfolgreiche Unternehmer auch, konnte Alfred Nobel (1833–96) die negativen Seiten seiner Erfindung wohl ganz gut verdrängen. Dass er am Ende sein Vermögen u. a. für die Verleihung eines Friedensnobelpreises stiftete, lag auch am Einfluss seiner ehemaligen Privatsekretärin Bertha von Suttner (1843–1914), die 1905 für ihr pazifistisches Engagement den Friedensnobelpreis bekam.

Lösung 126
LASER
In einem Laserstrahl kann ungeheure Energie unglaublich präzise eingesetzt werden. Deshalb kann man damit Material punktgenau bearbeiten, aber auch nur markieren. Laser dienen zum Steuern von Prozessen, zum Schneiden, Schweißen, Vermessen und zur Übertragung von Daten. Auch menschliches Gewebe wird von Lasern (Light amplification by stimulated emission of radiation) präziser „bearbeitet" als durch jedes andere Werkzeug, weshalb Laser in verschiedenen medizinischen Bereichen immer wichtiger werden.

Lösung 127
EDISON
Als Thomas Alva Edisons (1947–1931) wichtigste Erfindung gilt oft die Glühlampe. Doch wie einige andere Erfindungen auch, die ihm zugeschrieben wurden, brachte er hier nur ein Prinzip, das vor ihm andere (in diesem Fall Heinrich Goebel (1818–93) und Joseph Wilson Swan (1828–1914)) entdeckt hatten, durch technische Verbesserung zur Einsatzreife und etablierte es auf dem Markt.

Lösung 128
RADAR
Die Abkürzung steht für Radio Detecting and Ranging. Hülsmeyer (1881–1957) sprach noch von einem Telemobiloskop. Auf Interesse stieß seine Erfindung erst mit der Umwandlung der akustischen in optische Signale durch Robert Watson-Watt (1892–1973).

ARCHIMEDISCHE SCHRAUBE

Lösungen

INTERNET UND COMPUTER

Lösung 129
ABAKUS
Der Abakus mit seinen Kugeln, die auf mehreren Ebenen aufgefädelt sind, wird heute leicht als Kinderspielzeug abgetan. Doch richtig verwendet hilft er nicht nur beim Addieren und Subtrahieren, sondern auch bei den Punktrechenarten und sogar beim Wurzelziehen. Vor allem beim Rechnen mit römischen Ziffern, die ja kein Stellenwertsystem sind, war er in der Vergangenheit eine große Hilfe.

Lösung 130
BROWSER
Der Name kommt von dem englischen Wort „browse", was stöbern oder schmökern bedeutet.

Lösung 131
ENIGMA
Allerdings konnte Turing (1912–54) dabei auf Vorarbeiten einer polnischen Wissenschaftlergruppe um Marian Rejewski (1905–80) aufbauen, der noch mit mechanischen Rechenmaschinen gearbeitet hatte. Historiker schätzen, dass die Entschlüsselung von Engima (Geheimnis) den Krieg um mehrere Monate verkürzte.

Lösung 132
WINDOWS
Den Begriff Windows hat sich Microsoft zum Ärger der Konkurrenten schützen lassen, obwohl der Konzern das Prinzip nur übernommen hat. Microsoft Windows war zunächst nur eine grafische Erweiterung des Betriebssystems MS-DOS. Inzwischen stellt es das Betriebssystem dar.

Lösung 133
CHIP
Bereits 1969 wurden zum ersten Mal die zentralen Recheneinheiten eines Computers (CPU oder Hauptprozessor) auf einem einzigen Chip untergebracht. Wegen ihrer geringen Größe bezeichnet man sie als Mikroprozessoren.

Lösung 134
INTERNET
Einer der Väter des ARPA-Netzes war Joseph Licklider (1915–90), der erstmals die These aufstellte, Computer müssten von Rechen- zu Kommunikationsmaschinen werden. Neben dem stetig wachsenden ARPA-Netz entwickelten sich andere Netze. Mit der Gründung des World Wide Web 1989 begann die Massennutzung.

Lösung 135
KONRAD ZUSE
Zuse (1910–95) machte sich nicht nur um die Entwicklung, sondern auch um die Markteinführung des Computers verdient. Sein 1949 fertig gestellter Z4 gilt als der erste kommerziell gehandelte Computer. Er wurde von der Technischen Hochschule in Zürich erworben.

Lösung 136
SOFTWARE
Als Hardware bezeichnet man dagegen die Komponenten, aus denen der

Computer zusammengebaut ist. Wissenschaftlich gesehen bezeichnet der Begriff „Künstliche Intelligenz" übrigens Bemühungen, Computer so zu programmieren, als würden sie über Intelligenz verfügen.

Lösung 137
E-MAIL

E-Mails haben mit dem World Wide Web nichts zu tun. Sie müssen andere Standards erfüllen und werden mit anderen Protokollen, in der Regel SMTP, versandt. Allerdings verfügen die meisten Webbrowser inzwischen über eine integrierte E-Mail-Funktion, sodass man kein eigenes Programm braucht, um Nachrichten zu erstellen, zu versenden und zu empfangen.

Lösung 138
BILL GATES

Gates (geb. 1955) gründete 1975 zusammen mit seinem Freund Paul Allen (geb. 1953) die Firma Microsoft, die heute eine marktbeherrschende Stellung hat. Gates gilt seit zehn Jahren als reichster Mann der Welt.

Lösung 139
DIGITAL

Dem Wort liegt das lateinische Digitus (Finger) zugrunde, weil digitale Signale auf Zahlenwerten beruhen. In der Regel sind das heute nur zwei verschiedene: 1 und 0. So wird z. B. in einfachen Buchstaben-Codes jeder Buchstabe als achtstellige Folge von Einsen und Nullen ausgedrückt.

Lösung 140
TROJANISCHE PFERDE

Auch Trojanische Pferde und Würmer werden umgangssprachlich als Viren bezeichnet und von Virenschutzprogrammen erfasst, obwohl sie sich in der Wirkungsweise unterscheiden. Zusammen werden die Schädlinge auch als Malware (bösartige Programme) bezeichnet.

Lösung 141
COMMODORE

Die Firma Commodore Business Machines produzierte zunächst Schreibmaschinen. In den 1980er-Jahren beherrschte sie dann mit dem C64 und später mit dem Amiga den Markt für Heimcomputer. 1994 musste sie Insolvenz anmelden. Der C64 galt zu seiner Zeit als revolutionär, was Grafik und Sound anbetraf.

Lösung 142
BYTE

Der Name wurde früher bite (engl.: Happen) geschrieben, aber geändert, um die Verwechslung mit bit (engl.: bisschen) zu vermeiden. Ein Gigabyte entspricht einer Milliarde Bytes.

Lösung 143
LOCHKARTEN

Hollerith (1860–1929) reservierte für jede Frage auf diesen Karten ein Feld, in das eine Stanzmaschine bei positiver Antwort ein Loch stanzte. Die von ihm entwickelte Hollerith-Maschine verarbeitete anschließend die Daten, indem sie die Löcher zu den einzelnen Fragen zählte. Lochkarten wurden bis

Lösungen

in die 1970er-Jahre auch noch für die Dateneingabe bei Computern benutzt.

Lösung 144
KLAMMERAFFE
Auch in vielen anderen Sprachen wurde das @ als Affe oder Affenschwanz bezeichnet, gelegentlich auch als Schlange, Wurm oder Rüssel. Die Engländer jedoch sagten „commercial a".

Lösung 145
CYBERSPACE
Übersetzt bedeutet das: kybernetischer, also steuerbarer Raum. In Zukunftsphantasien kommt es zu einer immer perfekteren Vernetzung mit dem virtuellen Raum, sodass sich die Fiktion vollkommen real anfühlt und andererseits nicht nur durch Dateneingabe, sondern durch alle Reaktionen des realen Gegenübers gesteuert wird.

Lösung 146
SILIZIUM
Silizium ist ein chemisches Element mit der Ordnungszahl 14. Vor der Verwendung für Computerchips muss es von absolut allen Verunreinigungen befreit werden. Alternativ kann auch Germanium verwendet werden, das jedoch schwerer zu gewinnen ist.

Lösung 147
HOMEPAGE
Daneben bezeichnet Homepage auch noch die Seite, die sich ein Benutzer als Startseite für seinen Browser gewählt hat.

Lösung 148
TREIBER
Treiberprogramme sind häufig schon im Betriebssystem integriert, vor allem, wenn alle Komponenten vom selben Hersteller stammen. Teilweise werden Treiber aber auch mit den Komponenten verkauft und müssen extra installiert werden.

Lösung 149
PALMTOP
Der erste Computer für die Handfläche (engl.: palm) kam 1991 auf den Markt. Die kleinen Geräte werden auch als PDA (Personal Digital Assistent) oder Organizer bezeichnet, da sie vor allem der Terminplanung und Adressenverwaltung dienen. Sie können jedoch auch alle anderen normalen Computerfunktionen inkl. Internetzugang enthalten, als mobiles Musikabspielgerät oder zur Satellitennavigation dienen. Neuester Trend ist die Zusammenführung von Palmtop und Handy in einem Gerät.

WIRTSCHAFTS-INFORMATIK

CHEMIE

Lösung 150
ALKOHOL
Der Name ist jedoch nicht korrekt. Denn chemisch gesehen sind alle organischen Verbindungen mit einer oder mehreren Hydroxygruppen (OH) Alkohole. Neben dem Etha-

nol ist das giftige Methanol der bekannteste.

Lösung 151
LOUIS PASTEUR
Das 1865 erfundene Pasteurisieren besteht in einer kurzzeitigen Erhitzung auf 60 bis 90 Grad. Milch z. B. wird ungefähr eine halbe Minute lang auf 72 bis 75 Grad erhitzt. Dabei gehen mehr als 99 Prozent aller enthaltenen Keime zugrunde.

Lösung 152
FREIE RADIKALE
Freie Radikale werden für Alterungsprozesse des Organismus, aber auch für zahlreiche Krankheiten, vor allem für Krebs, verantwortlich gemacht. Der Körper besitzt aber eine Reihe von Abwehr- und Reparaturmechanismen gegen die Radikale.

Lösung 153
ALCHEMISTEN
Das Wort kommt ebenso wie Chemie vom arabischen „al-kymiya", was „Kunst der Ägypter" bedeutet. Alchemisten waren durchaus nicht nur Scharlatane, sondern oft ernsthafte Forscher – mit den damals zur Verfügung stehenden Mitteln.

Lösung 154
ELEMENTE
Die Elemente sind chemisch gesehen tatsächlich die grundlegenden Substanzen, aus denen sich alle anderen zusammensetzen. Da auch Gold ein Element ist, ist es rückwirkend kein Wunder, dass die Alchemisten es nicht künstlich herstellen konnten, so sehr sie sich auch bemühten.

Lösung 155
SCHWEFELSÄURE
Im 19. Jh. wurde Schwefelsäure für die Herstellung der meisten chemischen Produkte direkt oder indirekt eingesetzt. Aber auch heute gehört sie noch zu den 20 wichtigsten Chemikalien in der Industrie.

Lösung 156
GÄRUNG
Bei der alkoholischen Gärung bilden Hefen aus Zucker Alkohol, bei der Milchsäuregärung wandeln Bakterien Milchzucker in Milchsäure um, und bei der Methangärung Essigsäure und Kohlendioxid zu Methan.

Lösung 157
KOHLENSTOFF
Viele kohlenstoffhaltige Substanzen wie etwa Kohle und Erdöl sind tatsächlich aus biologischer Masse entstanden und ursprünglich bezeichnete man auch in der Chemie Stoffe, die aus der Natur gewonnen wurden, als organisch. Doch, ob natürlich oder synthetisch: Kohlenstoffhaltige Substanzen haben andere chemische Eigenschaften als nicht-kohlenstoffhaltige.

Lösung 158
PVC
Polyvinylchlorid wird aus dem Monomer Vinylchlorid gewonnen, das gesundheitsschädlich und krebserregend ist. Das fertige PVC ist jedoch nicht giftig. Gefahren treten nur bei der

Lösungen

Herstellung, bei Bränden und durch lösliche Weichmacher auf.

Lösung 159
PERIODE

Das System von Mendelejew (1834–1907) und Meyer (1830–95) wird folglich Periodensystem genannt. Dabei sind nicht alle Zeilen gleich voll. Die erste Periode enthält mit Wasserstoff und Helium z. B. nur zwei Elemente.

Lösung 160
LIEBIG

Justus Freiherr von Liebig (1803–73) gilt als Begründer der landwirtschaftlichen und der Nahrungsmittelchemie.

Lösung 161
ION

Ionen wandern in elektrischen Feldern je nach Ladung zum Plus- bzw. Minuspol. Stoffe, in denen elektrischer Strom durch frei bewegliche Ionen geleitet wird, werden als Elektrolyte bezeichnet.

Lösung 162
SAUERSTOFF

Wasserstoff und Sauerstoff „verbrennen" unter Energiefreigabe wieder zu Wasser. Allerdings muss man den Wasserstoff erst einmal mit noch mehr Energie aus Wasser gewinnen. Das heißt: Wasserstofftechnologie lohnt sich nur, wenn man regenerative Energien einsetzt, z. B. überschüssige Sonnen- oder Windenergie zur Wasserstofferzeugung benutzt und diesen bei Bedarf wieder „verbrennt".

Lösung 163
SALZ

Bei der Reaktion bildet sich das Wasser aus Sauerstoff- und Wasserstoffionen. Die ionisierten Reste von Säure und Base verbinden sich zu einem Salz. Salze sind immer aus Ionen aufgebaut, besitzen eine Kristallstruktur und enthalten sowohl Metall- wie Nichtmetallionen. Es gibt sehr viele Salze, deren Namen auf -ad, -it oder -id enden. Der gewöhnliche Name von Chlorwasserstoffsäure ist Salzsäure.

Lösung 164
EDELGASE

Edelgase gehen so gut wie keine Verbindungen ein, da ihre äußeren Atomschalen vollständig mit Elektronen gefüllt sind. Edelgase als Füllung von Glühlampen reagieren z. B. nicht mit den Atomen des Glühfadens.

Lösung 165
KATALYSATOR

Auch Enzyme sind Katalysatoren. Es sind Proteine, die die Aktivierungsenergie für biologische Prozesse senken, die ohne sie gar nicht oder nur sehr langsam ablaufen würden.

Lösung 166
OZON

Im Gegensatz zu „normalen" Sauerstoffen hat Ozon einen stechenden Geruch und eine bläuliche Farbe. Es ist instabil und reagiert leicht mit anderen Stoffen. Dadurch werden z. B. menschliche Atemwege gereizt.

Lösung 167
METALLE
Im Periodensystem werden sie durch die Halbmetalle Bor, Silizium, Germanium, Arsen, Antimon, Tellur, Polonium und Astat von den Nichtmetallen getrennt. Halbmetalle haben nur teilweise metallische Eigenschaften. Sie leiten z. B. Strom nur unter bestimmten Bedingungen.

Lösung 168
SEVESO
Nach dem Unglück mussten die Bewohner mehrerer Gemeinden über ein Jahr lang ihren Häusern fernbleiben, bis die Gegend entseucht war. Das freigesetzte Dioxin (TCDD) ist der giftigste Stoff, der bislang künstlich hergestellt wurde.

Lösung 169
LEGIERUNG
Von einer Legierung spricht man nur, wenn das Endprodukt auch Metallcharakter hat. In der Grundsubstanz können jedoch auch nichtmetallische Stoffe, wie z. B. Kohlenstoff, im Eisen verschmolzen werden. Eine bekannte Legierung ist Bronze aus Kupfer und Zinn. Edelmetalle wie Gold oder Silber werden mit billigeren Metallen legiert, um Kosten zu sparen.

Lösung 170
RADIOAKTIVITÄT
Von allen radioaktiven Elementen kommen nur Uran (92) und Thorium (90) in größeren Mengen in der Natur vor, weil ihre Halbwertszeit einige Milliarden Jahre beträgt. Radioaktive Elemente mit Ordnungszahlen ab 95 werden überhaupt nur im Labor erzeugt.

GEFAHRSTOFF-VERORDNUNG

PHYSIK

Lösung 171
DYNAMIK
Die Dynamik untersucht, wie sich Beschleunigung, also das Einwirken verschiedener äußerer Kräfte, auf eine Bewegung auswirkt. Das Fundament der klassischen Mechanik bilden die Axiome von Isaac Newton (1643–1727), von denen das Trägheitsprinzip das bekannteste ist.

Lösung 172
KERNSPALTUNG
Hahn (1879–1968) hatte eigentlich Transurane herstellen wollen, indem er Uran mit Neutronen beschoss. Stattdessen erhielt er Barium und Krypton, zwei Elemente, die leichter als Uran waren. Obwohl Meitner (1878–1968) die theoretische Grundlage für die Kernspaltung lieferte, bekam 1944 nur Hahn den Nobelpreis. Beide kämpften später gegen die militärische Nutzung der Atomkraft.

Lösung 173
KELVIN
Ein Grad Celsius und ein Kelvin sind gleich groß. Der Nullpunkt der Kelvin-Skala liegt jedoch bei –273,15 Grad Celsius. Die Skala wurde von dem briti-

Lösungen

schen Physiker William Thomson (1824–1907) eingeführt, der für seine Verdienste 1892 zum Baron Kelvin of Largs ernannt wurde.

Lösung 174
UNTERDRUCK

Guerickes (1602–86) Versuch gilt auch als grundlegend für die Vakuum-Technik. Doch ein völlig leerer Raum ist technisch nicht herstellbar. Selbst in einem extremen Ultrahochvakuum können sich noch bis zu 10.000 Moleküle pro Kubikzentimeter befinden. Der Unterdruck steigt mit der sinkenden Anzahl der Moleküle.

Lösung 175
QUARKS

Den Namen wählte Murray Gell-Mann (geb. 1929) nach einem Ausspruch aus dem Roman Finnegans Wake von James Joyce (1882–1941). Es gibt sechs verschiedene Quarks. Außerdem existiert zu jedem Quark ein Antiquark mit negativer Ladung. Positiv geladene Protonen z. B. bestehen aus zwei Quarks und einem Antiquark.

Lösung 176
INFRAROTSTRAHLEN

Rot befindet sich in einem Regenbogen ganz außen und hat die längsten Wellen innerhalb des sichtbaren Lichts. Die kürzesten dagegen hat Violett. Die nächstkürzeren elektromagnetischen Wellen sind die ultravioletten oder UV-Strahlen.

Lösung 177
GRAVITATION

Gravitation wird oft mit Erdanziehung übersetzt. Doch Gravitation übt nicht nur die Erde aus, sondern jeder Körper. Allerdings hat nur die Erde genug Masse, damit wir die Kraft auch spüren. Denn die Gravitation nimmt mit der Masse der beiden beteiligten Körper zu.

Lösung 178
FRAUNHOFER

Für seine Verdienste wurde Joseph von Fraunhofer (1787–1826) zwei Jahre vor seinem frühen Tod durch Lungentuberkulose zum Ritter des bayerischen Civilverdienstordens geschlagen. Die gemeinnützige Fraunhofer-Gesellschaft ist die größte Gesellschaft für Forschungs- und Entwicklungsdienstleistungen in Europa.

Lösung 179
KILOWATTSTUNDE

Ein Joule ist eine Wattsekunde. 3600 Joule also eine Wattstunde und eine Kilowattstunde 1000 Wattstunden. Benannt ist die Einheit nach dem britischen Physiker James Prescott Joule (1818–89), der sich vor allem mit der Thermodynamik (Wärmelehre) befasste.

Lösung 180
X-RAYS

Die von Wilhelm Conrad Röntgen (1845–1923) so benannten X-Strahlen können fast alle festen Stoffe durchdringen, allerdings je nach Konsistenz mit unterschiedlicher Stärke, sodass sich ein Bild aus dem Inneren des Körpers ergibt. Durch ihre ionisierende

Wirkung richten sie aber auch Schaden an.

Lösung 181
ARCHIMEDES

Angeblich hatte Archimedes (um 287–212 v. Chr.) vom König von Syrakus den Auftrag herauszufinden, ob dessen Krone aus reinem Gold war. Archimedes kam beim Baden auf den Zusammenhang zwischen Gewicht und Wasserverdrängung, versenkte die Krone und einen Goldbarren von gleichem Gewicht im Wasser und stellte fest, dass die Krone mehr Wasser verdrängte, also leichteres Material enthalten musste.

Lösung 182
WELLEN

Inzwischen geht man vom Welle-Teilchen-Dualismus aus. Die Theorie besagt, dass Wellen auch Teilchen-Charakter und Teilchen wie z. B. Elektronen auch Wellencharakter haben. Einige physikalische Phänomene lassen sich nur erklären, wenn man Wellen annimmt, andere, wenn man von Teilchen ausgeht.

Lösung 183
MARIE CURIE

Den Physik-Nobelpreis erhielt Marie Curie (1867–1934) 1903 zusammen mit ihrem Mann Pierre (1859–1906) und Henri Becquerel (1852–1908) für die Entdeckung der Radioaktivität, den Chemie-Nobelpreis 1911 für die Entdeckung und Untersuchung der chemischen Eigenschaften der Elemente Radium und Polonium.

Lösung 184
KREISEL

In der Physik ist jede schnell um eine Achse rotierende Masse ein Kreisel.

Lösung 185
QUANTENPHYSIK

Als Quanten werden elementare Teilchen, die nicht zur atomaren Materie gehören, bezeichnet, z. B. die Photonen (Lichtteilchen) oder Magnonen (Teilchen magnetischer Anregung). Den auch umgangsprachlichen Quantensprung, den sprunghaften Übergang von einem Quantenzustand in einen anderen, gibt es jedoch nicht.

Lösung 186
KONDENSIEREN

Überhaupt nichts damit zu tun hat allerdings der Kondensator, ein Bauteil in der Elektrotechnik, das Energie in einem elektrischen Feld speichert.

Lösung 187
TELEGRAF

Vier Jahre später stellte Samuel Morse (1791–1872) seinen Fernschreiber vor und entwickelte zusammen mit seinem Partner Alfred Vail (1807–59) ein Kommunikationssystem, mit dem elf Jahre nach Gauß' (1777–1855) und Webers (1804–91) Göttinger Privatkommunikation die ersten Nachrichten über 60 km von Baltimore nach Washington befördert wurden.

Lösung 188
ATOMMODELL

Ernest Rutherford (1871–1937) gilt als einer der bedeutendsten Experimen-

Lösungen

talphysiker. Durch seine Versuche stellte er nicht nur fest, dass Atome aus viel leerem Raum bestehen, sondern auch, dass die Schale negativ, der Kern aber, da er die positiven Alphastrahlen ablenkte, ebenfalls positiv geladen sein musste.

Lösung 189
OHM
Die Einheit ist nach dem Physiker Georg Simon Ohm (1787–1854) benannt, der sich erstmals systematisch mit der elektrischen Leitfähigkeit verschiedener Materialien befasste und das so genannte Ohm'sche Gesetz verfasste.

Lösung 190
AKUSTIK
Die Akustik ist ein Teilbereich der Mechanik.

Lösung 191
STROMSTÄRKE
Als elektrischer Strom wird nicht jegliche elektrische Energie bezeichnet, sondern nur die fließende Ladung, also die gerichtete Bewegung von Elektronen oder Ionen.

MAX-PLANCK-GESELLSCHAFT

BIOLOGIE

Lösung 192
FOTOSYNTHESE
Dass die Pflanzen sich ernähren, indem sie aus Kohlendioxid und Licht, das sie über das Chlorophyll absorbieren, Zucker und Sauerstoff herstellen, entdeckte Calvin (1911–97) erst, als die Abholzung großer Waldflächen schon begonnen hatte.

Lösung 193
ZOOLOGIE
Unterbereiche sind innerer und äußerer Bau der Tiere (Anatomie und Morphologie), ihre Lebensvorgänge (Physiologie), ihre geschichtliche Entwicklung, ihre Verwandtschaftsbeziehungen untereinander (Systematik), ihre Verbreitung, ihr Verhalten und ihre Wechselbeziehung zu ihrer Umwelt.

Lösung 194
LINNÉ
Als „L." ist Carl von Linnés (1707–78) Name Zusatz vieler Namen der von ihm entdeckten Pflanzen und Tiere. Sein System ist durch die Erkenntnisse der Evolution überarbeitet worden, da einerseits andere Verwandtschaften nachgewiesen wurden und andererseits mehr Unterteilungen notwendig wurden, gilt im Prinzip aber noch immer.

Lösung 195
DINOSAURIER
Mantell (1790–1852) forschte weiter, konnte mit der Zeit seiner These von den Urzeitechsen gegen heftigen Widerstand vieler Wissenschaftler Gehör verschaffen und wurde Mitglied der Royal Society. Mit einem Sauriermuseum erlitt er aber finanziellen Schiffbruch.

Lösung 196
AMPHIBIEN
Aus dem Griechischen übersetzt bedeutet der Name „Doppellebige". Eine andere Bezeichnung ist Lurche. Amphibien sind oft sehr stark an ihren Lebensraum angepasst und stehen deshalb überwiegend auf der „Roten Liste" gefährdeter Arten.

Lösung 197
AMINOSÄUREN
Es gibt noch weitere, nicht in Proteinen vorkommende Aminosäuren. Von den so genannten proteinogenen Aminosäuren jedoch kann der menschliche Organismus acht nicht selbst herstellen, sodass sie über verschiedene, eiweißreiche Nahrungsmittel aufgenommen werden müssen.

Lösung 198
ALGEN
Grün-, Rot-, Braun- und Kieselalgen sind Pflanzen. Blaualgen dagegen, wie z. B. die populäre Spirulina, gehören zu den Bakterien. Auch sie enthalten jedoch Chlorophyll zur Photosynthese.

Lösung 199
NEANDERTALER
Die Neandertaler lebten in einer Zeit vor etwa 130.000 bis 30.000 Jahren in Europa, dem Nahen Osten und Nordafrika. Ihre Verwandtschaft mit dem heutigen Menschen ist noch nicht geklärt. Neuere DNA-Analysen lassen darauf schließen, dass eher keine Vermischung mit den Vorfahren des Homo sapiens sapiens stattfand und die Neandertaler tatsächlich ausgestorben sind.

Lösung 200
GEN
Die gesamte DNS besteht nur aus vier verschiedenen Bausteinen. Manche Abschnitte gehören keinem Gen an, manche gleich zwei. Der Mensch besitzt etwa 25.000 Gene. Im Jahr 2000 wurde das menschliche Genom erstmals vollständig dargestellt. Wie die einzelnen Gene wirken, weiß man aber noch lange nicht.

Lösung 201
BIOTOP
Das Wort wird gelegentlich auch für einen möglichst naturnah angelegten Gartenteich verwendet. Charakteristisch für ein Biotop ist jedoch, dass sich die Lebensgemeinschaft aus Pflanzen und Tieren dort auf natürliche Weise bildet.

Lösung 202
BEUTELTIERE
Der bekannteste Vertreter ist natürlich das Känguru. Beuteltiere werden oft mit Australien assoziiert, wo sich dank fehlender Konkurrenz der Plazentatiere die meisten Arten halten konnten.

Lösung 203
CHARLES DARWIN
Darwin (1809–82) entwickelte die Theorie von der Evolution, einer langsamen Entstehung der Arten durch Anpassung an ihren Lebensraum. Er propagierte dabei nicht das

Lösungen

Überleben der Stärksten, sondern der Exemplare einer Art, die den Anforderungen ihrer Umwelt am besten entsprachen.

Lösung 204
VIRUS

Viren sind außerhalb der Wirtsorganismen zu keinerlei Aktivitäten fähig. Sie können sich weder ernähren noch reproduzieren. Viele Arten überstehen das aber erstaunlich lange Zeit und können jederzeit durch Einnistung in passende Zellen wieder aktiviert werden.

Lösung 205
MERIAN

Ann Maria Sybilla Merian (1647–1717), Tochter des Kupferstechers Matthäus Merian (1593–1650), der mit Stadtansichten bekannt wurde, war eine der bedeutendsten Naturforscherinnen. Vor ihr hatte sich kaum jemand ernsthaft mit den Insekten beschäftigt, noch wurden Forschungsreisen, wie ihre zweijährige Expedition nach Suriname, unternommen.

Lösung 206
FÖTUS

Teilweise wird die eigentliche Embryogenese nicht ab der Befruchtung, sondern erst ab der dritten Schwangerschaftswoche angesetzt, da vorher vor allem eine Zellvermehrung, aber keine differenzierte Entwicklung stattfindet.

Lösung 207
KONRAD LORENZ

Vieles von dem Verhalten, das Lorenz (1903–89) bei Tieren beobachtete, ist durchaus auch beim Menschen zu finden. Bekannt wurde Lorenz v. a. durch die Entdeckung der Prägung, was ihm auch den Namen „Vater der Graugänse" einbrachte.

Lösung 208
SEXUALHORMONE

Sie dienen der Entwicklung der Sexualorgane und der Steuerung der sexuellen Funktionen. Es gibt jedoch keine „männlichen" oder „weiblichen" Sexualhormone. Alle sind sowohl bei Männern wie Frauen vorhanden, jedoch in verschiedener Konzentration.

Lösung 209
REZESSIV

Da Mitte des 19. Jh. noch kein Wissen über Gene und kaum Kenntnisse über die Mechanismen geschlechtlicher Vererbung bestand, waren Mendels (1822–84) Erkenntnisse bahnbrechend. Daneben beschäftigte sich der Mönch noch intensiv mit Bienenzucht und meteorologischen Studien.

Lösung 210
PRIMATEN

Den Ausdruck „Affen" für diese Tiergruppe hat man vermieden, da man früher zwischen Eigentlichen Affen und Halbaffen unterschieden hat, die in manchen Merkmalen mehr anderen Säugetierarten als den übrigen Affen ähnelten. Inzwischen tendiert man dazu, diese Unterscheidung nicht mehr zu treffen.

Lösung 211
BREHMS TIERLEBEN
Der erste Band von Alfred Brehm (1829–84) erschien 1864 noch unter dem Titel *Illustriertes Thierleben*. Ab 1876 hieß das Werk jedoch *Brehms Thierleben*. Zur großen Beliebtheit trugen auch die vielen Illustrationen bei, die jedoch nicht von Brehm stammten.

Lösung 212
MYKOLOGIE
Der Name kommt von dem griechischen Wort „mykes" für „Pilz".

Lösung 213
SYMBIOSE
Symbiose ist gekennzeichnet durch das Zusammenleben verschiedener Arten, meist zum gegenseitigen Vorteil.

DESOXYRIBONUKLEINSÄURE

GEOWISSENSCHAFTEN

Lösung 214
WATTENMEER
Das größte Wattenmeer der Welt liegt mit rund 8000 Quadratkilometern an der friesischen Nordseeküste, das zweitgrößte mit rund 400 Quadratkilometern in Südkorea. Wattenmeere kommen nur in gemäßigten Zonen vor, in tropischen sind derart flache Küstenbereiche mit Mangroven bewachsen und bilden Gezeitenwälder, die bei Flut im Wasser stehen.

Lösung 215
ALEXANDER VON HUMBOLDT
Über Humboldt (1769–1859) wurde auch gesagt, er vereine in sich eine ganze Akademie. Abenteuer wie die Befahrung des Orinoco und seiner Nebenflüsse verband er mit einer unglaublichen Fülle präziser Forschungsarbeiten, die auch den Blick für die ökologischen Zusammenhänge zu schärfen begannen.

Lösung 216
ALPEN
Die Kontinentaldrift von Süden nach Norden ließ etwa zeitgleich mit den Alpen auch die Pyrenäen und die Karpaten sowie den Himalaja entstehen.

Lösung 217
FLÖZE
Der bergmännische Ausdruck wird nur für Schichten mit nutzbaren Materialien verwendet.

Lösung 218
METEOROLOGIE
Ein Teilbereich ist die Klimatologie, die sich mit langfristigen klimatischen Gegebenheiten befasst und immer größere Bedeutung gewinnt. Dabei geht es aber nicht nur um das globale Klima, sondern auch um sehr begrenzte Mikroklimazonen.

Lösung 219
MORÄNEN
Auch die heutigen Gletscher bilden kleinere Moränen. Besonders mächtig sind meist die Endmoränen, die sich am Ende eines Gletschers bilden. Da-

Lösungen

neben gibt es Seitenmoränen und Grundmoränen an der Unterseite des Gletschers.

Lösung 220
GREENWICH

In diesem Stadtteil im Osten von London befand sich die königliche Sternwarte, die den Briten bereits seit 1738 als Fixpunkt für die Bestimmung des Nullmeridians diente. 1884 wurde die Definition für das internationale Koordinatensystem übernommen.

Lösung 221
TUNDRA

Die Tundra bildet eine Übergangszone zwischen den vegetationslosen arktischen Gebieten und der Taiga, die zwar ebenfalls Permafrostboden aufweist, der nur im Sommer oberflächlich auftaut, aber von Nadelwäldern bewachsen ist.

Lösung 222
KONTINENTALVERSCHIEBUNG

Vermutlich gab es vor über 300 Millionen Jahren nur zwei Kontinente auf der Erde, die sich vor etwa 250 Millionen Jahren zu einem einzigen vereinigten, der wiederum vor etwa 150 Millionen Jahren auseinander brach.

Lösung 223
TROPEN

Die Klimazone der Tropen reicht im Norden bis in die Sahara hinein, hat also teilweise alles andere als das sprichwörtliche „tropische" Klima und „tropischen" Bewuchs. Dies trifft nur für den Bereich der äquatornahen Feucht- und zugleich tief gelegenen Warmtropen zu.

Lösung 224
KREIDE

Während dieser Ära entstanden aus den Kalkschalen kleiner Meerestiere die Kreideschichten. Am Ende dieses Erdzeitalters starben die Dinosaurier aus.

Lösung 225
GEOTHERMIE

Der einfachste Weg ist, heißes Wasser aus der Erde direkt zu nutzen. Man kann jedoch auch den Dampf zur Stromerzeugung nutzen. Wo kein Wasser gefördert werden kann, besteht die Möglichkeit, ein künstliches Höhlensystem zu schaffen, in dem man eingepumptes Wasser aufheizt. Noch ist das allerdings nicht wirtschaftlich genug.

Lösung 226
DIAMANT

Im Diamant sind die Kohlenstoffatome in einem gleichmäßigen Gitter in besonders festen Strukturen verbunden. Graphit dagegen weist eine andere Struktur mit weniger stabilen Bindungen auf. Kohle besteht nur zu 60 (Braunkohle) bis 90 Prozent (Stein- und Holzkohle) aus Kohlenstoff.

Lösung 227
KRAKATAU

Kaum ein Vulkanausbruch der Neuzeit hat so viel weltweite Aufmerksamkeit erhalten wie der des Krakatau. Kaum bekannt ist, dass einige Jahrzehnte zuvor, nämlich 1815, östlich von Java durch die Folgen des Ausbruchs des Tambora mindestens doppelt so viele Menschen umkamen.

Lösung 228
AMAZONAS

Je nachdem, ob man die Quellflüsse mitzählt oder nicht, ist der Amazonas entweder mit 7250 Kilometern der längste Fluss oder hinter dem Nil (6671 km) der zweitlängste. Mit sechs Billionen Kubikmeter pro Jahr fördert er aber mehr Wasser als die drei nächstgrößeren Flüsse Nil, Jangtse und Mississippi zusammen.

Lösung 229
EL NIÑO

El Niño ist kein Produkt des Klimawandels, aber es gibt Indizien, die darauf hinweisen, dass das Phänomen in den letzten Jahrzehnten häufiger und heftiger auftritt. Die Auswirkungen reichen bis Australien und Südostasien, wo das Ausbleiben der Passatwinde für Dürre sorgt.

Lösung 230
TORNADO

Tornados oder Windhosen entstehen durch den Auftrieb warmer, feuchter Luft, wenn die Temperatur der einzelnen Luftschichten nach oben sehr schnell abnimmt.

Lösung 231
BAIKAL

Der ca. 630 Kilometer lange See im Süden Sibiriens und seine ganze Umgebung sind wegen ihrer Einzigartigkeit seit 1996 UNESCO-Weltnaturerbe. Das ökologische Gleichgewicht ist jedoch durch die Einleitung von immer mehr Industrieabwässern stark gefährdet. Mit knapp 1700 Metern Tiefe ist der Baikal auch noch der tiefste See der Welt und enthält mehr Wasser als die gesamte Ostsee, die relativ flach ist.

Lösung 232
GOLFSTROM

Die europäischen Ausläufer werden teilweise nicht mehr als Golfstrom, sondern Nordatlantikdrift bezeichnet. Sie sorgen dafür, dass Nord- und Westeuropa wesentlich milderes Klima haben als andere Regionen auf gleichem Breitengrad. Inzwischen weiß man, dass der Golfstrom nur Teil eines globalen „Förderbandes" ist, das alle Ozeane miteinander verbindet. Eine Abschwächung aufgrund von Klimaverschiebungen könnte unabsehbare Folgen für die ganze Menschheit haben.

Lösung 233
GOBI

Die Wüste Gobi mit gut einer Million Quadratkilometern Ausdehnung liegt zum größten Teil in der zu China gehörenden Inneren Mongolei und nur zu einem kleineren in der Mongolischen Republik. In China wird sie auch Shamo genannt. Die Gobi breitet sich immer weiter nach Südwesten aus und ist inzwischen keine 100 Kilometer mehr von Peking entfernt.

Lösung 234
ARKTIS

Der kleinste Ozean ist dementsprechend der Arktische Ozean, auch

Lösungen

Nordpolarmeer oder Nördliches Eismeer genannt. Die anderen vier sind Atlantik, Pazifik, Indischer Ozean und Südpolarmeer. Letzteres befindet sich rund um die Antarktis und wird durch keinerlei Landmassen von den drei angrenzenden Weltmeeren getrennt, sondern durch den sechzigsten Breitengrad. Genauso wie der Arktische Ozean aber hat auch der Antarktische sein eigenes Ökosystem.

MECKLENBURG-VORPOMMERN

UNIVERSUM UND ASTRONOMIE

Lösung 235
PLEJADEN
Die Plejaden sind in unseren Breiten etwa von Mitte September bis Ende April sichtbar. An ihrem Auf- und Untergang orientierten sich Ernte- und Aussaattermine. In anderen Kulturen kündigten sie z. B. die Regenzeit an. Sowohl in der griechischen Mythologie als auch bei den australischen Aborigines und den kalifornischen Indianern sind die Plejaden sieben Schwestern, die vor einem Mann (Orion) fliehen.

Lösung 236
GALILEO
Galileo Galilei (1564–1642) entdeckte unter anderem, dass die Milchstraße nicht aus Nebel, sondern aus Sternen besteht, dass der Jupiter vier Monde hat und die Venus Phasen wie der Mond durchläuft. All das bestätigte ihm, dass die Erde nicht der Mittelpunkt des Weltalls sein konnte.

Lösung 237
VENUS
Die Venus ist mit etwa 460 Grad der heißeste Planet unseres Sonnensystems. Der sonnennähere Merkur bringt es auf seiner beleuchteten Seite nur auf ca. 400 Grad. Die Tradition, die Venus mit der Liebesgöttin in Verbindung zu bringen, stammt schon aus Mesopotamien, wo sie als Ischtar bekannt war.

Lösung 238
HALLEY
Der nach Edmond Halley (1656–1742) benannte Komet wird wohl 2061 wieder an der Erde vorbeikommen. Auch er verliert, wie alle Kometen, bei jeder Annäherung an die Sonne etwas von seiner Masse, was den glühenden Schweif verursacht.

Lösung 239
JURI GAGARIN
Gagarin (1934–68) war sowjetischer Luftwaffenpilot gewesen. Nach zehnmonatiger Ausbildung umkreiste er am 12. April 1961 in nicht einmal zwei Stunden die Erde.

Lösung 240
SONNENFINSTERNIS
Bei Neumond steht der Mond zwischen Erde und Sonne, aber normalerweise zu hoch oder zu tief, um den direkten Sichtkontakt einzuschränken. Nur wenn er gerade die Ekliptik kreuzt, kann er den Blick auf die Sonne ver-

decken. Aber auch dabei verdeckt er die Sonne meist nur partiell und nicht vollständig.

Lösung 241
NIKOLAUS KOPERNIKUS

Kopernikus (1473–1543) hatte eigentlich einen auf Ptolemäus zurückgehenden Kalender korrigieren wollen. Dabei stieß er auf die Ideen des Aristarch von Samos und entwickelte daraus ein eigenes heliozentrisches Weltbild, das er aber erst kurz vor seinem Tod zu veröffentlichen wagte.

Lösung 242
GALAXIE

Unsere Galaxie, die Milchstraße, besteht aus etwa 200 Milliarden Sternen und hat die Form einer großen, flachen Spirale mit mehr als 100.000 Lichtjahren Durchmesser. Die Anzahl der existierenden Galaxien wird auf mindestens 500 Milliarden geschätzt.

Lösung 243
ESA

Die wohl bislang spektakulärste Mission der European Space Agency war 1985 der Start der Raumsonde Giotto, die in einer Entfernung von nur 600 Kilometern am Halleyschen Kometen vorbeiflog, und dabei nicht nur spektakuläre Bilder, sondern auch neue Erkenntnisse über die Zusammensetzung von Kometen lieferte.

Lösung 244
PLUTO

Er ist nicht nur der mit Abstand kleinste Planet, sondern hat auch eine extrem lang gezogene Umlaufbahn. Allerdings war er deutlich größer als alle Planetoiden, bis 2005 ein Himmelskörper entdeckt wurde, der möglicherweise sogar etwas größer ist als Pluto und deshalb auch der „zehnte Planet" genannt wird.

Lösung 245
STEPHEN HAWKING

Hawking (geb. 1942) leidet seit über 40 Jahren an amyotropher Lateralsklerose, die normalerweise innerhalb weniger Jahre zum Tod führt. Über seine Forschung hat er Bestseller wie *Eine kurze Geschichte der Zeit* geschrieben.

Lösung 246
MIR

Auf der Mir (russ.: Frieden) wurden nicht nur astronomische Forschungen betrieben, sondern z. B. auch große Halbleiterkristalle oder besonders fehlerfreie Gläser hergestellt, was auf der Erde schwerer zu bewerkstelligen ist.

Lösung 247
STERNSCHNUPPE

Sternschnuppen haben nichts mit Sternen zu tun. Das Aufglühen kommt auch nicht durch das Verglühen der meist winzigen Partikel zustande, sondern durch die elektrische Aufladung der Luftteilchen aufgrund der hohen Reibung. Besonders schöne Sternschnuppen gibt es jedes Jahr um den 12. August im Sternbild Perseus, wenn die Erde die Bahn des Kometen Swift-Tuttle kreuzt.

Lösungen

Lösung 248
KEPLER

Johannes Kepler (1571–1630) war es auch, der die Theorie aufstellte, der Stern von Bethlehem könne eine Konjugation von Jupiter und Saturn gewesen sein. Das heißt: Die beiden Sterne standen so nahe zusammen, dass sie wie ein besonders heller leuchteten. Ein solches Ereignis hatte er für das Jahr 7. v. Chr. errechnet.

Lösung 249
ENTERPRISE

Das Team bestand u. a. aus Captain Kirk, dem Halbvulkanier Spock mit den spitzen Ohren, der schwarzen Offizierin Uhura, einem japanischen Leutnant und einem russischen Fähnrich.

Lösung 250
POLARLICHT

Oder auch Nordlicht, obwohl sich das Phänomen in der Nähe beider Pole beobachten lässt, in Zeiten heftiger Sonnenaktivität aber auch jenseits der Polarregionen, z. B. in Mitteleuropa. Während die Lichter an den Polen oft grün sind, sind die weiter entfernten meist rot.

Lösung 251
SPACESHUTTLE

Die Namen der fünf amerikanischen Spaceshuttles waren Columbia, Challenger, Discovery, Atlantis und Endeavour. Allerdings explodierte die Challenger 1986 kurz nach dem Start und die Columbia verglühte 2003 nach dem Wiedereintritt in die Atmosphäre.

Lösung 252
KERNFUSION

Künstliche Kernfusionen sind schon gelungen, doch bislang ist die Energie, die man braucht, um die Atomkerne zum Verschmelzen zu bringen, höher, als die, die bei dem Prozess gewonnen wird.

Lösung 253
HUBBLE

Es ist nach dem Astronomen Edwin Powell Hubble benannt (1889–1953), der 1924 erstmals nachgewiesen hat, dass außer der Milchstraße noch andere Galaxien existieren.

Lösung 254
KLEINER BÄR

Der Kleine Bär oder der Kleine Wagen, von dessen lang gezogener Deichsel der Polarstern das Ende darstellt, war in der Antike als „Stern der Phönizier" bekannt, weil ihn die Phönizier als Orientierungspunkt auf ihren Seefahrten benutzten.

Lösung 255
ARMSTRONG

Die Besatzung bestand aus dem Kommandanten Neil Armstrong (geb. 1930), Edwin Aldrin (geb. 1930), dem Steuermann der Mondlandefähre, und Michael Collins (geb. 1930), der als Pilot in der Apollo-Kapsel bleiben musste und den Mond deshalb nicht betreten konnte.

PTOLEMÄISCHES WELTBILD

KUNST

Lösung 256
ERNST BARLACH
Zu Barlachs (1870–1938) bekanntesten Werken gehören der *Schwebende* im Dom zu Güstrow, der *Lesende Klosterschüler*, der im Andersch-Roman vor den Nazis gerettet wird, die verschiedenen Bettler- und Bauernfiguren nach einer Russlandreise von 1906 und der *Fries der Lauschenden*.

Lösung 257
GIOTTO
Giotto di Bondone (um 1267–1337) gilt als der entscheidende Wegbereiter der italienischen Renaissance-Malerei, die wiederum die Avantgarde der europäischen Malerei darstellte. Der Sohn eines Schmieds war von dem Maler Cimabue (um 1240–1302) entdeckt worden und brachte es zum Hofmaler des Papstes und des Königs von Neapel.

Lösung 258
AQUARELL
Einer der bedeutendsten Aquarellisten war der Romantiker William Turner (1775–1851). Er war bereits ein anerkannter Landschaftsmaler, als er 1819 durch eine Italienreise und das Licht des Südens neu inspiriert wurde. Mit seinen lichtdurchfluteten Aquarellen wurde er zum Wegbereiter des Impressionismus.

Lösung 259
JOSEPH BEUYS
Beuys (1921–86) ging es mit seinen Aktionen und ungewöhnlichen Werken um einen erweiterten Kunstbegriff. Kunst sollte mitten in der Gesellschaft und nicht nur in einer Nische stattfinden. Er war auch politisch aktiv, z. B. gegen das Wettrüsten oder für eine direktere Demokratie durch Volksabstimmungen.

Lösung 260
BLAUER REITER
Weitere Mitglieder waren u. a. Paul Klee (1879–1940), August Macke (1887–1914) und Gabriele Münter (1877–1962). Der Name stammt von einem Bild Kandinskys (1866–1944), das den Titel eines von Kandinsky und Marc 1911 herausgegebenen Almanachs schmückte.

Lösung 261
KUPFERSTICH
Der erste bedeutende Kupferstecher und Dürers (1471–1528) großes Vorbild war Martin Schongauer (um 1450–91). Wie Dürer und auch alle anderen frühen Kupferstecher war er gelernter Goldschmied. Die Darstellung wurde in die Kupferplatten graviert und dann gedruckt.

Lösung 262
BAROCK
Dieser Stil begann sich Ende des 16. Jh. in Italien zu entwickeln. Im Gegensatz zur vorausgegangenen Renaissance ist er überschwänglich und bewegt. Rubens (1577–1640) gilt als der herausragende Maler des flämischen Barock.

Lösung 263
PICASSO

Lösungen

Pablo Picasso (1881–1973) gilt als einer der bedeutendsten Künstler des 20. Jh. Er schuf über 15.000 Werke. Seine verschiedenen Schaffensperioden (z. B. blaue und rosa Periode) haben der modernen Kunst entscheidende Impulse gegeben.

Lösung 264
JUGENDSTIL
Der Name stammt von der Kunstzeitschrift *Jugend*, ist aber weniger aussagekräftig als etwa Art Nouveau. Denn der Stil ist wenig einheitlich. Im Grunde umfasst er mehrere moderne Tendenzen in Malerei, Grafik, Architektur und im Design von Möbeln, Alltagsgegenständen und Mode in der Zeit der Wende vom 19. zum 20. Jh.

Lösung 265
REMBRANDT
Im Zuge einer Restaurierung stellte man fest, dass Rembrandt van Rijn (1606–69) eigentlich eine Tag-Szene gemalt hatte. Trotzdem bleibt das Spiel mit Licht und Schatten eines von Rembrandts hervorstechenden Talenten.

Lösung 266
GRAFFITI
Naegeli (geb. 1939) wurde als „Sprayer von Zürich" bekannt. Inzwischen werden seine und andere künstlerisch anspruchsvollere Graffitis meist akzeptiert. Ihren Ursprung hat die Szene jedoch nicht in aufwändig gesprühten Bildern, sondern dem „Tagging", dem schnellen Hinkritzeln des eigenen Markenzeichens.

Lösung 267
LEONARDO DA VINCI
Leonardo (1452–1519) gilt als eines der größten Universalgenies, die je gelebt haben. Er betätigte sich als Maler, Bildhauer, Architekt, Musiker, Ingenieur, Mechaniker, Naturforscher und Philosoph. Seine bekanntesten Werke sind aber zwei Bilder: die *Mona Lisa* und das *Abendmahl*.

Lösung 268
CASPAR DAVID FRIEDRICH
Friedrich (1774–1840) vertrat pantheistische Auffassungen, nach denen sich das Göttliche in der Natur manifestiert. Für den Menschen bleibt da nur die Rolle des überwältigten Betrachters.

Lösung 269
KÄTHE KOLLWITZ
Kollwitz (1867–1945) begann ihr Schaffen mit historischen Themen wie Bauernkrieg oder Weberaufstand, verarbeitete dann mehr und mehr die Gegenwart und ging in ihrem Spätwerk zu Themen wie „Mutter und Kind", „Schutz und Erbarmen" über.

Lösung 270
LASCAUX
Neben den Malereien von Lascaux im französischen Departement Dordogne sind noch die von Altamira in Spanien weltberühmt. Sie gehören dem Levantestil an, der kleinteiligere Jagdszenen zeigt.

Lösung 271
PAUL GAUGUIN

Es gibt sogar die Vermutung, dass van Gogh (1853–1890) sich sein Ohr nicht selbst im Wahn verstümmelte, wie oft behauptet wurde, sondern, dass er von Gauguin (1848–1903) im Streit verletzt wurde.

Lösung 272
POP-ART
Neben der Deutung, dass Pop-Art als Kurzform für „popular art" steht, gibt es auch noch die, dass sich der Name auf das englische Wort „to pop" (knallen) bezieht. Die Künstler selber verstanden ihre Hinwendung zum Populären, Trivialen oft auch als Antikunst.

Lösung 273
OSTERINSEL
Als James Cook (1728–79) die mitten im Pazifik gelegene, heute zu Chile gehörende Insel besuchte, waren alle Moais, wie die Steinriesen genannt werden, umgestürzt. Ursprünglich jedoch standen sie auf Ritualplattformen oberhalb der Dörfer.

Lösung 274
MOSAIK
Die Hauptstadt der Mosaiken ist Ravenna, wo nicht nur San Vitale, sondern auch die Kirchen San Apollinare Nuovo, San Apollinare in Classe, zwei Baptisterien, das Mausoleum der Galla Placida und die Kapelle San Andrea mit Bildern aus kleinen Steinchen geschmückt sind.

Lösung 275
SIXTINISCHE KAPELLE
Das Bild ist Teil des berühmten und jüngst frisch restaurierten Freskenzyklus an der Decke der unter Papst Sixtus IV. erbauten Sixtinischen Kapelle. An der Stirnseite befindet sich Michelangelos (1475–1564) Monumentalgemälde *Das jüngste Gericht*. Die übrigen Wände sind von anderen Renaissance-Künstlern bemalt.

Lösung 276
ABSTRAKTE KUNST
Malewitsch (1878–1935) bezeichnete seine Bilder als „nackte, gerahmte Ikonen". Die Kunst sollte vom Ballast des Gegenständlichen befreit werden und ganz für sich stehen.

Lösung 277
GOYA
Francisco de Goya (1746–1828) gilt als Wegbereiter der Moderne und als Künstler, der seiner Zeit weit voraus war. Trotz seiner schonungslosen Darstellungen war er jedoch Hofmaler der bourbonischen Könige.

MICHELANGELO BUONARROTI

LITERATUR

Lösung 278
KLAUS
Andere bedeutende Werke von Klaus Mann (1906–49) sind *Kind dieser Zeit*, *Flucht in den Norden*, *Treffpunkt im Unendlichen*, *Symphonie Pathétique*, *Der Vulkan* und *Wendepunkt*. Seine

Lösungen

Schwester Erika (1905–69) verfasste Kinder- und Jugendbücher, war aber vor allem Kabarettistin. Sein Bruder Golo (1909–94) war ein renommierter Historiker und schrieb unter anderem Bücher über Wallenstein und Wilhelm II.

Lösung 279
FALLADA
Hans Fallada (1893–1947) schrieb unter anderem *Kleiner Mann, was nun?*, *Wer einmal aus dem Blechnapf frißt*, *Der eiserne Gustav*, *Wolf unter Wölfen*, *Bauern, Bomben und Bonzen*, *Jeder stirbt für sich allein* und *Der Trinker*, das auf seinen eigenen Erfahrungen mit Alkoholismus beruht.

Lösung 280
ILIAS
Die *Ilias* ist das älteste bekannte Werk der europäischen Literatur. Das Epos besteht aus 24 Gesängen und entstand wohl im 8. Jh. v. Chr. Zusammen mit der *Odyssee* wird sie Homer zugeschrieben, von dem jedoch nicht sicher ist, wann er überhaupt gelebt hat.

Lösung 281
ROWLING
Joanne Rowling (geb. 1965) dachte sich nach eigenen Angaben 1990 die Figur Harry Potter aus. 1995 erschien ihr Roman *Harry Potter und der Stein der Weisen* und machte sie mit einem Schlag berühmt. Der große internationale Durchbruch kam 1999 mit dem dritten Band *Harry Potter und der Gefangene von Askaban*.

Lösung 282
OSCAR WILDE
Obwohl Wilde (1854–1900) das prüde viktorianische England mit frivolen Texten in Aufregung versetzte und immer den Vorrang der Kunst vor der Moral predigte, gibt es bereits vor seiner Zuchthausstrafe wegen Homosexualität schon sehr melancholische und moralische Texte von ihm, vor allem seine Märchen.

Lösung 283
WALTHER VON DER VOGELWEIDE
Walther wurde wohl um 1170 in Niederösterreich geboren und starb um 1230 in Würzburg. Von ihm sind knapp 100 Lieder und viele Sprüche überliefert, in denen er im Gegensatz zu vielen anderen Sängern der Zeit auch auf politische Ereignisse Bezug nahm.

Lösung 284
HERCULE POIROT
Den belgischen Detektiv erfand Agatha Christie (1890–1976) 1920 und widmete ihm 38 Bände, darunter so bekannte wie *Mord im Orient-Express* und *Tod auf dem Nil*. Miss Marple trat erst zehn Jahre später in Erscheinung und ermittelte nur in zwölf Romanen und mehreren Kurzgeschichten. Weniger bekannt ist das Detektivpaar Tommy und Tuppence Beresford mit fünf Fällen.

Lösung 285
HEINRICH BÖLL
Die verlorene Ehre der Katharina Blum heißt das Werk, in dem Böll (1917–85)

sich mit der Hysterie um RAF-Sympathisanten, zu denen ihn manche selber zählten, auseinander setzte. Weitere wichtige Werke Bölls sind: *Doktor Murkes gesammeltes Schweigen, Ende einer Dienstfahrt, Irisches Tagebuch, Ansichten eines Clowns, Frauen vor Flusslandschaft* oder *Gruppenbild mit Dame*.

Lösung 286
ANNA AMALIA
Die Herzogin (1739–1807) war nicht nur eine bedeutende Mäzenin, sondern komponierte auch selbst. Nach ihr ist die von Goethe 35 Jahre lang geleitete und 2004 ausgebrannte Herzogin-Anna-Amalia-Bibliothek in Weimar benannt.

Lösung 287
GILGAMESCH
Das *Gilgamesch-Epos*, die älteste literarische Überlieferung der Menschheit und eines der wichtigsten Kulturgüter des Nahen Ostens, entstand um 2000 v. Chr. in Ninive. Tatsächlich gelebt hat Gilgamesch etwa 700 Jahre früher als Stadtfürst von Uruk.

Lösung 288
ZOLA
Germinal ist der 13. von 20 Romanen, die Émile Zola (1840–1902) um die Nachkommen der Gärtnerstochter Adelaide Rougon und des Schmugglers Macquart schrieb. Neben ihrem literarischen Wert gelten sie als kulturgeschichtliche Fundgrube über Leben und Denken der kleinen Leute im Zweiten Kaiserreich.

Lösung 289
NIBELUNGENLIED
Attila (um 406–453) heißt hier Etzel. Er heiratet Kriemhild, die Witwe Siegfrieds. Diese lädt ihre Brüder und die burgundischen Gefolgsleute zu sich ein. Das Lied schildert den Zug die Donau hinunter und auch die Begegnung mit deutschen Fürsten wie Rüdiger von Bechlarn, die Etzels Vasallen sind.

Lösung 290
METAMORPHOSEN
Übersetzt lautet der Titel „Verwandlungen", da es in jeder Geschichte um eine Verwandlung geht. Vor Göttern fliehende Nymphen werden zu den Gewächsen, deren Namen sie tragen. Zeus verwandelt sich und seine Geliebten, um seine Gattin Hera zu täuschen. Helden werden zu Sternbildern. Ovid (43 v. Chr.–17 n. Chr.) schrieb das Werk am Ende seines Lebens in der Verbannung.

Lösung 291
EIN WEITES FELD
Der Roman, der 1995 erschien, verband die fiktiven Gestalten des ostdeutschen Büroboten Theo Wuttke und des Stasi-Spitzels Hoftaller mit der Biografie des Dichters Theodor Fontane und wurde vor allem wegen der Einschätzung der DDR als „kommoder Diktatur" angefeindet.

Lösung 292
KAMASUTRA
Das *Kamasutra* enthält zwar eine Anleitung für diverse erotische Praktiken. Insgesamt jedoch stellt es einen Ver-

Lösungen

haltensratgeber für Angehörige der Oberschicht dar. Die richtige Kleidung und Gestaltung des Wohnraums sind ebenso Thema wie Bildung und angenehmes Auftreten.

Lösung 293
DIE BRÜDER KARAMASOV
Der Roman erschien 1880 und ist Dostojewskis (1821–81) letztes großes Werk. Daneben machten ihn vor allem *Schuld und Sühne* sowie *Der Idiot* berühmt.

Lösung 294
GOETHE
Johann Wolfgang von Goethe (1749–1832) schrieb das Gedicht im Alter von 25 Jahren. Er lebte damals als junger Advokat in Frankfurt und bekam Ideal und Wirklichkeit der Rechtssprechung in Deutschland hautnah mit. Im selben Jahr begann er auch seinen ersten großen Roman *Die Leiden des jungen Werther*.

Lösung 295
JANE AUSTEN
Elizabeth Bennet ist die Heldin aus *Stolz und Vorurteil*. Daneben schrieb Jane Austen (1775–1817) u. a. noch *Gefühl und Verstand*, *Northanger Abbey*, *Emma*, *Mansfield Park* und *Überredung*.

Lösung 296
BULLERBÜ
Weitere beliebte Werke von Lindgren (1907–2002) sind *Michel aus Lönneberga*, *Madita*, die Detektiv-Romane um Kalle Blomquist, die Serie über Karlson vom Dach, der einen Propeller auf dem Rücken hat, und *Die Brüder Löwenherz*, eine Auseinandersetzung mit dem Tod.

Lösung 297
BALLADE
Das Wort stammt aus dem mittelalterlichen Südfrankreich, wo es ein Tanzlied bezeichnete, das in mehreren Strophen eine dramatische Begebenheit – meist mit katastrophalem Schluss – erzählte.

Lösung 298
JACOB UND WILHELM
Jacob (1785–1863) war ein Jahr älter. Beide hatten außer Literatur auch Jura studiert und Jacob war Mitglied der Frankfurter Nationalversammlung. Wilhelm (1786–1859) hatte im Gegensatz zu seinem Bruder Familie.

ALSO SPRACH ZARATHUSTRA

KLASSISCHE MUSIK

Lösung 299
LEIPZIG
Der Chor war im Jahr 1212 durch die Gründung eines Augustinerstifts samt Klosterschule an der Leipziger Kirche St. Thomas entstanden. Doch schon zu Bachs Zeiten war der Kantor nicht nur Chorleiter des Thomanerchores, sondern für die Musik an den vier Leipziger Hauptkirchen zuständig.

Lösung 300
LUDWIG VAN BEETHOVEN
Ab etwa 1800 begann Beethoven (1770–1827) an zunehmender Taubheit zu leiden. Trotzdem schrieb er einige seiner berühmtesten Werke wie die Messe *Missa solemnis* (1822) und die 9. *Symphonie* (1824), als er bereits überhaupt nichts mehr hören konnte.

Lösung 301
PARSIFAL
Richard Wagner (1813–83) komponierte außerdem die Opern *Der fliegende Holländer*, *Tannhäuser*, *Lohengrin*, *Der Ring des Nibelungen* und *Tristan und Isolde*. Sein Frühwerk jedoch, bestehend aus *Die Hochzeit*, *Die Feen*, *Das Liebesverbot* und *Rienzi*, so verfügte er, sollte nie in Bayreuth aufgeführt werden.

Lösung 302
DREIKLANG
Dagegen stellt ein Vierklang einfach einen Akkord aus vier gleichzeitig gespielten Tönen dar, die keinen speziellen Gesetzmäßigkeiten gehorchen müssen.

Lösung 303
AIDA
Die Oper wurde am 24. Dezember 1871 in Kairo mit riesigem Erfolg uraufgeführt und ist heute eine der beliebtesten Opern überhaupt. Guiseppe Verdi (1813–1901) komponierte außerdem noch 27 weitere Opern, darunter *La Traviata*, *Nabucco*, *Il Trovatore*, *Rigoletto*, *Otello* und *Falstaff*.

Lösung 304
STRADIVARI
Antonio Stradivari (um 1644–1737) ist der berühmteste aller Geigenbaumeister. Wissenschaftler rätseln noch immer, welchen Geheimnissen seine Geigen ihren einzigartigen Klang verdanken. Seine Lady Tennant Stradivarius, die auf einer Auktion über zwei Millionen Dollar brachte, ist die teuerste Geige überhaupt.

Lösung 305
CLARA SCHUMANN
Ihr Gatte Robert Schumann (1810–56) wollte auch Clara (1819–96) zum Komponieren bewegen. Doch sie tat es nur in relativ geringem Umfang ihm zuliebe. Dagegen erspielte sie mit ihren Konzerten in ganz Europa einen Großteil des Lebensunterhalts der Familie. Während Robert früh in einer Nervenheilanstalt starb, blieb Clara bis kurz vor ihrem Tod eine gefeierte Pianistin.

Lösung 306
SONATE
Die klassische Sonate besteht aus vier Sätzen. Der erste stellt das Thema vor. Es folgen in der Regel ein langsamer, ruhiger Satz und ein bewegter dritter (Scherzo oder Menuett). Der vierte knüpft entweder wieder am ersten an oder klingt in einem Rondo aus. Die klassische Symphonie ist ein entsprechend gestaltetes Werk für große Orchester.

Lösung 307
JOSEPH HAYDN

Lösungen

Angeblich hat Joseph Haydn (1732–1809) aufgehört, Opern zu schreiben, weil ihm sein Freund Mozart dabei überlegen war. Dafür widmete er sich den Instrumentalstücken. Er hat über 100 Symphonien, über 80 Streichquartette sowie viele Konzerte und Sonaten geschrieben, die im Lauf seines Lebens immer kunstvoller und origineller wurden.

Lösung 308
C-DUR
Da bei der klassischen europäischen Dur-Tonleiter das jeweils dritte und siebte Intervall nicht aus einem Ganzton-, sondern nur einem Halbtonschritt bestehen, ändern sich Töne, wenn man die Tonleiter beispielsweise nicht mit c, sondern d beginnt. Die D-Dur-Tonleiter lautet d – e – fis – g – a – h – cis – d, wobei fis und cis jeweils einen halben Ton über c und f liegen.

Lösung 309
MARIA CALLAS
Die Callas (1923–77) liebte besonders die koloraturenreichen, italienischen Belcanto-Opern aus dem 17. bis 19. Jh., die durch sie wiederentdeckt wurden, wie z. B. Norma von Vincenzo Bellini (1801–35) oder die Werke von Gioacchino Rossini (1792–1868) und Gaetano Donizetti (1797–1848).

Lösung 310
ALLEGRO
Insgesamt reichen die Anweisungen von „grave" (schwer) bis „prestissimo" (sehr schnell). Gelegentlich wird versucht, die Tempi mit einer bestimmten Anzahl von Schlägen des Metronoms pro Minute zu definieren.

Lösung 311
CHOPIN
Frédéric oder Fryderyk Chopin (1810–49) galt als Wunderkind und komponierte seine erste Polonaise schon mit sieben Jahren. Trotz seines frühen Todes infolge einer seit der Jugend bestehenden Tuberkuloseinfektion schrieb er über 100 Klavierwerke.

Lösung 312
BARITON
Auch der Bariton wird oft nochmals unterschieden, in den mehr zum Tenor neigenden und den mehr zum Bass neigenden Bariton. In der Oper kennt man den höheren Lyrischen Bariton, den mittleren Kavaliersbariton und den recht tiefen Heldenbariton.

Lösung 313
CARMINA BURANA
Das Stück beruht auf einer Sammlung von mittelalterlichen Liebes-, Trink- und Vagantenliedern, die 1803 im Kloster Benediktbeuren entdeckt wurde. Carl Orff hat 24 davon für die Carmina Burana vertont.

Lösung 314
DIE ZAUBERFLÖTE
Die Oper wurde in Schikaneders Theater uraufgeführt. Er selbst sang dabei den Papageno. Mozart hat insgesamt 21 Opern geschrieben, dazu jeweils Dutzende von Messen, Orchesterwerken, Kammermusiken und Klavierstücken.

Lösung 315
GEWANDHAUS

Insgesamt gab es drei Gewandhäuser. Das zweite wurde 1884 als reines Konzerthaus für das Gewandhausorchester gebaut und Neues Gewandhaus genannt. Nach seiner Zerstörung im Krieg wurde 1977 mit dem Bau des heutigen Gewandhauses begonnen, das 1981 eröffnet wurde.

Lösung 316
HÄNDEL

Georg Friedrich Händel (1685–1759) schrieb über 40 Opern und 25 Oratorien, dazu einige Instrumentalstücke, von denen die *Feuerwerksmusik* und die *Wassermusik* die bekanntesten sind. Sein *Messias* wird in Großbritannien und den USA gerne im Advent oder vor Ostern aufgeführt.

Lösung 317
WILHELM FURTWÄNGLER

Wilhelm Furtwängler (1886–1954) wurde mit Unterstützung des jüdischen Geigers Yehudi Menuhin (1916–99) entnazifiziert und konnte seine Karriere fortsetzen. In den USA jedoch blieb er aufgrund fehlender Distanzierung zu seiner NS-Vergangenheit unerwünscht.

Lösung 318
A

A-Moll ist damit das Pendant zu C-Dur. Als Moll-Tonarten werden alle Tonarten bezeichnet, deren Tonleitern mit einer kleinen Terz beginnen, also an erster oder zweiter Stelle ein Halbtonintervall haben, während Dur-Tonleitern mit einer großen Terz beginnen, also frühestens an dritter Stelle ein Halbtonintervall haben.

Lösung 319
OPERETTE

Trotz ihres Namens, der „kleine Oper" bedeutet, entwickelte sich die Operette eher aus dem Singspiel. Im Gegensatz zur durchkomponierten Oper weist sie in der Regel auch gesprochene Dialoge auf. Aus der Operette hat sich das Musical entwickelt.

GREGORIANISCHER CHORAL

POPMUSIK

Lösung 320
MOONWALK

Der Schritt wurde auch schon früher verwendet, beispielsweise von dem Pantomimen Jean-Louis Barrault (1910–94) in dem französischen Film *Die Kinder des Olymp* von 1945. Er wurde durch Jackson aber perfektioniert und avancierte zu seinem Markenzeichen.

Lösung 321
NEW ORLEANS

Ab etwa 1915 traten zahlreiche Bands aus New Orleans mit dem Anspruch auf, einen neuen Musikstil zu spielen und begannen sich als Jazz-Bands zu bezeichnen, ein Wort, das wahrscheinlich von einem Kreolausdruck für Energie, Tatkraft und Vitalität stammt.

Lösungen

Lösung 322
RINGO STARR
Er löste den Schlagzeuger Pete Best (geb. 1941) ab. Der Gründer der Band war John Lennon (1940–1980) gewesen. Er lernte auf einem Kirchenfest 1957 Paul McCartney (geb. 1942) kennen, der sich den Quarry Men anschloss und ein Jahr später seinen Freund George Harrison (1943–2001) mitbrachte.

Lösung 323
RAP
Ursprünglich galt es beim Rap aus dem Stegreif möglichst lange und ohne Pause im Takt der Musik zu sprechen. Dabei wurde oft zu Beschreibungen der eigenen Situation gegriffen. Vorgefertigte Texte, Aggressivität und Beschimpfungen als Stilmerkmal kamen erst mit der Kommerzialisierung auf.

Lösung 324
MADONNA
Madonna Ritchie (geb. 1958) ist mit rund 275 Millionen verkauften Tonträgern die erfolgreichste Künstlerin der Gegenwart. Indem sie ihren Stil ständig änderte, blieb sie über die Jahre Trendsetterin der Popkultur. 1997 bekam sie den Golden Globe für die Titelrolle in dem Musicalfilm *Evita*.

Lösung 325
JESUS CHRIST SUPERSTAR
Das Stück traf den religiösen Nerv der Zeit und binnen Kurzem saßen begeisterte Nonnen bei den Aufführungen in der ersten Reihe. Andrew Lloyd Webber (geb. 1948) landete in der Folge mit *Evita, Cats, Starlight Express* und *Phantom of the Opera* weitere Welterfolge.

Lösung 326
BLUES
Die Blue Notes, die für den Blues charakteristisch sind, sind Töne, die auf der Dur-Tonleiter zwischen kleiner und großer Terz bzw. reiner und verminderter Quint liegen. Der Blues beeinflusste nicht nur den Jazz, sondern bildet vor allem die Wurzeln des Rhythm&Blues und damit auch des Rock 'n' Roll.

Lösung 327
JOAN BAEZ
Joan Baez' (geb. 1941) Musik ist untrennbar mit ihrem politischen Engagement verbunden. Sie trat regelmäßig bei Protestkundgebungen auf, vor allem gegen den Vietnamkrieg, aber auch gegen das Francoregime, die südamerikanischen Diktaturen, Landminen oder die Diskriminierung Homosexueller in den USA.

Lösung 328
ROLLING STONES
Von den Gründungsmitgliedern sind noch Mick Jagger (geb. 1943) und Keith Richards (geb. 1943) aktiv. Schlagzeuger Charlie Watts (geb. 1941) ist seit 1963 Mitglied der Band, Gitarrist Ron Wood seit 1975 und Bassist Daryl Jones offiziell gar nicht, faktisch aber seit 1993. Der bekannteste Hit der Stones ist wohl *Satisfaction*.

Lösung 329
LOVE PARADE
Die erste Love Parade war eine kleine Veranstaltung mit nur 150 Teilnehmern auf dem Berliner Kurfürstendamm. Der Höhepunkt war 1999 mit 1,5 Millionen Teilnehmern erreicht. 2003 wurde die Love Parade erstmals von der Züricher Streetparade in den Schatten gestellt. 2004 und 2005 scheiterte die Veranstaltung an Finanzierungsproblemen, nachdem ihr der Status als politische Demonstration aberkannt worden war.

Lösung 330
WATERLOO
Der Text dreht sich um das persönliche Waterloo in der Liebe. Der erfolgreichste Titel der Gruppe ist aber *Fernando*, der 1975 als Single herauskam.

Lösung 331
ELVIS PRESLEY
That's all right Mama gilt als eines der ersten Stücke des Rock 'n' Roll. Allerdings ist es schwierig, den Rock 'n' Roll klar vom Rhythm&Blues abzugrenzen. Gelegentlich wird sogar der Vorwurf laut, der Rock 'n' Roll wäre die kommerzielle Ausschlachtung des schwarzen R&B durch Weiße gewesen.

Lösung 332
REGGAE
Der Reggae entstand auf Jamaika in den 1960er-Jahren aus dem Ska, von dem er sich vor allem durch die langsameren Beats unterscheidet. Marley (1945–1981) verband die neue Musikrichtung mit der Religion der Rastafaris, die in den 1930er-Jahren auf Jamaika entstanden war, und wurde einer der Vorkämpfer für die Rechte der Schwarzen.

Lösung 333
TAKE THAT
Die Gruppe wurde 1989 als eine der ersten Boygroups gegründet. Sieben Monate nachdem Robbie Williams (geb. 1974) ausgestiegen war, löste sie sich 1996 auf, obwohl zahlreiche Teenager mit Selbstmord drohten. 2005 gab die Gruppe ihr Comeback ohne Williams bekannt.

Lösung 334
REINHARD MEY
Mey (geb. 1942) hat inzwischen 23 Studioalben herausgebracht, zuletzt Nanga Parbat im Jahr 2004. Das bekannteste Lied des begeisterten Fliegers dürfte *Über den Wolken* sein.

Lösung 335
JIMI HENDRIX
Hendrix (1942–1970) gilt als der Musiker, der das Spiel auf der Gitarre zum ersten Mal in den Mittelpunkt eines Auftritts stellte und wilder und fantasievoller mit seinem Instrument umging als jeder andere. Als legendär gilt seine Version der amerikanischen Nationalhymne, bei der er zwischen den Noten Kanonenschüsse imitierte.

Lösung 336
DIE ÄRZTE
Zu den bekanntesten Liedern der Band gehört *Schrei nach Liebe*. Mit diesem

Lösungen

Song bezogen sie 1993 dezidiert gegen den Rechtsradikalismus Stellung.

Lösung 337
YESTERDAY
Angeblich ist Paul McCartney eines Morgens mit der kompletten Melodie im Kopf aufgewacht, hatte aber noch keinen Text. Unter dem Arbeitstitel *Scrambeld eggs* wurde die Melodie zum running gag in der Band, bevor McCartney den Titel *Yesterday* fand und daraus den Text entwickelte.

Lösung 338
PUHDYS
Die Band wurde 1965 gegründet. Ihr Name setzt sich aus den Anfangsbuchstaben der Gründungsmitglieder Peter Meyer, Udo Jacob, Harry Jeske und Dieter Hertrampf zusammen.

Lösung 339
MODERN TALKING
Dieter Bohlen (geb. 1954) und Thomas Anders (Bernd Weidung, geb. 1963) erzielten gleich mit ihrer ersten Single *You' re my heart, you' re my soul* einen Nr.-1-Hit. Bis zu ihrer Trennung im Jahr 1987 verkauften sie rund 60 Millionen Tonträger und etwa genauso viel während ihres Comebacks zwischen 1998 bis 2003.

Lösung 340
SPICE GIRLS
Die Gruppe bestand aus Geri Halliwell (geb. 1972), Melanie Chisholm (geb. 1974), Melanie Brown (geb. 1975), Emma Bunton (geb. 1976) und Victoria Adams (geb. 1974), die als Gattin des Fußballspielers David Beckham (geb. 1975) für Schlagzeilen sorgt.

EUROVISION SONG CONTEST

ARCHITEKTUR

Lösung 341
SCHIEFER TURM VON PISA
Der Turm bildet zusammen mit dem Dom, einem Baptisterium und einem ummauerten Friedhof ein imposantes Gesamtensemble. Es wurde jedoch im 12. Jh. in eine Schwemmsandebene des Arno gesetzt, wo der weiche Untergrund an der Südseite des Turmes schon bald nachzugeben begann.

Lösung 342
AKROPOLIS
Der Burgberg von Athen, die Akropolis, wurde nach der Zerstörung durch die Perser ab 448 v. Chr. neu bebaut. Neben dem Parthenon sind vor allem der Tempel Erechtheion und die Toranlage, die Propyläen, berühmt.

Lösung 343
DUBAI
Dubai ist nach Abu Dhabi das zweitgrößte Fürstentum der Vereinigten Arabischen Emirate. Die Mehrzahl der Einwohner sind Ausländer, darunter etwa 50.000 Millionäre, die man mit Luxusanwesen auf den künstlichen Inseln lockt.

Lösung 344
BAROCK
Mit der Sinnlichkeit und Lebensfreude des Barock wollte die katholische Kirche ganz bewusst die durch die Reformation verlorenen Gläubigen wiedergewinnen. Doch die wichtigsten Barockbauten, wie z. B. Schloss Versailles, ließen weltliche Fürsten erstellen.

Lösung 345
JÜDISCHES MUSEUM
Im Idealfall soll die Gebrochenheit des Gebäudes Probleme aufzeigen, die in Zusammenhang mit diesem existieren. So veranschaulicht Libeskind (geb. 1946) mit der Architektur seines Museums die Gebrochenheit der jüdischen Geschichte.

Lösung 346
ULMER MÜNSTER
Das Ulmer Münster wurde von 1377 bis 1419 von der Bürgerschaft gebaut und ist heute die größte protestantische Kirche der Welt. Der 161 Meter hohe Turm konnte allerdings erst 1890 vollendet werden.

Lösung 347
HUNDERTWASSER
In den 1970er-Jahren wurde Friedensreich Hundertwasser (Friedrich Stowasser, 1928–2000) wegen seiner vielen radikalen Manifeste noch als Spinner abgetan. Das änderte sich, nachdem er 1983 in Wien sein erstes Haus hatte bauen dürfen.

Lösung 348
CLOACA MAXIMA
Der Kanal wurde geschaffen, als der etruskische König von Rom Tarquinius Priscus (reg. 616–579 v. Chr.) die Senke zwischen den Hügeln Kapitol und Palatin entwässern ließ. Der Kanal war etwa drei Meter breit und konnte zur Wartung mit Booten befahren werden.

Lösung 349
BASILIKA
Die ersten Basiliken in Rom waren S. Giovanni in Laterano, S. Paolo fuori le mura, S. Sabina, S. Maria Maggiore und die alte St. Peterskirche. Der Name kommt von dem griechischen Wort „Basileus", das einen Machthaber, später einen König, bezeichnete.

Lösung 350
BRASILIA
Von Oscar Niemeyer (geb. 1907) stammen die Repräsentativbauten wie das Parlament und die Kathedrale, von Lucio Costa (1902–98) die Stadtplanung in Form eines Flugzeuges. Die Wohngebäude, die auf den „Flügeln" abseits der Hauptverkehrsachsen untergebracht waren, reichten jedoch bei Weitem nicht aus.

Lösung 351
BRANDENBURGER TOR
Carl Gotthard Langhans (1732–1808) kreierte es als eine Mischung aus den griechischen Propyläen und einem römischen Triumphbogen. Die bedeutendsten klassizistischen Bauten Berlins wie die Neue Wache baute Karl Friedrich Schinkel (1781–1841).

Lösungen

Lösung 352
NORMAN FOSTER
Weitere wichtige Bauten von ihm sind der Flughafen von Hongkong, die Hauptverwaltung der Swiss Re-Rückversicherung in London, das Design des Viadukts von Millau, der Commerzbank-Tower in Frankfurt und die neue Philologische Bibliothek der Freien Universität Berlin.

Lösung 353
ROMANIK
Während dieser Epoche, die je nach Region zwischen 1150 und 1250 endete, gab es den ersten Bauboom nördlich der Alpen. Es wurden Zehntausende von Kirchen, Klöstern und Burgen gebaut, die mit der Zeit durch größere Fenster und Zierrat ihren Wehrcharakter verloren.

Lösung 354
BAUHAUS
Gropius (1883–1969) ließ das Wort „Kunst" verbieten und erklärte das Staatliche Bauhaus in Weimar zur Werkstätte für funktionale Dinge und Bauten, deren Ästhetik in ihrem klaren Nutzen und ihrer Einfachheit liegen sollte.

Lösung 355
LEUCHTTURM VON ALEXANDRIA
331 v. Chr. eroberte Alexander der Große (356–323 v. Chr.) Ägypten und befahl sowohl die Gründung der Hafenstadt Alexandria wie auch den Bau eines hohen Turmes auf der vorgelagerten Insel Pharos. Tatsächlich gebaut wurde der rund 130 Meter hohe Turm erst 299 bis 279 v. Chr. Im 14. Jh. wurde er durch mehrere Erdbeben zerstört.

Lösung 356
MAYA
Die erste große Pyramide Mittelamerikas war die 63 Meter hohe Sonnenpyramide von Teotihuacan, einem Stadtstaat in der Nähe des heutigen Mexiko-City, der im 5. und 6. Jh. das kulturelle Zentrum der Region war. Davon beeinflusst begann die Blütezeit der Mayakultur um 600 im Gebiet zwischen Honduras und Südmexiko.

Lösung 357
PANTHEON
Das Pantheon wurde zwischen 117 und 128 erbaut und ist das am besten erhaltene Bauwerk der römischen Antike. Seine Kuppel, die auf sieben Meter dickem Gussmauerwerk mit einem raffinierten System an Hohlräumen und Entlastungsbögen ruht, ist größer als die des Florentiner Doms und des Petersdoms.

Lösung 358
RENAISSANCE
Schlüsselfiguren der Renaissance sind der Florentiner Architekt Filippo Brunelleschi (1377–1446) und der Bildhauer Donatello (1386–1466), die zu Beginn des 15. Jh. gemeinsam Rom besuchten, um die antiken Kunstwerke zu studieren. Das erste Renaissancegebäude ist Brunelleschis Alte Sakristei von S. Lorenzo aus dem Jahr 1419.

Lösung 359
FELSENDOM

Auf einem Felsen unter der Kuppel soll sich ein Hufabdruck von Mohammeds Pferd befinden. Da der Felsendom keine Moschee ist, baute Kalif Al-Walid (668–715) gleich daneben die Reste einer Marienkirche zur Al-Aqsa-Moschee um.

Lösung 360
TAJ MAHAL

Es wurde zwischen 1632 und 1648 auf Befehl des indischen Großmoguls Shah Jahan (1592–1666) errichtet und vereint indische und islamische Elemente. Mit 44 Metern Höhe ist es eines der größten Mausoleen der Welt.

Lösung 361
SANSSOUCI

Die Pläne dafür entwarf Friedrich der Große (1712–86) selbst und ließ sie von seinem Baumeister Georg Wenzeslaus von Knobelsdorff (1699–1753) umsetzen. Im Süden Deutschlands entstanden im Rokoko aber auch viele Kirchen wie Vierzehnheiligen oder die Wieskirche bei Steingaden.

Lösung 362
HAGIA SOPHIA

Übersetzt lautet der Name „Heilige Weisheit". Die Hagia Sophia wurde nach der Eroberung Konstantinopels durch die Türken 1453 zur Moschee gemacht. Seit 1934 ist sie ein Museum. Ein weiterer Bau Justinians im byzantinischen Goldmosaikstil ist die Kirche S. Vitale in Ravenna.

KATHEDRALE VON SALISBURY

PHILOSOPHIE

Lösung 363
PHILOSOPH

Sokrates (um 469–399 v. Chr.) nannte seine Fragetechnik Hebammenkunst, da er wie eine Hebamme die Geburt der Wahrheit unterstütze. Er wurde 399 v. Chr. wegen Gotteslästerung verurteilt und gezwungen, sich selbst zu vergiften.

Lösung 364
KÖNIGSBERG

Kant (1724–1804) hat seine Heimatstadt, das heutige Kaliningrad, praktisch nie verlassen und Lehrstühle in Erlangen und Jena ausgeschlagen. Seine wichtigsten Werke sind die *Kritik der reinen Vernunft*, die *Kritik der praktischen Vernunft* und die Schrift *Was ist Aufklärung?*.

Lösung 365
RENÉ DESCARTES

Seine Schlussfolgerung wird meist auf die Kurzformel „Cogito, ergo sum" (Ich denke, also bin ich) gebracht. Dass dies wirklich ein Existenzbeweis sein soll, daran haben viele Philosophen Anstoß genommen. Aber René Descartes (1596–1650) hat die Bedeutung des Zweifels erkannt und damit den modernen Rationalismus begründet.

Lösung 366
LOGIK

In der Philosophie und auch in der Mathematik ist nur das logisch, was sich wirklich zwangsläufig und mit absoluter Sicherheit ergibt, niemals

Lösungen

das, was jemandem nur „logisch" erscheint.

Lösung 367
KONFUZIUS
Der Name leitet sich von Meister Kong (Kong Fu Zi, 551–479 v. Chr.) ab. Unter den Han (ab 202 v. Chr.) wurde der Konfuzianismus Staatsdoktrin und blieb es bis 1912. Dabei wurden besonders die Loyalität gegenüber Vorgesetzten und die Pietät gegenüber Älteren betont.

Lösung 368
FRANKFURTER SCHULE
Horkheimer (1895–1973) war der Gründer des Instituts für Sozialforschung an der Frankfurter Universität, an dem er und Adorno (1903–69) vor und nach ihrem Exil lehrten. Weitere wichtige Philosophen dieser „Schule" waren Herbert Marcuse (1898–1979) und Jürgen Habermas (geb. 1929).

Lösung 369
ETHIK
Aristoteles (384–322 v. Chr.) begründete auch die Logik und die Metaphysik. Daneben beschäftigte er sich mit Politik, Naturphilosophie und Poetik. Er hat rund 170 Werke verfasst, von denen allerdings nur 47 erhalten geblieben sind.

Lösung 370
LOCKE
Die Staatstheorien von John Locke (1632–1704) sind heute Grundlage jeder demokratischen Verfassung. Darüber hinaus gilt er als Begründer des Empirismus, der davon ausgeht, dass alles Wissen durch Erfahrung erworben wird.

Lösung 371
KARMA
Das Sanskritwort bedeutet „Wirkung" oder „Tat". Karma ist die Rückwirkung jeder Tat auf den Akteur selbst. Wer Falsches tut, lädt sich unausweichlich die Folgen einer solchen Tat auf.

Lösung 372
STOIKER
Der Stoizismus entstand um 300 v. Chr. in Griechenland und benannte sich nach einer Versammlungshalle in Athen, der Stoa Poikile. Epiktet (um 55–135) war Sklave und wurde mit etwa 18 Jahren von seinem Herrn, der seine Haltung bewunderte, freigelassen.

Lösung 373
PLATON
Platon (um 427–347 v. Chr.) kam aus einer adeligen Athener Familie. Nach dem Tod seines Lehrers Sokrates kam Politik für ihn nicht mehr infrage. Er gründete eine Philosophenschule und schrieb in gut lesbaren Dialogen sowohl die Philosophie des Sokrates wie auch seine eigene auf.

Lösung 374
DIALEKTIK
Die Idee der Dialektik fand sich schon bei Platon, Aristoteles und der mittelalterlichen Scholastik und bezog sich da vor allem auf die Kunst des Argumentierens. Auch Hegel (1770–1831)

verstand seine Dialektik vor allem als geistigen Prozess, von seinen Schülern wurde er aber oft auf geschichtliche Prozesse angewandt.

Lösung 375
THOMAS VON AQUIN

Das wichtigste Werk von Thomas (um 1225–74) ist die *Summa theologiae*, in dem er alle wichtigen Gedanken der Philosophie erörtert und zeigt, dass sie mit dem christlichen Glauben vereinbar sind.

Lösung 376
EXISTENZIALISMUS

Neben Sartre (1905–80) waren vor allem seine Lebensgefährtin Simone de Beauvoir (1908–86) und Albert Camus (1913–60) wichtige Vordenker des Existenzialismus. Wie er waren auch sie Schriftsteller. In den 1950er-Jahren wurde der Existenzialismus unter jungen Künstlern große Mode.

Lösung 377
MARX

Eleanor Marx (1855–98) war Mitbegründerin der Zweiten Internationalen. Karl Marx' (1818–83) Analyse über die gewaltige Bedeutung der ökonomischen Verhältnisse für die Gesellschaft ist keineswegs überholt, lediglich seine Lösungsansätze sind in der Realität gescheitert.

Lösung 378
DIOGENES

Diogenes von Sinope (um 400–um 325 v. Chr.) lebte in Athen, aber vermutlich in einer Hütte, nicht in einer Tonne, wie meist dargestellt. Alexander der Große soll versprochen haben, ihm einen Wunsch zu erfüllen, worauf Diogenes angeblich entgegnete „Nimm deinen Schatten von mir!".

Lösung 379
METAPHYSIK

Metaphysik ist das, was es jenseits des Physikalischen noch gibt. Es ist also nie empirisch beweisbar. Viele moderne Philosophen lehnen Metaphysik deshalb ab. Andere argumentieren, es seien letztendlich diese Fragen, die die Menschen wirklich bewegten und es sei vernünftig, anzunehmen, dass es metaphysische Dinge gäbe.

Lösung 380
SPINOZA

Baruch de Spinoza (1632–77) lebte auch sonst unkonventionell. Er lehnte eine Professur in Heidelberg ab, um sich seine Ruhe und Unabhängigkeit zu bewahren, und verdiente sein Geld als Linsenschleifer. In seinem Werk spielen Ethik und Toleranz eine überragende Rolle.

Lösung 381
HEDONISMUS

Epikur (341–271 v. Chr.) forderte seine Anhänger vor allem auf, sich von Ängsten, z. B. vor dem Tod oder vor materiellen Verlusten, freizumachen, um Lust (griech.: hedone) zu empfinden. Man sollte aber durchaus auch die Freuden des Lebens genießen, wenn sich die Gelegenheit ergab.

Lösungen

Lösung 382
ROUSSEAU

Die wichtigste Idee von Jean-Jacques Rousseau (1712–78) ist die des Gesellschaftsvertrages, den die Menschen untereinander und nicht mit einem Fürsten oder anderem Machthaber abschließen. Ein weiteres wichtiges Werk war *Emile*, das sich dem bis dato vernachlässigten Thema der Erziehung widmete.

Lösung 383
UTOPIE

Die Einsicht, dass Demokratien trotz allem mehr Stabilität versprechen als „vernünftige Diktaturen", begann erst mit Rousseau. Jenseits der Frage nach der politischen Verfassung entwarf Karl Popper (1902–94) grundlegende Vorstellungen zur „offenen Gesellschaft".

Lösung 384
HANNAH ARENDT

Arendt (1906–75) wird vielfach als die bedeutendste Philosophin angesehen. Sie selbst jedoch legte großen Wert auf das Politische ihrer Arbeit, die sie als politische Theorie bezeichnete.

KATEGORISCHER IMPERATIV

THEATER

Lösung 385
DER WIDERSPENSTIGEN ZÄHMUNG

Das Musical *Kiss me Kate* beruht ebenso auf Shakespeares Vorlage wie der Heimatfilm *Kohlhiesls Töchter* oder der US-Highschool-Film *Zehn Dinge, die ich an dir hasse*. Trotz seiner frauenfeindlichen Tendenz ist es immer noch eines der meistgespielten Stücke von Shakespeare (1564–1616).

Lösung 386
ANTON TSCHECHOW

Tschechow (1860–1904) gilt als Mitbegründer eines psychologischen Realismus, der viele spätere Autoren wie Jean Giraudoux (1882–1944), Jean Anouilh (1910–87), George Bernard Shaw (1856–1950) und Edward Albee (geb. 1928) beeinflusste.

Lösung 387
THALIA

Die anderen sieben Musen sind Klio (Geschichtsschreibung), Euterpe (Flötenmusik), Terpsichore (Chorlyrik), Erato (Liebesdichtung), Polyhymnia (Gesang), Urania (Astronomie) und Kalliope (Epik).

Lösung 388
DER KAUKASISCHE KREIDEKREIS

Zu Brechts (1898–1956) Vorlagen gehörte auch eine chinesische Fabel, in der sich die wahre Mutter weigert, das Kind aus dem Kreidekreis auf ihre Seite zu ziehen. Bei Brecht dagegen verkündet der Dorfschreiber Azdak, dass alles jenen gegeben werden soll, die gut damit umgehen.

Lösung 389
LESSING

Miss Sara Sampson, das Gotthold Ephraim Lessing (1729–81) im Jahr 1755 schrieb, gilt als erstes Bürgerliches Trauerspiel. Als eines der letzten gilt *Maria Magdalene* von Friedrich Hebbel (1813–63), das sich nicht mehr mit dem Gegensatz Bürgertum – Adel, sondern mit den Problemen kleinbürgerlicher Moral befasst und damit in Richtung Realismus verweist.

Lösung 390
DÜRRENMATT

Friedrich Dürrenmatts (1921–90) Stücke *Der Besuch der alten Dame* und *Die Physiker* gehören zu den meistgespielten Theaterstücken der Moderne. Seine Kriminalromane wie *Der Richter und sein Henker* und *Es geschah am hellichten Tag* wurden erfolgreich verfilmt.

Lösung 391
NATURALISMUS

Bereits ab etwa 1830 herrschte in der Literatur eine Hinwendung zum Realismus. Dieser bezog sich jedoch vor allem auf das Bürgertum. Außerdem stand die Darstellung der Verhältnisse noch nicht so sehr im Mittelpunkt wie beim Naturalismus. *Die Weber* wurden 1893 uraufgeführt.

Lösung 392
GUSTAF GRÜNDGENS

Gründgens (1899–1963) wurde von seinem ehemaligen Schwager Klaus Mann in dessen Roman *Mephisto* als Vorbild für den Karrieristen Hendrik Höfgen benutzt. Durch die Auseinandersetzungen um den Roman, den Mann 1936 im Exil schrieb, blieb Gründgens' tatsächliche NS-Verstrickung unaufgearbeitet.

Lösung 393
DER ZERBROCHENE KRUG

Kleist (1777–1811) vollendete das Stück 1807, etwa um die Zeit, als auch *Penthesilea* und das *Käthchen von Heilbronn* entstanden. Extreme Stimmungswandel, die sich auch in sehr verschiedenartigen Werken niederschlugen, waren charakteristisch für den Dichter.

Lösung 394
ARTHUR MILLER

Miller (1915–2005) gilt als einer der wichtigsten gesellschaftskritischen Dramatiker der USA. Für *Tod eines Handlungsreisenden* erhielt er den Pulitzer-Preis. In allen seinen Stücken betont er das Verantwortungsbewusstsein des Einzelnen.

Lösung 395
AMPHITRYON

Dem Verwechslungsspiel um Amphitryon und Zeus wird schon bei Plautus (um 250–184 v. Chr.) ein zweites identisch aussehendes Paar hinzugefügt, das aus dem Diener Sosias und dem Gott Merkur besteht.

Lösung 396
COMMEDIA DELL'ARTE

Die Commedia und ihre Figuren beeinflussten die Komödiendichter in ganz Europa. In der Moderne haben vor allem der Literaturnobelpreisträger Dario Fo (geb. 1926) und seine Frau Franca Rame (geb. 1929) das Improvisations-Wandertheater wiederbelebt.

Lösung 397
MY FAIR LADY
Während in Shaws (1856–1950) Stück Professor Higgins die verliebte Eliza Doolittle wegschickt, nachdem er sie zur Lady erzogen hat, verliebt er sich im Musical, das in der Verfilmung mit Audrey Hepburn (1929–93) acht Oscars erhielt, in sie.

Lösung 398
DIONYSOS
Um 330 v. Chr. wurde am Südhang der Akropolis von Athen das Dionysostheater, das erste feste Theater der Welt, gebaut. Die Tragödiendichter traten hier im Wettkampf gegeneinander an, meist mit Tetralogien, die aus drei Tragödien und einem Satyrspiel bestanden.

Lösung 399
TARTUFFE
Das umstrittene Stück konnte erst mit großem Erfolg aufgeführt werden, nachdem die fromme Königinmutter Anna von Österreich (1601–66) gestorben war. Trotzdem machten Molière (1622–73) die Hofintrigen weiter zu schaffen.

Lösung 400
HUGO VON HOFMANNSTHAL
Hofmannsthal (1874–1929) stammte aus einer verarmten Unternehmerfamilie. Er wurde wegen seiner großen Bildung und seines eleganten Auftretens bewundert. Für den *Jedermann* entwickelte er eine Kunstsprache, die dem Stück ein mittelalterliches Flair gibt.

Lösung 401
NATHAN DER WEISE
Das Stück von Gotthold Ephraim Lessing (1729–81) gilt als DAS Stück der Aufklärung. Nathan erklärt darin, dass sich die wahre Religion ebenso wie der wahre Ring in der Geschichte nur durch die edlen und guten Taten ihrer Anhänger legitimieren könne.

Lösung 402
MAX FRISCH
Die Parabel *Andorra* um den angeblichen Juden Andri ist Max Frischs (1911–91) bekanntestes Stück. In *Biedermann und die Brandstifter* prangerte er weniger die Bosheit und Verlogenheit als die Dummheit der Spießbürger an. Daneben schrieb er bekannte Romane wie *Homo Faber*, *Stiller* und *Montauk*.

Lösung 403
BERLIN
Max Reinhardt (1873–1943) war von 1902 bis zu seiner Flucht vor den Nazis 1933 Intendant des Deutschen Theaters in Berlin. Parallel begründete er die Salzburger Festspiele und leitete das Theater in der Josefstadt in Wien.

Lösung 404
BECKETT
Mit *Warten auf Godot* errang der Ire Samuel Beckett (1906–89) im Jahr 1953

einen der größten Theatererfolge der Nachkriegszeit. 1969 bekam er sogar den Literaturnobelpreis. Er wurde der herausragende Vertreter des Absurden Theaters, das gegen alle Gewohnheiten und Erwartungen der Zuschauer verstößt.

Lösung 405
FIGAROS HOCHZEIT

Der Barbier von Sevilla oder *Die nutzlose Vorsicht* wurde von Gioacchino Rossini (1792–1868) als Oper verarbeitet, *Der tolle Tag* oder *Figaros Hochzeit* von Mozart (1756–91). Fast unbekannt dagegen blieb der letzte Teil der Figaro-Trilogie von Beaumarchais (1732–99), *Ein zweiter Tartuffe oder die Schuld der Mutter*.

Lösung 406
HENRIK IBSEN

Nora oder ein Puppenheim ist eines der bekanntesten Dramen des Norwegers Henrik Ibsen (1828–1906) und eines der wichtigsten Emanzipationsstücke des 19. Jh. Außer naturalistischen Dramen wie *Gespenster*, *Hedda Gabler*, *Die Wildente* oder *Ein Volksfeind* schrieb Ibsen auch das Märchen *Peer Gynt*.

DER GUTE MENSCH VON SEZUAN

FILM

Lösung 407
DER WEISSE HAI

Der Film spielte rund 470 Millionen Dollar ein, was damals einen Rekord darstellte. Er gilt als Klassiker des Horrorgenres, führte aber auch zu einer Jagd auf die unrealistisch gefährlich dargestellten Haie. Die drei Fortsetzungen wurden nicht von Spielberg (geb. 1946) gedreht.

Lösung 408
ELIZABETH TAYLOR

Die Rolle der „Katze" brachte der Taylor (geb. 1932) im Jahr 1958 eine Oscarnominierung ein. Für Marlon Brando (1924–2004) bedeutete *Endstation Sehnsucht* 1951 den Durchbruch.

Lösung 409
CHARLIE CHAPLIN

Chaplin (1889–1977) war Regisseur und Hauptdarsteller im *Großen Diktator*. Zuvor hatte er den gesellschaftskritischen Film *Moderne Zeiten* gedreht. Wie auch Lubitsch (1892–1947) erhielt er einen Ehrenoscar für sein Lebenswerk.

Lösung 410
GOLDENER BÄR

Weiter gibt es einen Goldenen Pokal beim Filmfest in Schanghai, eine Goldene Pyramide in Kairo und eine Goldene Muschel in San Sebastián. Berlin, Venedig und Cannes gelten derzeit als die drei wichtigsten Filmfestivals.

Lösung 411
FORREST GUMP

Vor Hanks (geb. 1956) hatte bislang nur Spencer Tracy (1900–1967) zwei Oscars nacheinander gewinnen können

Lösungen

und zwar 1938 und 1939 für seine Rollen in *Manuel* und *Die Teufelskerle*.

Lösung 412
GRETA GARBO
Die „Göttliche", wie Greta Garbo (1905–90) genannt wurde, drehte 1941 ihren letzten Film, *Die Frau mit den zwei Gesichtern*, und zog sich dann völlig aus der Öffentlichkeit zurück, um ihren Mythos als makellose, kühle Schönheit nicht zu gefährden.

Lösung 413
SCHNEEWITTCHEN
Nach dem großen Erfolg des Schneewittchen-Films folgten schnell die weiteren Disney-Klassiker wie *Pinocchio* (1940), *Dumbo* (1941) und *Bambi* (1942).

Lösung 414
LARS VON TRIER
2005 hat sich die Dogmagruppe von den Regeln wieder verabschiedet. Von Trier (geb. 1956) hat mit *Breaking the Waves*, *Dancer in the Dark* und *Dogville* weitere, viel diskutierte Filme gedreht, die allerdings nicht den Dogmaregeln entsprachen. Auch die französische Nouvelle Vague in den 1950er-Jahren hatte schon auf Handkamera und realistische Drehorte gesetzt.

Lösung 415
RICK
Bogart (1899–1957) hieß Rick Blaine, Bergman (1915–82) Ilsa Lundt. Der Film beruht auf dem Theaterstück *Everybody comes to Rick's*, das allerdings in Südfrankreich spielt. Da diese Gegend 1942 von den Nazis okkupiert worden war, verlegte man die Handlung nach Casablanca. Gedreht wurde aber ausschließlich in den USA.

Lösung 416
SINN UND SINNLICHKEIT
Die Romanvorlage schrieb Jane Austen (1775–1817). Lee (geb. 1954) sagte einmal, in allen seinen Filmen interessiere ihn der Konflikt zwischen dem Bedürfnis, sich an bestehende Dinge zu klammern, und den zwangsläufigen Veränderungen.

Lösung 417
ORSON WELLES
Dank *Citizen Kane* gilt Welles (1915–85) als einer der künstlerisch wichtigsten Hollywood-Regisseure, obwohl er danach nicht mehr an seinen Erfolg anknüpfen konnte. Dafür wurde er in den Blättern des Medienmoguls William Randoph Hearst (1863–1951), der sich in dem Film porträtiert sah, als Kommunist diffamiert.

Lösung 418
DREI NÜSSE FÜR ASCHENBRÖDEL
Von Vaclav Vorlicek (geb. 1930) stammen außerdem *Das Mädchen auf dem Besenstiel*, *Die kleine Meerjungfrau*, *Das Zauberbuch*, *Der Feuervogel*, *Die Seekönigin*, *Falkner Thomas* und die Fernsehserie *Die Märchenbraut*.

Lösung 419
MANCHE MÖGEN'S HEISS
Marilyn Monroe (Norma Jean Baker, 1926–62) verführt darin Tony Curtis

(geb. 1925), während Jack Lemmon (1925–2001) für Komik sorgt. Hinter den Kulissen verzweifelte Wilder (1906–2002) an Monroes notorischer Unzuverlässigkeit, während er über ihren Kollegen sagte: „Glück heißt, mit Lemmon zu arbeiten."

Lösung 420
METROPOLIS
Der Film spielt in einer molochartigen Stadt der Zukunft, in der die Arbeiter in unterirdischen Fabriken ihr Dasein fristen. Mit seinen aufwändigen und expressionistischen Bildern gilt der Film als herausragendes Werk der Stummfilmzeit. Allerdings existieren nur restaurierte Fassungen. Das Original von Lang (1890–1976) soll drei Stunden lang gewesen sein.

Lösung 421
PETER JACKSON
Der Neuseeländer Jackson (geb. 1961) hatte vorher vor allem Horrorfilme gedreht, in denen die Brutalität so übertrieben wurde, dass sie schon wieder ironisch wirkte. 1994 jedoch bekam er für das Jugenddrama *Heavenly Creatures* einen silbernen Löwen bei den Filmfestspielen in Venedig. Die King-Kong-Verfilmung war ein Jugendtraum von ihm.

Lösung 422
OSCAR
1954 hatte Brando (1924–2004) den Academy Award of Merit, wie er offiziell heißt, für *Die Faust im Nacken* noch angenommen. *Der Pate* bekam den Oscar für den besten Film und das beste adaptierte Drehbuch. Die Internet Movie Database führt ihn als besten Film aller Zeiten.

Lösung 423
BLOCKBUSTER
Im Zweiten Weltkrieg war das Wort eine Bezeichnung für Luftminen, die durch ihre ungeheure Sprengkraft ganze Wohnblocks zum Bersten brachten.

Lösung 424
GARY COOPER
Cooper (1901–61) hatte seine Filmkarriere als Reiter und Stuntman begonnen. Für *High Noon* bekam er nach *Sergeant York* seinen zweiten Oscar. John Wayne (Marion Michael Morrison, 1907–79) drehte stattdessen mit Regisseur Howard Hawks (1896–1977) 1959 *Rio Bravo* als High-Noon-Variante mit Happy End.

Lösung 425
ALFRED HITCHCOCK
Hitchcock (1899–1980) hat rund 80 Horrorfilme und Psychodramen gedreht, darunter *Erpressung, Der Mann, der zuviel wusste, Rebecca, Im Schatten des Zweifels, Berüchtigt, Das Fenster zum Hof, Über den Dächern von Nizza, Vertigo, Psycho, Der unsichtbare Dritte* und *Die Vögel*.

Lösung 426
LA STRADA
Für *La Strada* bekam Fellini den Oscar für den besten fremdsprachigen Film ebenso wie später für *Die Nächte der Cabiria* und *Achteinhalb*. La

Lösungen

dolce vita bekam einen für die besten Kostüme.

Lösung 427
BEN HUR
Der Film beruhte auf einem Roman des amerikanischen Politikers Lew Wallace (1827–1905) aus dem Jahr 1880, der bereits ein Bestseller war. 1925 wurde er zum ersten Mal verfilmt. Die Hauptrolle spielte damals der mexikanische Stummfilmstar Ramon Novarro (1899–1968).

Lösung 428
SCHWARZE SERIE
Die Krimis der Schwarzen Serie werden zum Genre des „Film noir" gezählt, der nicht nur Krimis umfasst, sondern auch andere Filme, die sich durch eine bedrückende Atmosphäre, Ausweglosigkeit und Hilflosigkeit der Helden auszeichnen.

BERLINER FILMFESTSPIELE

BIBELWISSEN

Lösung 429
DAVID
David lebte vermutlich um 1000 als König von Israel. Die Bibel berichtet im *1. und 2. Buch Samuel* von seinem Leben und lässt dabei wenig aus, weder Heldentaten, wie den Kampf gegen Goliath, noch Verfehlungen, wie den Ehebruch mit Bathseba, deren Mann er auch noch töten ließ.

Lösung 430
JOHANNES
Der Jünger Johannes wird traditionell als Johannes der Evangelist angesehen, was er vermutlich nicht war. Die anderen Jünger hießen: Bartholomäus, Jakobus der Jüngere, Judas Iskariot, Judas Thaddäus, Matthäus, Philippus, Simon der Zelot und Thomas.

Lösung 431
EXODUS
Das erste Buch *Genesis* berichtet von der Erschaffung der Welt bis zum Tod des Joseph in Ägypten. In *Exodus* beginnt die Geschichte des Auszugs aus Ägypten, die sich über die Bücher *Levitikus*, *Numeri* und *Deuteronomium* hinzieht und mit dem Tod des Mose endet. Die Eroberung des „Gelobten Landes" wird im *Buch Josua* geschildert.

Lösung 432
JOHANNES DER TÄUFER
Markus beginnt sein Evangelium mit dem Auftreten dieses Johannes, der am Jordan das Volk zur Bekehrung mahnt und anschließend tauft. Dass Johannes ein Cousin von Jesus gewesen sei, berichtet nur Lukas.

Lösung 433
SECHS
Am ersten Tag wurden Licht und Dunkelheit erschaffen, am zweiten Erde und Himmel, am dritten Land und Meer, am vierten Sonne, Mond und Sterne, am fünften Vögel und Wassertiere und am sechsten Landtiere und

Menschen. Am siebten Tag, so heißt es, ruhte Gott.

Lösung 434
LUKAS

In den anderen beiden Evangelien gibt es keine Kindheitsgeschichten. Das Markus-Evangelium beginnt mit der Taufe Jesu, das Johannes-Evangelium mit dem Prolog: „Am Anfang war das Wort und das Wort war bei Gott, und das Wort war Gott."

Lösung 435
HIOB

Am Ende redet Gott selbst mit Hiob und der unterwirft sich seinem Urteil. Gott gibt Hiob aber Recht gegen seine Freunde und schenkt ihm Besitz, Kinder und Gesundheit zurück. Das *Buch Hiob* zählt zu den literarisch besten Erzählungen des Alten Testaments.

Lösung 436
APOKALYPSE

Das griechische Wort bedeutet das „Aufdecken des Verborgenen". Doch vieles in diesem Buch ist weniger enthüllend denn rätselhaft, sodass im Verlauf der Kirchengeschichte viel hineininterpretiert wurde. So wurden z. B. einige Personen mit dem prophezeiten „Antichristen" in Verbindung gebracht.

Lösung 437
JOSEPH

In Ägypten wird Joseph jedoch zum Verwalter des Pharaos und kann seine Familie Jahre später bei einer Hungersnot retten. Auf diese Weise sollen die Israeliten nach Ägypten gekommen sein.

Lösung 438
KORINTH

Die Stelle ist im ersten *Brief an die Korinther* zu finden. Er gehört zu den Briefen, bei denen sich die Kirchenhistoriker sicher sind, dass er auch wirklich von Paulus stammt. Als zweifelhaft gilt die Urheberschaft bei den Briefen an die Epheser, Kolosser, dem zweiten an die Thessalonicher und dem ersten an Timotheus. Vermutlich nicht von ihm sind der zweite *Timotheusbrief*, der *Titusbrief* und der *Brief an die Hebräer*.

Lösung 439
JAHWE

Früher wurde öfter auch Jehova gebraucht. Die Aussprache ist nicht bekannt, da im Hebräischen keine Vokale geschrieben werden und die Juden den Namen Gottes nicht aussprechen. Auch die Bedeutung ist unklar. Traditionell wird angenommen, dass sie „Ich bin, der ich bin" oder „Ich bin da" ist.

Lösung 440
HOHEPRIESTER

Er war Vorsitzender des Hohen Rates, der obersten jüdischen Instanz. Unter der römischen Herrschaft hatte dieser Rat allerdings nur eingeschränkte Rechte und konnte z. B. keine Todesurteile verhängen oder vollstrecken.

Lösung 441
BETHLEHEM

Lösungen

Die Prophezeiung von Micha wird von den Evangelisten Matthäus und Lukas ausdrücklich auf Jesus gemünzt. Deshalb ist es ihnen wichtig zu betonen, dass Jesus tatsächlich in Bethlehem geboren worden sei, was manche modernen Kirchenhistoriker allerdings bezweifeln.

Lösung 442
APOSTELGESCHICHTE

In der Apostelgeschichte finden sich z. B. die Berichte über Pfingsten und die Steinigung des Märtyrers Stephanus. Sie handelt aber vor allem von den ersten Missionsreisen der Apostel Petrus und Paulus. Das Buch gilt als historisch recht zuverlässiger Bericht über das Urchristentum.

Lösung 443
EHEBRUCH

Die Zehn Gebote wurden so wichtig genommen, dass sie sogar zweimal in der Bibel aufgezählt werden, nämlich im 20. Kapitel des Buches *Exodus* und im 5. Kapitel des Buches *Deuteronomium*.

Lösung 444
BERGPREDIGT

Eine kürzere Fassung der Bergpredigt gibt es auch im 6. Kapitel des *Lukas-Evangeliums*. Bei Markus sind Teile daraus auf verschiedene Stellen verteilt. Möglicherweise hat Matthäus bewusst die wichtigsten Lehren an einer Stelle zusammengefasst.

Lösung 445
PSALMEN

Dass alle ihm zugeschriebenen Psalmen wirklich von David stammen, ist zweifelhaft, aber vermutlich sind viele tatsächlich 3000 Jahre alt. Sie werden meist gesungen. Zu den bekanntesten gehören Psalm 23 („Der Herr ist mein Hirte"), Psalm 130 („Aus der Tiefe rufe ich zu dir, o Herr") und Psalm 137 („An den Strömen Babylons saßen wir und weinten").

Lösung 446
MARKUS

Die Annahme, dass der Autor des kürzesten Evangeliums mit dem in der Apostelgeschichte und den Petrusbriefen erwähnten Markus identisch sei, beruht auf Aussagen verschiedener Kirchenlehrer aus dem 2. Jh. Aus dem 4. Jh. stammen Berichte, er habe die Gemeinde in Alexandria gegründet und dort den Märtyrertod erlitten.

Lösung 447
ESAU UND JAKOB

Mit einem Linsengericht soll der jüngere Jakob seinem hungrigen Bruder das Erstgeborenenrecht „abgekauft" haben. Später erschlich er sich auch noch durch einen Betrug den Segen des blinden Vaters. Seine zwölf Söhne gelten als Begründer der zwölf Stämme Israels.

Lösung 448
MARIA MAGDALENA

Von Maria Magdalena berichten die Evangelien, dass sie Jesus begleitete und er sieben Dämonen aus ihr ausgetrieben habe. Mit der namenlosen Sünderin, die Jesus mit kostbarem Öl salbte, wurde sie erst im 6. Jh. gleichgesetzt.

Lösung 449
JESAJA

Im 11. Kapitel prophezeit Jesaja, es werde ein Messias kommen, der richtig entscheide „für die Armen im Land", aber den Gewalttätigen schlage. Im 53. Kapitel dagegen, das wohl erst im 6. Jh. entstand, ist dagegen von einem „Mann der Schmerzen" die Rede, „zerschlagen wegen unserer Missetaten", wie ein „Lamm zur Schlachtbank geführt".

JOHANNES DER EVANGELIST

WELTRELIGIONEN

Lösung 450
MEDINA

Die Stadt hieß damals noch Yathrib und wurde erst später Medina en-Nabi (Stadt des Propheten) oder Medina al-munawara (erleuchtete Stadt) genannt. Sie stellt die zweiheiligste Stätte des Islam dar. Mekka wurde von Mohammeds Anhängern 630 erobert, ohne dass es dabei zu großem Blutvergießen kam.

Lösung 451
SHIVA

Der Shivaismus, der Shiva als den wichtigsten Aspekt des Göttlichen sieht, ist eine der Hauptrichtungen des Hinduismus. Noch extremer als Shivas Wesen ist das seiner Gattin angelegt, die als Parvati das Ideal der gütigen, liebevollen Ehefrau darstellt, als Kali aber eine schreckliche Todesgöttin, die jedoch auch böse Dämonen bekämpft.

Lösung 452
MUTTER TERESA

Sie verließ den Orden, um sich um die Armen und Sterbenden, vor allem die Leprakranken in Kalkutta zu kümmern. 1950 gründete sie ihren Orden Missionarinnen der Nächstenliebe. 1979 bekam sie den Friedensnobelpreis. Bereits sechs Jahre nach ihrem Tod wurde sie 2003 selig gesprochen.

Lösung 453
AUSZUG AUS ÄGYPTEN

Zum Pessachfest darf kein gesäuertes Brot gegessen werden, da damals keine Zeit blieb, Sauerteigbrot als Verpflegung zu backen. Bitterkräuter werden verspeist, um der bitteren Zeit in Ägypten zu gedenken.

Lösung 454
DALAI-LAMA

Der Titel wurde 1578 dem Lama Sonam Gyatso (1543–88) und seinen bereits verstorbenen Vorgängern Gendun Drub (1391–1474) und Gendun Gyatso (1476–1542) verliehen. 1647 sicherte sich der fünfte Dalai-Lama (Ngawang Lobsang Gyatso, 1617–82) auch die weltliche Macht in Tibet, die der gegenwärtige Dalai-Lama (Lhamo Dhondrub oder Tenzin Gyatso, geb. 1935) nach dem Einmarsch der Chinesen 1950 verlor.

Lösungen

Lösung 455
SCHIITEN

Der Name leitet sich von Schi'at Ali (Partei Alis) ab. Den ParteigängernAlis war von Anfang an wichtig, einen Blutsverwandten Mohammeds zu seinem Nachfolger zu bestimmen. Im 8. Jh. spalteten sich aber auch die Schiiten über die Nachfolgefrage wieder auf.

Lösung 456
BENEDIKTINER

Benedetto von Nursia (um 480–547) gilt mit seinen Regeln als Begründer des westlichen Mönchtums. Im Laufe der Geschichte haben sich einige andere Orden als Reformbewegungen von den Benediktinern abgespalten, wie die Zisterzienser, Kartäuser und Trappisten.

Lösung 457
SIDDHARTHA

Den Beinamen Gautama legte er sich erst später zu. Mit 29 Jahren soll er den Palast verlassen haben und sechs Jahre in härtester Askese versucht haben, die Erleuchtung zu erzwingen. Doch erst, als er sich auch von dem Wunsch nach Erleuchtung frei gemacht habe, sei sie ihm bei der Meditation unter einem Baum zuteil geworden.

Lösung 458
SYNAGOGE

Der Name kommt aus dem Griechischen und bedeutet genauso Versammlungshaus wie die hebräische Bezeichnung Beth Knesset. Die Synagogen sind keine geweihten Räume, enthalten aber einen heiligen Schrein mit den Thora-Rollen.

Lösung 459
RAMADAN

Während des Ramadan müssen alle Muslime (mit Ausnahme von Kranken, Schwangeren, Kindern) von Sonnenaufgang bis -untergang fasten. Das Ende des Monats wird mit dem dreitägigen Zuckerfest gefeiert. Es beginnt mit einem Besuch in der Moschee.

Lösung 460
NIRVANA

Das Sanskritwort bedeutet „Verwehen" und steht für einen Zustand, der nach allem Irdischen kommt. Er bedeutet nicht Nichts. Aber es gibt dort auch nichts Bekanntes wie etwa Freude oder Glück.

Lösung 461
ORTHODOXEN

Obwohl sich nur der Legat Humbert und der Patriarch von Konstantinopel gegenseitig exkommunizierten, bedeutete das den endgültigen Bruch zwischen Ost- und Westkirche. Beide Kirchen hatten aber schon etwa im 4. Jh. begonnen, sich auseinander zu entwickeln. Es gab immer wieder Probleme, die allerdings weniger religiöser, als machtpolitischer Natur waren.

Lösung 462
TALMUD

Das Wort bedeutet „Belehrung". Die ältesten Kommentare sind nach der Eroberung Israels im 6. Jh. im persischen Reich entstanden. Die jüngsten stammen aus dem Mittelalter. Das Studium des Talmuds ist die wichtigste Aufgabe eines Rabbiners.

Lösung 463
KAABA

Das arabische Wort bedeutet Würfel. Die Kaaba ist ungefähr 12 x 10 x 15 Meter groß und mit schwarzem Brokat bedeckt. In die Wand ist ein schwarzer Stein eingelassen, der nach der Legende aus dem Paradies stammt und von den Wallfahrern geküsst wird.

Lösung 464
CHRISTI HIMMELFAHRT

An diesem Tag wird auch der Vater- oder Herrentag gefeiert. Fünfzig Tage nach Ostern ist dann Pfingsten. Da nach alter jüdischer Tradition Festtage am Vorabend ihren Anfang haben, beginnt Ostern am Karsamstagabend, Pfingsten am Sonntagabend.

Lösung 465
MANTRAS

Das Sanskritwort bedeutet „Instrument des Denkens". Das wichtigste Mantra ist „Om", das für einen Urklang steht, aus dem Brahman die Welt geschaffen haben soll. Das buddhistische „Om mani padme hum" wird als Ausdruck umfassenden Mitgefühls gebraucht.

Lösung 466
SCHARIA

1990 wurde in Kairo eine Erklärung von über 50 Außenministern muslimischer Staaten verabschiedet, die der Scharia den Vorrang vor den Menschenrechten gab. Ursprünglich gab es ein Recht für jeden Gläubigen, sich aufgrund von Koran und Sunna ein eigenes Urteil zu bilden. Dieses wurde aber im Mittelalter weit gehend abgeschafft.

Lösung 467
MARTIN LUTHER

Diese Grundsätze, die Luther (1483–1546) 1518 in Heidelberg vortrug, werden vielfach als gemeinsame Glaubensgrundlage der verschiedenen protestantischen Kirchen gesehen.

Lösung 468
PROPHET

In der griechischen Kultur waren Propheten Zukunftsdeuter, eine Haltung, die sich auch in den Evangelien widerspiegelt. Denn dort wird immer wieder darauf verwiesen, dass sich Prophezeiungen erfüllt hätten. Im Alten Testament aber tritt z. B. die von Jona vorhergesagte Zerstörung Ninives nicht ein, weil die Menschen ihr Verhalten änderten.

Lösung 469
DOGMA

Dogmen sind vor allem aus der katholischen Kirche bekannt. Sie gelten als unumstößlich, können aber neu interpretiert werden. Die evangelische Kirche dagegen hütet sich vor solchen Festlegungen, kennt jedoch auch Glaubenssätze, die als fundamental angesehen werden.

Lösung 470
DERWISCH

Lösungen

Viele Derwische legen ein Armutsgelübde ab und leben als Bettler, andere leben in Gemeinschaften, die Ähnlichkeiten mit christlichen Orden haben. Es gibt jedoch auch berufstätige Derwische. Für ihre Tänze sind z. B. die des türkischen Mevlevi-Ordens berühmt, während andere Gruppen die stille Meditation bevorzugen.

R E L I G I O N S W I S S E N -
S C H A F T

MYTHOLOGIE

Lösung 471
EDDA
Es ist nicht ganz sicher, ob Snorri (1179–1241) die so genannte *Prosa-Edda* alleine oder zusammen mit anderen Skalden verfasste. Der Name Edda wurde auch auf eine Liedersammlung von 1271 übertragen. Die ältesten Dichtungen der *Lieder-Edda* stammen wohl aus dem 9. Jh. und dienten Snorri zur Vorlage.

Lösung 472
ROMULUS
Den Mord von Romulus an seinem Bruder Remus im Gründungsmythos ihrer Stadt haben in der Folge verschiedene Römer als peinliches Ärgernis angesehen. Aus diesem Grund kamen auch Varianten auf, in denen versucht wurde, den Mord einem Freund des Romulus in die Schuhe zu schieben.

Lösung 473
ZERBERUS
Sowohl Hel als auch Hades bedeutet übersetzt „das Verborgene". Der Hades wird vom Fluss Styx von der Welt der Lebenden getrennt, die Hel durch den Gjöll. Allerdings führt über den eine Brücke, während bei den Griechen der Fährmann Charon die Toten über den Styx rudert.

Lösung 474
WALPURGISNACHT
Im Gegensatz zu Deutschland, wo es auf den 25. Februar fällt, liegt im englischen Kirchenkalender das Fest der heiligen Walburga (um 710–um 777) auf dem 1. Mai. Walpurgnisnacht ist also die Nacht vor dem Walburga-Fest. Genauso verhielt es sich wohl auch mit den anderen keltischen Festen, denen unheimliche Nächte vorausgingen. Halloween geht vermutlich auf ein Fest namens Samhain zurück.

Lösung 475
GRAL
Etwas später als Chrétien schrieb Robert de Boron (gest. 1212) einen weiteren Gralsroman, in dem er eine Verbindung des Grals mit dem so genannten Nikodemusevangelium herstellt. Demnach hat Josef von Arimathaia den Kelch des letzten Abendmahles gerettet. In späteren Gralsromanen wird der Gral zum Gegenstand der Sehnsucht für alle Artusritter.

Lösung 476
ESCHE

Yggdrasil, so der Mythos, wurde von Odin und seinen beiden Brüdern Hönir und Lodur am Anfang der Welt gepflanzt. Ähnliche Weltenbäume, die in der Unterwelt wurzeln und bis in den Himmel reichen, sind auch in afrikanischen und asiatischen Mythen oft zu finden.

Lösung 477
ZYKLOPEN

Zyklopen waren in der griechischen Mythologie einäugige Riesen. In älteren Erzählungen galten sie wie die Titanen allesamt als Kinder des Uranos und der Gaia, die von einem Titanen in der Unterwelt eingeschlossen und von Zeus befreit wurden.

Lösung 478
TEUTATES

Der Name könnte „Vater des Volkes" bedeuten. Möglicherweise war er zunächst eine regionale Vatergottheit, die später als Kriegsgott in der ganzen gallischen Kultur beliebt wurde. Da die Kelten aber religiöse Dinge nicht schriftlich festhielten, weiß man nur aus römischen Quellen von ihm.

Lösung 479
WALKÜREN

Aufgabe der Walküren war es, im Kampf gefallene Krieger in den Festsaal Walhalla in Odins Palast zu führen. Brünhild, so erzählt die Sage, rettete einen von Odin zum Tod bestimmten Krieger. Deshalb wurde sie in einen Feuerkreis gesperrt, aus dem Sigurd sie befreite.

Lösung 480
KASSANDRA

Sie war in der griechischen Sage die Tochter des Königs Priamos von Troja und wurde von Apollon dazu verflucht, dass niemand ihren Mahnungen Gehör schenken sollte. Nach dem Fall Trojas wurde sie Beute des Agamemnon. In dessen Heimat Mykene wurden sie und Agamemnon von seiner Frau Klytämnestra und deren Liebhaber ermordet.

Lösung 481
OSIRIS

Ursprünglich stand Osiris für die Überschwemmung, Seth für die Dürre. Als aber die Vorstellung aufkam, dass nicht nur der Pharao, sondern alle Menschen im Totenreich weiterleben würden, wurde der ermordete Gott zum Herrscher der Unterwelt umfunktioniert.

Lösung 482
GÖTTERDÄMMERUNG

Das ursprüngliche isländische Wort dafür lautet „Ragnarök" und bedeutet „Schicksal der Götter". Nach dem allgemeinen Sterben, so stellte man sich vor, würden einige Götter, vor allem der Frühlingsgott Baldur und sein Bruder Hödur, der ihn aus Versehen getötet hatte, zurückkehren und eine neue, friedliche Welt entstehen lassen.

Lösung 483
HERKULES

Sein griechischer Name lautete Herakles. Er war der einzige Held der griechischen Mythologie, der keine Frauen

Lösungen

raubte. Aber es wurden ihm mehr Geliebte zugeschrieben als jedem anderen Heroen.

Lösung 484
ATLANTIS

In Phaidros, einem anderen Werk des Platon, sagt einer der Schüler des Sokrates: „Oh, Sokrates, mit Leichtigkeit erdichtest du Geschichten aus Ägypten oder sonst einem Land." Neben diesem Hinweis hat man keine ältere Quelle für die Atlantissage als Platon gefunden. Danach aber fand sie unter den antiken Schriftstellern und später wieder in der Renaissance sehr große Resonanz.

Lösung 485
KOJOTE

Der Kojote kann in den amerikanischen Mythen listig und weise sein, aber auch gierig und tölpelhaft. In Afrika ist der Hase ein weit verbreiteter Trickster. Aber auch einige europäische Gottheiten wie der germanische Loki oder der griechische Merkur weisen Trickster-Qualitäten auf.

Lösung 486
PROMETHEUS

Es gibt in der griechischen Mythologie auch noch eine Erzählung des Dichters Hesiod aus dem 7. Jh. v. Chr., nach der die Menschen von den Göttern selbst geschaffen worden seien. Diese ist jedoch jünger als die Prometheus-Sage.

Lösung 487
ROBIN HOOD

Die ersten erhaltenen Balladen stammen aus dem 16. Jh. Dort ist Robin Hood ein Freibauer und Anführer einer burlesken Schar von Räubern, die sich in einzelnen Episoden auch mal großzügig zeigen.

Lösung 488
ÄGYPTEN

Die Ägypter kennen daneben noch viele andere Schöpfungsgeschichten. Trotz aller Varianten aber war die Sonne immer oberstes göttliches Prinzip.

Lösung 489
NYMPHEN

Die griechischen Nymphen wurden u. a. in Najaden (Wassernymphen), Dryaden (Waldnymphen) und Oreaden (Bergnymphen) unterteilt. Sie existierten nur in Verbindung mit einer Pflanze oder einem Ort.

Lösung 490
IRLAND

Cu Chulainn kämpft für die Provinz Ulster, Fergus, der die Kraft von 700 Männern hat, für Königin Maeve und Connacht. Zur Auseinandersetzung der beiden größten Helden kommt es jedoch nie, weil sie Freunde sind und sich im Kampf konsequent ausweichen.

Lösung 491
WOTAN

Wie der skandinavische Odin scheint auch Wotan vor allem ein Seher und Dichter gewesen zu sein. Volkstümlicher war wohl auch hier der schlagkräftige Donnergott Donar.

Lösung 492
ADONIS
Der Adoniskult stammte vermutlich aus dem Nahen Osten. Möglicherweise ist auch die Demetersage asiatischen Ursprungs. Ihr Kult war aber schon im 13. Jh. v. Chr. in Griechenland etabliert, einige Jahrhunderte vor der Adonisverehrung.

DER RAUB DER SABINERINNEN

SPORT

Lösung 493
COUBERTIN
Pierre de Frédy, Baron de Coubertin (1863–1937), war Pädagoge und hoffte auf einen erziehenden und völkerverbindenden Aspekt der Spiele. 1894 gründete er das Internationale Olympische Komitee. 1913 entwarf der Baron, der Kunst studiert hatte, auch die Olympischen Ringe.

Lösung 494
CASSIUS CLAY
Er war nach Cassius Marcellus Clay benannt (1810–1903), einem Politiker, der sich ab etwa 1840 engagiert für die Aufhebung der Sklaverei eingesetzt hatte. Trotzdem lehnte Ali (geb. 1942) seinen früheren „Sklavennamen" vehement ab.

Lösung 495
KAISERSLAUTERN
Vom 1. FC Kaiserslautern stammten Fritz und Ottmar Walter, Werner Kohlmeyer, Horst Eckel und Werner Liebrich. Weiter standen in der Mannschaft des Finales: Jupp Posipal vom HSV, Karl Mai von der SpVgg Fürth und Hans Schäfer vom 1. FC Köln.

Lösung 496
BIRGIT FISCHER
Neben ihren Olympiaerfolgen war Birgit Fischer 27-mal Weltmeisterin. Noch hat sie ihre Karriere nicht abgeschlossen, sondern hält sich offen, ob sie zu den Olympischen Spielen in Peking noch einmal an den Start gehen soll.

Lösung 497
BIATHLON
Der erste Biathlonverein entstand 1861 im norwegischen Trysil. Allerdings wurden die meisten Wettkämpfe, die sich aus Langlauf und Schießen zusammensetzen, anfangs nur unter Militärangehörigen durchgeführt.

Lösung 498
HAMMERWERFEN
Der so genannte Hammer ist eine sieben Kilogramm schwere Kugel, die mithilfe eines Stahlseiles geschleudert wird. Im gälischen Kulturbereich schleuderte man ursprünglich tatsächlich Schmiedehämmer. Aus denen wurden im 19. Jh. Gewichte mit starren Holzgriffen und schließlich die heute üblichen Geräte mit Stahlseil.

Lösung 499
PELÉ

Lösungen

Edson Arantes do Nascimento, genannt Pelé (geb. 1940), startete seine Karriere mit 15 Jahren beim FC Santos im brasilianischen Bundesstaat São Paulo. 1975 wechselte er zu Cosmos New York, wo er nach drei Jahren seine Karriere beendete. Er wurde Sportminister Brasiliens und ist heute UNESCO-Botschafter.

Lösung 500
PARALYMPICS
Die Paralympics finden immer im Anschluss an die Olympischen Spiele am selben Ort statt. Behindertenwettkämpfe parallel zu den Olympischen Spielen gab es schon seit 1948. Die Wettkämpfe in Rom waren die ersten eigenen „Weltspiele". Seit 1976 gibt es auch Paralympische Winterspiele.

Lösung 501
SCHACH
In Deutschland sind ungefähr 95.000 Mitglieder registriert, die wettkampfmäßig Schach spielen. Grundsätzlich kann man jedoch auch andere Turnierspiele als Sport definieren, bei denen Erfolg nicht vorwiegend vom Glück abhängt, z. B. den in Mode kommenden Gedächtnissport.

Lösung 502
CARL LEWIS
Frederick Carlton Lewis (geb. 1961) war zwischen 1983 und 1996 der überragende Sprinter. Bei den Olympischen Spielen 1984 in Los Angeles gewann er sowohl im 100- und im 200-Meter-Lauf, in der 4-x-100-Meter-Staffel als auch im Weitsprung Gold, was vor ihm nur Jesse Owens (1913–80) im Jahr 1936 in Berlin gelungen war.

Lösung 503
FRANZ BECKENBAUER
Beckenbauer spielte zunächst für Bayern München, 1977 bis 1980 für Cosmos New York, anschließend zwei Jahre für den HSV und danach noch einmal ein Jahr in New York. Nach seiner aktiven Laufbahn arbeitete er als „Teamchef" für die Nationalmannschaft, weil er keine Trainerlizenzen hatte. Seit 1994 ist er Präsident von Bayern München.

Lösung 504
ZEUS
Die Zeusstatue in Olympia zählte zu den Sieben Weltwundern. Auch die Nemeischen Spiele fanden Zeus zu Ehren statt. Dagegen wurden die Isthmischen Spiele zu Ehren des Poseidon abgehalten und die Pythischen in Delphi, bei denen musikalische Wettkämpfe dominierten, für Apollon.

Lösung 505
TURNVATER JAHN
Friedrich Ludwig Jahn (1778–1852) hat den Gedanken der Leibesertüchtigung in Deutschland populär gemacht. Später schraubte er auch seinen Nationalismus zurück und wurde 1848 Mitglied der Nationalversammlung in der Frankfurter Paulskirche.

Lösung 506
WIMBLEDON
Becker (geb. 1967) gewann die Internationalen Englischen Tennismeis-

terschaften in Wimbledon insgesamt dreimal, außerdem zweimal die Australian Open und einmal die US Open. Steffi Graf (geb. 1969) gewann 22 Grand-Slam-Turniere, davon alleine siebenmal das Turnier von Wimbledon.

Lösung 507
BAYERN MÜNCHEN

Der Club wurde 1932 erstmals Deutscher Meister und wiederholte das nach Gründung der Bundesliga noch 18-mal. Wen man an zweiter Stelle führen will, hängt vom Standpunkt ab: Der Berliner FC Dynamo errang zehn DDR-Meisterschaften, der 1. FC Nürnberg neun deutsche Meisterschaften, davon jedoch nur eine nach Einführung der Bundesliga und Borussia Mönchengladbach fünf Bundesligatitel.

Lösung 508
SENNA

Ayrton Senna (1960–94) hat zwar nur drei WM-Titel errungen, galt aber als legendär wegen seiner riskanten Fahrweise, vor allem bei Regen. Er lieferte sich packende Duelle mit Fahrern wie Alain Prost (geb. 1955) und Nigel Mansell (geb. 1953).

Lösung 509
NORDIC WALKING

Das schnelle Laufen mit zwei Stöcken stammt aus dem Trainingsprogramm der Langläufer und wurde 1997 als neue Sportart vorgestellt. Durch den Einsatz der Stöcke werden die Beine entlastet, dafür aber – wie beim winterlichen Langlauf – der ganze Körper trainiert.

Lösung 510
LANCE ARMSTRONG

Der US-Amerikaner Armstrong (geb. 1971) hat die Tour zwischen 1998 und 2005 siebenmal gewonnen. Hinter ihm rangieren Michel Induráin (geb. 1964), Bernard Hinault (geb. 1954), Eddy Merckx (geb. 1945) und Jacques Anquetil (1934–87) mit je fünf Siegen.

Lösung 511
FOOTBALL

American Football hat mehr mit dem britischen Rugby zu tun als mit dem europäischen Fußball, der in den USA Soccer heißt. Ziel des Spiels ist es, den eiförmigen Ball in die Endzone der gegnerischen Spielfeldhälfte zu bringen.

Lösung 512
UWE SEELER

Seeler spielte von 1946 bis 1972 für den Hamburger Sportverein. In 239 Fußball-Bundesligaspielen erzielte er 137 Treffer. Von 1995 bis 1998 war er auch Präsident des HSV.

Lösung 513
OLYMPIADE

Seit den ersten bekannten Olympischen Spielen im Jahr 776 v. Chr. stellten die Olympiaden die offizielle griechische Zeitrechnung dar. Der Sportler, der innerhalb einer Olympiade bei allen vier panhellenischen Spielen gewinnen konnte, wurde Periodonike genannt.

Lösungen

Lösung 514
WEITSPRUNG
Bob Beamon (geb. 1946) verbesserte den bestehenden Weitsprungrekord von 8,35 Metern um 55 Zentimeter. Der Rekord wurde erst 1991 in einem Aufsehen erregenden Duell gebrochen. Damals sprang Carl Lewis zunächst 8,91 Meter, anschließend Mike Powell (geb. 1963) 8,95 Meter.

OLYMPISCHE
WINTERSPIELE

MEDIEN

Lösung 515
ÖFFENTLICH-RECHTLICH
Eine öffentlich-rechtliche Organisation, die durch Gesetze bestimmt wird und eine Einrichtung zu einem „öffentlichen Gut" machen soll, können auch andere Institutionen haben, wie z. B. Sparkassen, Behörden, Krankenhäuser, der Öffentliche Nahverkehr usw.

Lösung 516
KAIN UND EHRLICHER
Der MDR produziert seit 1992 *Tatort*-Folgen mit dem ostdeutschen Ermittlerduo Bruno Ehrlicher (Peter Sodann, geb. 1936) und Kain (Bernd Michael Lade, geb. 1964). Die ersten Folgen spielten allerdings in Dresden.

Lösung 517
AXEL SPRINGER
Springer (1912–85) brachte mit seiner *Bild-Zeitung* die erste deutsche Boulevard-Zeitung auf den Markt. Zum Springer-Verlag gehören neben *Hörzu* und der *Bild*-Gruppe vor allem *Die Welt, Hamburger Abendblatt, Berliner Morgenpost* und *B.Z.* sowie Beteiligungen an diversen nord- und ostdeutschen Regionalzeitungen und an mehreren Zeitschriften.

Lösung 518
TAGESSCHAU
Die *tagesschau* der ARD ist damit die älteste noch bestehende Nachrichtensendung im deutschen Fernsehen. 1963 folgte *heute* im ZDF. Die magazinartigen Nachrichtensendungen *tagesthemen* und *heute-journal* entstanden beide 1978.

Lösung 519
REPORTAGE
Kisch (1885–1948) handelte sich schon bald den Spitznamen „Rasender Reporter" ein. 1918 beteiligte er sich in Wien an den Arbeiteraufständen, wurde daraufhin aus Österreich ausgewiesen und machte in Berlin Karriere. Nach der Machtergreifung der Nazis lebte er in Paris, den USA und Mexiko. Seit 1977 wird der von Henri Nannen gestiftete Egon-Erwin-Kisch-Preis für hervorragende Reportagen vergeben.

Lösung 520
WIKIPEDIA
Sie ist im Internet unter de.wikipedia.org oder www.wikipedia.de zu finden. Die Nutzung der Inhalte ist für jeden frei. Das Niveau ist bei den meis-

ten Artikeln sehr hoch, da jeder, der Fehler und Mängel findet, diese sehr einfach verbessern kann.

Lösung 521
RUNDFUNK BERLIN-BRANDENBURG (RBB)
Der RBB wurde erst 2003 durch einen Zusammenschluss des Senders Freies Berlin (SFB) und des Ostdeutschen Rundfunks Brandenburg (ORB) gegründet und ist damit die jüngste Landesrundfunkanstalt in der ARD.

Lösung 522
SPIEGEL
Spiegel-Herausgeber Rudolf Augstein (1923–2002) legte nach der Durchsuchung Klage beim Bundesverfassungsgericht wegen Verletzung der Pressefreiheit ein. Die wurde aber mit der Begründung abgewiesen, dass der Verdacht auf Landesverrat im Zweifelsfall stärker wiege und eine Durchsuchung ein legitimes Gegenmittel sei.

Lösung 523
STERN
Nannen (1913–96) war bis 1980 auch Chefredakteur des *Stern*. Danach beschränkte er sich auf die Herausgeberschaft, die er 1983 nach dem Skandal um die gefälschten Hitler-Tagebücher niederlegte. Nannen war 1978 Mitbegründer der Hamburger Journalistenschule, die heute nach ihm benannt ist, und stiftete den Kisch-Preis. 2005 machte der Gruner + Jahr Verlag daraus den Henri-Nannen-Preis, der in fünf Sparten vergeben wird.

Lösung 524
LINDENSTRASSE
Von den gängigen Seifenopern unterscheidet sich die *Lindenstraße* wie ihr britisches Vorbild *Coronation Street* dadurch, dass gesellschaftliche Probleme und tagesaktuelle Bezüge nicht ausgeklammert, sondern ganz bewusst integriert werden. Im Januar 2005 lief die 1000. Folge.

Lösung 525
INVESTIGATIVER JOURNALISMUS
Im Gegensatz zur normalen journalistischen Recherche, die ja auch Dinge zu Tage bringen soll, die nicht allgemein bekannt sind, spricht man von investigativem Journalismus nur, wenn Dinge enthüllt werden, die jemand mit Absicht vertuscht.

Lösung 526
LEO KIRCH
Kirch (geb. 1926) hatte Betriebswirtschaft und Mathematik studiert, bevor er ins Filmgeschäft einstieg. Da er sich bei seinen Geschäften stets im Hintergrund hielt, wurde er oft als „Phantom" bezeichnet.

Lösung 527
3SAT
3sat nahm 1984 den Sendebetrieb auf. Auch hier liegt der Schwerpunkt auf Kultur. Im Gegensatz zu ARTE sendet 3sat aber ein Vollprogramm, wozu z. B. Nachrichtensendungen gehören.

Lösung 528
DEUTSCHE PRESSEAGENTUR

Lösungen

Weitere wichtige Agenturen sind die amerikanische AP (Associated Press), die französische AFP (Agence France-Press) und die britische Reuters. Es gibt aber auch Spezialdienste wie die katholische KNA oder den Sportinformationsdienst sid.

Lösung 529
FRANK ELSTNER
Elstner (geb. 1942) hatte vor *Wetten, dass...?* bereits *Spiel ohne Grenzen* und *Die Montagsmaler* moderiert. Die Idee zu *Wetten, dass...?* kam ihm nach eigenen Aussagen in einer schlaflosen Nacht. 1987 gab er die Moderation ab, um sich neuen Aufgaben zu widmen.

Lösung 530
MASSENMEDIEN
Kennzeichnend für das Massenmedium ist, dass es sich öffentlich und einseitig an ein verteiltes Publikum richtet. Auch Flugblätter oder Plakate können zu den Massenmedien gezählt werden.

Lösung 531
RIAS
1953 führte der RIAS ein zweites Hörfunkprogramm und 1988 auch ein Fernsehprogramm ein. Nach der Wende wurde RIAS 1 von Deutschlandradio übernommen und RIAS 2 privatisiert. RIAS-TV übernahm die Deutsche Welle.

Lösung 532
SÜDDEUTSCHE ZEITUNG
Im Bereich der überregionalen Abonnement-Tageszeitungen führt die in München erscheinende *SZ* mit etwa 445.000 verkauften Exemplaren pro Auflage vor der *Frankfurter Allgemeinen Zeitung (FAZ)* mit etwa 375.000 Exemplaren. Größte Regionalzeitung jedoch ist die in Essen erscheinende *Westdeutsche Allgemeine Zeitung (WAZ)* mit rund 750.000 Exemplaren.

Lösung 533
DERRICK
Herbert Reinecker (geb. 1914) hatte davor schon die Drehbücher für die Krimiserie *Der Kommissar* geschrieben, die seit 1969 im ZDF mit Erik Ode (1910–83) erfolgreich lief. Bereits in dieser Serie trat Fritz Wepper (geb. 1941) als Assistent Harry Klein auf, bevor er von Stephan Derrick (Horst Tappert, geb. 1923) übernommen wurde.

Lösung 534
EUROVISION
Das Eurovision-Netzwerk wurde von der European Broadcasting Union gegründet, die es bereits seit 1950 gibt. Zurzeit gehören ihr Hörfunk- und Fernsehsender aus 54 Ländern an. 1953 wurde die Krönung der englischen Königin Elizabeth II. als erste Sendung der EBU und erste Live-Sendung überhaupt übertragen.

Lösung 535
FEUILLETON
Nachdem die Kulturnachrichten Eingang in den Hauptteil der Zeitungen gefunden hatten, wurden sie zunächst durch einen dicken Strich von den ernsteren Themen abgesetzt. Im Fran-

zösischen bezeichnet „Feuilleton" deshalb nicht den Kulturteil, sondern eine solche abgesetzte Rubrik.

BOULEVARD-JOURNALISMUS

MEDIZIN UND GESUNDHEIT

Lösung 536
TUBERKULOSE
TBC wird durch Tröpfcheninfektion übertragen und forderte gerade unter den dicht an dicht wohnenden Armen in den Städten viele Opfer. Die Krankheit fordert auch heute noch etwa zwei Millionen Opfer jährlich, davon 99 Prozent in Entwicklungsländern.

Lösung 537
PANDEMIE
Grippepandemien gab es auch in den 1950er- und 1960er-Jahren in Asien und in den 1970er-Jahren in Russland. Immer war ein Influenza-A-Virus der Auslöser. Diese befallen eigentlich Wildgeflügel, können aber sowohl auf Menschen als auch auf andere Tiere übergehen und beim Wirtswechsel leicht mutieren.

Lösung 538
RÖNTGENSTRAHLEN
Die Computertomografie (CT) ist eine computergestützte Auswertung von Rundumröntgenaufnahmen. In verschiedenen Fällen, wie z. B. der Untersuchung von Knochen, liefert sie bessere Ergebnisse als die Magnetresonanztomografie (MRT), bei der es keine Strahlenbelastung gibt.

Lösung 539
SCHILDDRÜSE
Eine Überfunktion der Schilddrüse führt zu Reizbarkeit, Unruhe und Gewichtsverlust, eine Unterfunktion zu Leistungsminderung, Depressionen, Appetitlosigkeit, Gewichtszunahme und Haarausfall. All dies sind Symptome, die gerade bei Senioren oft auf das Alter geschoben werden.

Lösung 540
JENNER
Edward Jenner (1749–1823) musste etwa zwei Jahre lang mit der Ablehnung vonseiten der renommierten Wissenschaftler leben. Doch nach mehreren erfolgreichen Versuchen führte das damalige Königreich Bayern als erstes Land 1807 die Impfpflicht ein. Heute gelten die Pocken als ausgerottet.

Lösung 541
ANGINA
Die Mediziner sprechen auch von Angina tonsillaris bzw. Angina pectoris. Es gibt jedoch weitere Anginen wie z. B. die Angina abdominalis, eine schmerzhafte Durchblutungsstörung im Bauchbereich.

Lösung 542
HOMÖOPATHIE
Hahnemann (1755–1843) verwendete auch Krankheitserreger und Gifte, die aber nur in „homöopathischen" und damit ungefährlichen Dosen im Medi-

Lösungen

kament enthalten sind. Einen wissenschaftlichen Beweis für die Wirksamkeit der Homoöpathie gibt es bislang nicht.

Lösung 543
WEISSE BLUTKÖRPERCHEN

Es gibt sechs verschiedene Arten von weißen Blutkörperchen, die Eindringlinge auf verschiedene Weise bekämpfen. Bei Leukämie werden unreife Leukozyten freigesetzt, die nicht fähig sind, ihre Abwehrfunktionen zu erfüllen.

Lösung 544
OSTEOPOROSE

Osteoporose wird manchmal als Modekrankheit abgetan. Aber erst die moderne Computertomografie machte es möglich, die abnehmende Knochendichte zu messen und die Krankheit genau zu diagnostizieren.

Lösung 545
SAUERBRUCH

Ferdinand Sauerbruch (1875–1951) war vor dem Zweiten Weltkrieg enorm populär, ließ sich jedoch während der NS-Zeit teilweise von den Nazis benutzen. Allerdings unterstützte er auch Widerstandsorganisationen.

Lösung 546
TETANUS

Tetanus oder Wundstarrkrampf entsteht, wenn das im Erdboden vorkommende Bakterium Clostridium tetani in offene Wunden eindringt. Die Krankheit ist sehr schwer zu behandeln und verläuft oft tödlich. Die ge-

fährliche Halsentzündung Diphtherie dagegen kommt kaum mehr vor, allerdings nur deshalb, weil die meisten Menschen dagegen geimpft sind.

Lösung 547
ARTERIOSKLEROSE

Umgangssprachlich wird auch von Arterienverkalkung gesprochen, doch Kalkablagerungen sind nur ein Teil des Problems. Risikofaktoren für Arteriosklerose sind Diabetes, Gicht, ein hoher Cholesterinspiegel, Bewegungsmangel, Übergewicht und Nikotin.

Lösung 548
PANKREAS

Die so genannte Pankreatitis, die Entzündung der Bauchspeicheldrüse, ist eine Krankheit, die zu schweren Organschäden und sogar zum Tod führen kann. Die Ursache sind meist Gallensteine oder Alkoholismus.

Lösung 549
STABILE SEITENLAGE

Dabei wird der Patient auf die Seite gelegt. Das unten liegende Bein wird gestreckt, das oben liegende angewinkelt. Gleiches gilt für die Arme. Der Kopf wird mit geöffnetem Mund nach hinten überstreckt, damit die Atemwege frei sind.

Lösung 550
VIRCHOW

Rudolf Virchow (1821–1902) war Leiter der Pathologie der Charité. Als Politiker war er Mitbegründer der liberalen Fortschrittspartei und gehörte dem Preußischen Abgeordnetenhaus an.

Neben seinen kommunalpolitischen Anliegen plädierte er für internationale Schiedsgerichte und die Schaffung eines europäischen Staatenbundes.

Lösung 551
SCHLAGANFALL

Der Schlaganfall ist in Deutschland nach Herzinfarkt und Krebs die dritthäufigste Todesursache. Risikofaktoren sind Bluthochdruck, Rauchen, Übergewicht und Herzerkrankungen.

Lösung 552
PROPHYLAXE

Der Begriff ist das griechische Synonym zu dem lateinischstämmigen Wort Prävention und wird vor allem in der Zahnmedizin verwendet.

Lösung 553
ANTIBIOTIKA

Antibiotika bekämpfen außer Bakterien auch noch Protozoen. Das sind kleine Einzeller, die im Gegensatz zu den Bakterien einen Zellkern haben. Natürlich gewonnene Antibiotika wie das Penicillin sind oft Stoffwechselprodukte von Pilzen, die in der Natur Gegenspieler der Bakterien sind.

Lösung 554
HEPATITIS

Die Hepatitisviren tragen die Bezeichnungen A bis G, wobei die Stämme D bis G sehr selten sind. Außer Viren und Alkoholmissbrauch können auch Autoimmunreaktionen für eine Entzündung der Leber verantwortlich sein.

Lösung 555
CHARITÉ

Während der deutschen Teilung lag die Charité in Ostberlin, was zum Bau des neuen Universitätsklinikums Benjamin Franklin in Berlin-Steglitz führte. Nach der Wende wurden beide aus Kostengründen mit zwei anderen Kliniken in den Stadtteilen Buch und Wedding zum Komplex „Charité – Universitätsmedizin Berlin" zusammengefasst.

Lösung 556
METASTASEN

Wie genau sich aus einem bösartigen Tumor an einer anderen Stelle des Körpers Metastasen bilden können, ist noch weit gehend unerforscht. Da Metastasen meist schneller wachsen als der ursprüngliche Tumor, bedeutet ihr Auftauchen eine rapide Verschlechterung der Heilungschancen.

Lösung 557
MELLITUS

Auf lateinisch heißt das Wort „honigsüß". Auch unter Diabetes mellitus sind wiederum verschiedene Erkrankungen zusammengefasst. Vom Typ-1 wird gesprochen, wenn in der Bauchspeicheldrüse schon von frühester Jugend an kein Insulin gebildet werden kann. Bei Typ-2 entwickelt der Körper eine Resistenz gegen Insulin, was ein Nachlassen der Produktion zur Folge hat.

AUFMERKSAM-KEITSSTÖRUNG

Lösungen

ERNÄHRUNG

Lösung 558
SOUFFLEE

Soufflees sind sehr empfindlich und fallen leicht zusammen, wenn der Backofen zu früh geöffnet wird oder die Konsistenz nicht stimmt. Sie gelten deshalb als Meisterstücke der Kochkunst. Eines der berühmtesten Soufflees sind Salzburger Nockerln aus einer süßen Eiercreme.

Lösung 559
VEGANER

Veganer werden meist von ethischen Motiven bewegt und betrachten jede Ausbeutung von Tieren als Unrecht. Allerdings ist eine besonders sorgfältige Ernährungszusammenstellung nötig, damit es – vor allem bei Kleinkindern und in der Schwangerschaft – nicht zu Mangelerscheinungen kommt.

Lösung 560
UNGESÄTTIGT

Linol- und Linolensäure kommen vor allem in Hanf-, Lein-, Raps- und Distelöl vor. Andere ungesättigte Fettsäuren sind in Fischölen enthalten. Allerdings deuten Tests darauf hin, dass auch Olivenöl trotz relativ wenigen ungesättigten Fettsäuren ebenfalls sehr gesund ist.

Lösung 561
SOLJANKA

Soljanka gehörte zu den Klassikern der DDR-Gastronomie. Dort enthielt sie meist Ketchup oder Tomatenmark und wurde gerne mit deftigem Speck oder Salami, aber auch mit diversen Wurst- und Fleischresten gemacht. In russischen Soljankas ist dagegen Weißkohl eine typische Zutat.

Lösung 562
BIRCHER

Das Originalrezept von Dr. Maximilian Oskar Bircher-Benner (1867–1939) bestand aus eingeweichten Haferflocken, geraspeltem Apfel, Zitronensaft, gezuckerter Kondensmilch und gehackten Nüssen. Bircher-Benner führte ein alternatives Sanatorium auf dem Zürichberg, das international bekannt war.

Lösung 563
SPURENELEMENTE

Als notwendige Spurenelemente anerkannt sind Chrom, Eisen, Fluor, Jod, Kobalt, Kupfer, Mangan, Molybdän, Selen, Vanadium und Zink. Vermutlich gehören aber auch noch andere Stoffe dazu, darunter sogar giftige wie Arsen oder Quecksilber.

Lösung 564
PESTO

Übersetzt heißt Pesto „Zerdrücktes". Traditionell wird es im Mörser zubereitet. Es wird nicht nur als Nudelsauce verwendet, sondern mehr und mehr auch als Würzsauce, z. B. auf Gemüse. Steigender Beliebtheit erfreuen sich Pesto mit Bärlauch oder Rauke bzw. „rosso"-Varianten mit getrockneten Tomaten.

Lösung 565
VOLLWERTKOST

Dahinter steckt die Philosophie, die für die Ernährung wertvollen Inhaltsstoffe der Nahrung zu erhalten, also Getreide nicht zu schälen und vitaminreiches Obst und Gemüse möglichst roh zu essen. Erlaubt sind aber gesund verarbeitete Produkte wie z. B. Sauerkraut oder Tofu.

Lösung 566
TORTILLA
Zur Unterscheidung wird die spanische Tortilla auch als Tortilla de patatas (Kartoffeltortilla) und die mexikanische als Tortilla de harina (Mehltortilla) bezeichnet. Nachos sind besonders kross geröstete Tortilla-Chips, die jedoch weniger in Mexiko als vielmehr in Texas bekannt sind.

Lösung 567
TRAUBENZUCKER
Traubenzucker ist ein Einfachzucker, der 1792 in Weintrauben entdeckt wurde. Er ist Grundbaustein für die meisten anderen Zucker wie Saccharose, Lactose (Milchzucker), Cellulose oder Stärke. All diese Mehrfachzucker werden im Körper zu Traubenzucker und anderen Einfachzuckern zerlegt.

Lösung 568
FEUERZANGENBOWLE
Der Punsch wurde im 17. und 18. Jh. von englischen Kolonialherren nach Europa gebracht. Die Feuerzangenbowle, die vor allem der gleichnamige Film mit Heinz Rühmann von 1944 bekannt gemacht hat, hat ihren Namen von der „Zange", auf der der Zuckerhut liegt.

Lösung 569
CURRY
Oft finden sich in Curry-Mischungen auch Curryblätter, die Blätter des indischen Baumes Murraya koenigii. Sie haben ihren Namen daher bekommen, dass sie curryähnlich riechen. Sie können, müssen aber keinesfalls in Currypasten oder -pulvern enthalten sein.

Lösung 570
ESSENZIELL
Zu den essenziellen Stoffen zählen ungesättigte Fettsäuren, acht Aminosäuren, gut ein Dutzend Spurenelemente, die meisten Vitamine und Salz.

Lösung 571
MAGGI
Julius Maggi (1846–1912) vermarktete seine Würzsauce ganz bewusst als billigen Geschmacksgeber für die Suppen armer Leute, die meist wenig Fleisch und Gemüse enthielten. Er führte jedoch auch recht fortschrittliche Sozialmaßnahmen in seinen eigenen Betrieben ein.

Lösung 572
LABSKAUS
Das Wort kommt vermutlich von einem englischen Ausdruck, der in etwa „Essen für Kerle" bedeutet. Wie bei allen traditionellen Gerichten herrschen verschiedene Auffassungen, ob z. B. Gurke und Hering mit in den Brei kommen oder nicht. Die dänische Variante besteht nur aus Kartoffeln und Fleisch.

Lösungen

Lösung 573
EIWEISS
Der Fachausdruck lautet Proteine. Diese setzen sich aus 22 verschiedenen Aminosäuren zusammen, von denen acht essenziell für den Körper sind. Neben Fisch und Fleisch enthalten z. B. Sojaprodukte, Kartoffeln, Weizenkeime und Erdnüsse viele essenzielle Aminosäuren.

Lösung 574
FRÜHLINGSROLLE
In China heißen die Rollen Chun Juan. Sie sind in Variationen auch in den anderen südostasiatischen Ländern bekannt, vor allem in Vietnam.

Lösung 575
CHOLESTERIN
Der Zusammenhang zwischen hohen Cholesterinwerten und Krankheiten wie Herzinfarkt, der einige Zeit als erwiesen galt, wird in der Fachwelt inzwischen heftig diskutiert. Am ehesten ist belegt, dass ein hoher Gehalt an LDL-Cholesterin bei Männern unter 45 Jahren schädlich wirkt.

Lösung 576
MIKROWELLE
Spencers (1894–1970) erstes Mikrowellengerät war noch immens groß und teuer. Aber in den 1970er- und 1980er-Jahren hielten die Geräte massenhaft Einzug in die Haushalte. Das führte auch dazu, dass die Lebensmittelindustrie vermehrt „Convenience Food" produzierte, Fertiggerichte, die nur noch aufgewärmt werden müssen.

Lösung 577
ASCORBINSÄURE
Der Name leitet sich von der Krankheit Skorbut ab, die durch Vitamin C geheilt werden kann. Vitamin C kommt in Früchten vor, vor allem in der Acerolakirsche, Hagebutten und Sanddorn, aber auch in Kartoffeln, Kohl und Paprika.

Lösung 578
DIÄT
Die gezielte Ernährung als Heilverfahren kannte schon der griechische Arzt Hippokrates (um 460–um 370 v. Chr.). Im eigentlichen Sinne des Wortes ist die gesunde Ernährung aber nur ein Baustein einer gesunden Lebensweise.

Lösung 579
SEKUNDÄRE PFLANZENSTOFFE
Biophenole sollen z. B. das Immunsystem stärken und krebserregende Substanzen, die in den Organismus gelangt sind, entschärfen. Gleiches gilt für Carotinoide. Den stinkenden Sulfiden in Knoblauch oder Zwiebeln sagt man antibakterielle Eigenschaften nach.

SCHWÄBISCHE MAULTASCHEN

ALLTAGSLEBEN

Lösung 580
MONTAG
Natürlich waren die Färbermeister klug genug, um ihre Stoffe während

des sowieso arbeitsfreien Sonntags trocknen zu lassen. Aber ein Tag reichte für ein schönes Blau nicht aus. Vermutlich entschied man sich für den Montag, weil viele Gesellen da sowieso ihren Kater vom sonntäglichen Schoppen hatten.

Lösung 581
ABGAS
Bei der Abgasuntersuchung (AU, früher ASU) wird geprüft, ob die Abgaswerte des Fahrzeugs innerhalb der gesetzlichen Grenzen liegen. Je nach Motor ist sie alle ein bis zwei Jahre fällig.

Lösung 582
SHORT MESSAGE SERVICE
Damit ist eigentlich der Dienst gemeint, der die Möglichkeit zum Nachrichtenversand anbietet. Die Nachricht selbst müsste korrekt SM (Short Message) abgekürzt werden, was sich aber wohl deshalb nicht durchgesetzt hat, weil die Abkürzung SM auch für Sadomaso gebräuchlich ist.

Lösung 583
BLAUER ENGEL
Etwa 3600 Produkte und Dienstleistungen sind derzeit mit dem Blauen Engel ausgezeichnet. Eine ähnliche Stellung nimmt das Europäische Umweltzeichen ein, eine Blume, deren Kopf aus einem Euro-Symbol und zwölf Sternen gebildet wird.

Lösung 584
SUDOKU
Der Name ist die Abkürzung der japanischen Anweisung, jede Zahl nur einmal vorkommen zu lassen. Populär wurden die Rätsel 1984, als eine japanische Zeitschrift begann, sie regelmäßig abzudrucken.

Lösung 585
ZUGEWINNGEMEINSCHAFT
Während der Ehe bleiben die beiden Vermögen, also auch der Zugewinn, rechtlich getrennt. Das heißt, dass jeder mit seinem Teil des Vermögens machen kann, was er will. Ein Ehepartner haftet aber auch nicht für die Schulden des anderen, wenn er den betreffenden Vertrag nicht mit unterschrieben hat. Ausnahmen bilden nur Ausgaben zum gemeinsamen Hausstand.

Lösung 586
ERDUNG
Der Leiter wird deshalb auch oft einfach Erde genannt. Der Schutzleiter verbindet metallische Teile eines elektrischen Gerätes mit der Erde, sodass bei technischen Problemen eventuell auftretende Spannungen abgeleitet werden.

Lösung 587
SCHUFA
Auskünfte dürfen nur erteilt werden, wenn der Kunde dazu die Erlaubnis gegeben hat. Doch diese ist in der Regel Bedingung für den Geschäftsabschluss. So ist es z. B. nahezu unmöglich, ein Konto zu eröffnen, ohne die so genannte SCHUFA-Klausel zu unterschreiben.

Lösungen

Lösung 588
GEIL

Das Wort muss indoeuropäische Wurzeln haben, aber wie die genau aussehen, weiß man nicht. Doch es ist ziemlich sicher, dass das ursprüngliche Wort das Unbändige, Ausgelassene umschrieben hat, während Begierde eher mit dem Wort „lust" ausgedrückt wurde. Später hat sich das umgedreht.

Lösung 589
VIERUNDZWANZIG

Für gebrauchte Waren beträgt die Mindest-Gewährleistungsfrist ein Jahr. Außerdem braucht der Käufer innerhalb der ersten sechs Monate nach Kauf nicht nachzuweisen, dass der Mangel schon vor dem Kauf bestand.

Lösung 590
SCHLESWIG-HOLSTEIN

Auf den am 3. Februar 2006 herausgegebenen Zwei-Euro-Stück ist das Lübecker Holstentor zu sehen. Das Ende der Serie wird 2021 mit den Brandenburger Münzen erreicht, auf denen das Schloss Sanssouci abgebildet sein wird.

Lösung 591
HANDSCHUHE

Vorgeschrieben sind seit dem Aufkommen von Aids auch vier Sets Einmalhandschuhe, die man am besten obenauf legt, um nicht zu vergessen, sie überzuziehen. Außerdem haben einige Dinge wie Heftpflaster und sterile Verbandspäckchen ein Verfallsdatum und müssen regelmäßig ausgetauscht werden.

Lösung 592
EICHEL

Beim deutschen Blatt gibt es geringfügige regionale Varianten. Die gängigsten sind das Bayerische Blatt und das Altenburger Blatt. Nach der deutschen Wiedervereinigung wurde eine Mischform zwischen deutschem und französischem Blatt entwickelt, die heute bei offiziellen Skatturnieren verwendet wird.

Lösung 593
MEHRWERTSTEUER

Die Mehrwertsteuer ist identisch mit der Umsatzsteuer. Lebensmittel, Druckerzeugnisse und gewisse Beförderungsleistungen werden nur mit sieben Prozent besteuert, während für alle anderen Waren 16 Prozent, ab 2007 19 Prozent erhoben werden. Die Abschaffung des ermäßigten Mehrwertsteuersatzes wurde im Vorfeld dieser Anhebung ebenfalls diskutiert.

Lösung 594
DIN-NORMEN

DIN steht für Deutsches Institut für Normung e. V., der einzigen Organisation, die in Deutschland Normen erarbeiten darf. Früher wurde DIN auch für Deutsche Industrie Norm gebraucht, doch da die Normen sich nicht nur auf Industrieprodukte beziehen, bezeichnet die Abkürzung heute nur noch den Verein. Rein nationale Normen gibt es jedoch kaum noch. Das DIN vertritt Deutschland auch in der Internationalen Organisation für Normung ISO und den europäischen Normungsgremien CEN (Europäisches Komitee für Normung), CENELEC (Europäisches Komitee für elektrotechnische Normung) und ETSI (Europäisches Institut für Telekommunikationsnormen).

Lösung 595
STRAFMÜNDIG

Im Alter von 14 bis 17 Jahren, unter bestimmten Voraussetzungen auch bis zum Alter von 20 Jahren, gilt das Jugendstrafrecht. Das bedeutet, dass vor Gericht festgestellt werden muss, inwieweit der Jugendliche die Folgen seines Handelns überblicken konnte und folglich dafür verantwortlich gemacht werden kann. Gegen Kinder unter 14 Jahren kann es keine Strafverfahren geben, da sie nicht strafmündig sind. Allerdings sind Kinder bereits ab sieben Jahren deliktfähig. Das bedeutet, dass zivilrechtliche Ansprüche gegen sie erhoben werden können, wenn sie Schäden anrichten, die sie auch in ihrem Alter schon als solche erkennen können. Leisten müssen sie den Schadensersatz jedoch erst, wenn sie über ausreichend Mittel verfügen.

Lösung 596
MÜHLE

Mühle ist ein reines Strategiespiel, bei dem Glück keine Rolle spielt. Auch die Reihenfolge, in der begonnen wird, sichert keine Vor- oder Nachteile. Da es bei Mühle jedoch lange nicht so viele Varianten gibt wie bei Schach, neutralisieren sich erfahrene Spieler oft gegenseitig. Mühle ist aber, gerade für Kinder, ein guter Einstieg in die Strategiespiele. Aus dem Mühlespiel ist die sprichwörtliche Zwickmühle entstanden. Denn jedes Mal, wenn ein Spieler eine Mühle schließt, d. h. drei Steine in eine Reihe bringt, darf er dem anderen einen Stein wegnehmen. Geschickte Spieler verschränken zwei Mühlen so, dass jedes Hin- und Herschieben eines gemeinsamen Steins das Schließen einer Mühle bedeutet.

Lösung 597
BIOMETRISCH

Biometrie ist die Lehre von der Vermessbarkeit von lebendigen Strukturen. Sie umfasst aber nicht nur komplizierte Strukturen, die bei jedem Menschen einzigartig sind wie die Papillarlinien auf den Fingerkuppen oder die Struktur der Iris, sondern z. B. auch die Körpergröße oder das Gewicht. Dank der Computertechnik werden jedoch sehr viel mehr menschliche Strukturen als früher vermessbar und können oft auch eindeutig einem Individuum zugeordnet werden, wie die Stimme (Sprachkennung), die Schrift, die Struktur der Adern z. B. in einer Hand oder die Erbinformation (DNS). All diese neuen Möglichkeiten bringen natürlich auch neue Möglichkeiten des Missbrauchs mit sich.

Lösung 598
NULL-ACHT-FÜNFZEHN

Das Maschinengewehr 08 wurde ab 1908 fabriziert, die Variante 08/15 1915 eingeführt. Der Roman *08/15* des ehemaligen Wehrmachtoffiziers Kirst (1914–89) über den Gefreiten Asch erschien in drei Bänden mit den Titeln *08/15 in der Kaserne, 08/15 im Krieg*

Lösungen

und *08/15 bis zum Ende*. Im letzten Band geht es u. a. um die Wendemanöver, die die Schinder von einst nach 1945 vollzogen. Die Romane wurden nach Erscheinen heftig angefeindet, vor allem weil sich Kirst auch gegen die deutsche Wiederbewaffnung engagierte. Noch im selben Jahr wurde *08/15 in der Kaserne* mit Joachim Fuchsberger (geb. 1927) in der Hauptrolle verfilmt. Es folgten auch Verfilmungen der beiden anderen Teile.

Lösung 599
NACHNAHME
Bei der Nachnahme fallen jedoch in der Regel relativ hohe Gebühren für den Logistikunternehmer an, sodass diese Art des Bezahlens in der Praxis eher selten ist. Bei Sendungen, die einige Hundert oder Tausend Euro wert sind, ist das Kassieren per Nachnahme jedoch eine sichere Sache. Der Empfänger kann meist nicht nur bar, sondern auch mit Kreditkarte bezahlen. Das Geld wird dann vom Logistikunternehmen an den Absender weiterüberwiesen.

Lösung 600
KNIGGE
Adolph Freiherr Knigge (1752–96) erzählt im Vorwort seines weltberühmten *Knigge*, wie er selbst als junger Höfling in Gesellschaft immer alles falsch gemacht hat und deshalb anderen die Tücken auf dem gesellschaftlichen Parkett ersparen will. Er schreibt tatsächlich über den Umgang mit den verschiedensten Menschen und nicht – wie oft angenommen –, aus welchem Glas man Rotwein trinkt und wie man Hummer isst. Es gibt z. B. Kapitel über den richtigen Umgang mit diversen Familienangehörigen, mit Älteren und Jüngeren, mit Dienern und Höhergestellten, mit Hauswirten oder Wohltätern, mit Jähzornigen und anderen problematischen Menschen und schließlich auch eines vom richtigen Umgang mit sich selbst. Die Benimmregeln wurden erst nach Knigges Tod vonseiten des Verlags in das Buch aufgenommen. Knigge hatte sein erstes Hofamt mit 19 Jahren bei den Landgrafen von Hessen-Kassel angetreten, musste es aber bald aufgeben. Später hatte er Ämter in Weimar und Hannover, lebte dazwischen aber immer wieder zurückgezogen. Neben dem *Knigge* schrieb er diverse andere Abhandlungen und Erzählungen.

HERZLICHEN GLÜCKWUNSCH!